LA DESTINATION DE L'HOMME

FICHTE

LA DESTINATION DE L'HOMME

Traduction inédite, introduction, notes et bibliographie
par
JEAN-CHRISTOPHE GODDARD

Traduit avec le concours du Centre national du Livre

GF Flammarion

ISBN 2-08-070869-4

INTRODUCTION

Signification générale et plan de l'ouvrage

La Destination de l'homme, commencée à Berlin au mois de juillet 1799, achevée au mois de novembre de cette même année, fut publiée au début de l'année 1800. Le 5 novembre 1799, le philosophe, humilié, chassé de Iéna par une calomnieuse accusation d'athéisme — portée par d'obscurs défenseurs du trône et de l'autel qui surent, malgré la faiblesse et la grossièreté de leurs arguments, se faire entendre des autorités politiques de la Saxe[1]—, écrivait pourtant à sa femme :

« En rédigeant mon présent ouvrage, j'ai pénétré du regard la religion plus profondément que je ne l'avais encore fait. Le mouvement du cœur ne résultant chez moi que d'une parfaite clarté, en l'emportant, la clarté ne pouvait manquer de saisir en même temps mon cœur. Crois-moi, cet état d'âme est pour beaucoup dans l'inébranlable bonne humeur et l'indulgence avec lesquelles je considère les injustices de mes

1. Cf. J. G. Fichte, *La Querelle de l'athéisme, suivie de divers textes sur la religion*, avant-propos, présentation, traduction et notes par J.-C. Goddard, Vrin, 1993.

adversaires. Je crois que sans la fâcheuse querelle de l'athéisme et ses mauvaises conséquences, je ne serais jamais parvenu à cette claire intelligence et à cette disposition du cœur ; et les violences qui m'ont été infligées auraient donc dès maintenant une conséquence, dont ni toi ni moi ne souhaiterions être privés[1] ».

Ces quelques lignes suffisent à rendre douteuse la thèse, longtemps imposée par Martial Gueroult au public français, d'après laquelle Fichte aurait été sujet, avec *La Destination de l'homme*, à une « crise de romantisme[2] », qui l'aurait conduit à céder à la pression de ses accusateurs et à rompre avec ses écrits antérieurs en récusant la possibilité d'une « médiation spéculative entre le cœur et l'intellect », pour finalement reconnaître dans la croyance aveugle l'unique fondement de toute réalité. C'est bien, en effet, dans *La Destination*, de la clarté de l'intelligence que procède l'élan du cœur et que naît la nouvelle disposition de l'âme, dont Fichte a maintenant à se féliciter. Il n'y a là aucun « revirement total[3] », mais, bien au contraire, le plus grand attachement aux exigences prescrites par le philosophe à la spéculation dès les premiers moments de sa vie intellectuelle. La lettre de Fichte à sa femme sonne comme un lointain mais fidèle écho de la profession de foi des *Intentions de la mort de Jésus*, dans lesquelles le tout jeune homme opposait au rationalisme réducteur des néologues[4]

1. J. G. Fichte, *Gesamtausgabe der bayerischen Akademie der Wissenschaften*, III, 4, Stuttgart-Bad Cannstatt, F. Frommann Verlag, 1965, p. 142.

2. M. Gueroult, *Études sur Fichte*, préface à la traduction Molitor de *La Destination de l'homme*, Aubier, p. 91.

3. *Idem.*

4. L'un des représentants éminents de ce mouvement influencé par le libéralisme théologique de Hollande et d'Allemagne est l'« abbé » Friedrich Wilhem Jerusalem (1708-1789). Opposés au piétisme, par leur crainte d'un sentimentalisme qui peut mener à l'enthousiasme et au fanatisme, les néologues infléchissent la théologie dogmatique en un naturalisme psychologique, affirment le primat de la religion naturelle et refusent ce qui, dans le christianisme traditionnel, leur paraît contraire à la raison, pour n'accepter dans la révélation chrétienne que ce qui leur semble confirmer l'expérience humaine de l'existence. Dans les *Intentions de la mort de Jésus*,

l'exemple d'une religion chrétienne, dont les preuves, certes « exactes et satisfaisantes pour l'esprit investigateur le plus fin »[1], avaient surtout pour fin d'améliorer toujours plus le cœur et de le remplir des sentiments de bonté et de bienveillance, de sorte qu'en retour ces sentiments aillent donner une nouvelle force aux vérités ainsi reconnues par l'intelligence. En cette religion, comme plus tard dans la Doctrine de la science[2], l'illumination de l'intelligence et l'amendement du cœur devaient aller d'un même pas, aucun des deux ne devançant l'autre, mais les deux « se tendant mutuellement la main comme deux amis ».

Le principe d'une médiation spéculative entre l'intellect et le cœur n'est pas un principe dont Fichte aurait pu se saisir arbitrairement comme on se saisit d'un instrument mort, qu'il aurait pu abandonner à sa guise et pour ainsi dire au hasard de ses réflexions, mais définit le caractère même du philosophe, l'âme vivante de toutes ses entreprises, dont il ne pourrait se défaire sans renoncer à lui-même.

Au lieu commun de l'historiographie philosophique contemporaine, habituée à opposer le rationalisme critique kantien (qui aurait été celui de Fichte jusqu'à la Querelle de l'athéisme) et la pensée religieuse (dans laquelle Fichte aurait versé avec *La Destination*), il convient d'opposer la profondeur de vue d'un lecteur de Fichte qui n'a pas fait profession d'historien, et fut

Fichte répond aux fragments de Hermann Samuel Reimarus (1694-1768) publiés par Lessing sous le titre *Fragments d'un anonyme*, en lesquels, conformément à l'inspiration du déisme anglais, la religion naturelle est étayée par la mise en lumière de la discordance entre la signification historique de l'Ancien et du Nouveau Testament et les interprétations théologiques reçues dans les églises chrétiennes. Sur ce point cf. J.-C. Goddard, « La Pensée religieuse du jeune Fichte », revue *Philosophie* n° 17, Minuit, 1987. Sur le déisme au XVIIIe siècle, cf. G. Gusdorf, *Dieu, la nature, l'homme au siècle des lumières, Payot*, 1972.

1. J. G. Fichte, *La Querelle de l'athéisme, suivie de divers textes sur la religion*, traduction citée, p. 207.

2. La Doctrine de la science définit, pour Fichte, la philosophie elle-même dont il nous a légué plusieurs versions qui sont autant de variations dans l'expression d'une seule et même vérité.

toujours, dans son enseignement comme dans ses écrits, inquiet de l'intuition simple et inaccessible que l'architecture savante des systèmes cherche seulement à exprimer[1] — de cette intuition originaire qui est la source de toute nouveauté où l'esprit du philosophe puise sa force. Le sens du kantisme — qui définit moins « une chose pensée » qu'un mouvement de pensée, ou mieux encore une « direction[2] » — est ainsi, pour Bergson, d'avoir compris la fonction unificatrice de l'entendement comme une fonction impersonnelle, qui, se communiquant à nos consciences individuelles en les dépassant, est « moins qu'un Dieu substantiel », mais « un peu plus que le travail isolé d'un homme ou même que le travail collectif de l'humanité » : si l'on veut, « un Dieu formel, quelque chose qui n'est pas encore divin chez Kant, mais qui tend à le devenir », ainsi qu'« on s'en aperçut avec Fichte[3] ». En approfondissant sa doctrine dans un sens religieux et en faisant de la liberté humaine un principe d'appartenance et de participation au divin, Fichte ne fait alors très exactement qu'accomplir la tendance de la pensée kantienne à donner à l'ensemble de notre science un caractère humain, « bien que d'une humanité déjà quelque peu divinisée[4] ».

Le point de départ de *La Destination de l'homme* est le *Doute*, l'indécision de l'homme découvrant en lui-même le conflit originaire entre l'exigence du cœur, qui l'intime de produire activement son monde à partir des concepts qu'il esquisse librement, et l'exigence de l'entendement qui lui impose de se reconnaître, lui et sa pensée, comme un simple phénomène naturel au sein d'un monde dont les déterminations ne sont jamais que l'expression de la puissance nécessaire de Dieu. La caractéristique principale de ce Livre I est donc l'opposition du point de vue de la liberté et de

1. Bergson, *La Pensée et le mouvant*, Paris, Édition du Centenaire, p. 1346.
2. *Ibid.*, p. 1358.
3. Bergson, *L'Évolution créatrice*, Édition du Centenaire, p. 797.
4. *Idem.*

celui de l'appartenance au divin. Ici s'opposent également les deux sens concurrents du mot *Bestimmung*[1] : son sens ontologique traditionnel, qui en fait l'équivalent allemand de *determinatio* (détermination), de limitation, et son sens pratique de vocation (*Stimme* = voix), de destination, qui présuppose l'indétermination de l'être libre.

Le second moment du texte est la tentative faite par le Moi, conseillé par l'Esprit qui lui apparaît dans la nuit du doute, pour échapper à cette indécision en s'affranchissant à l'égard de toute réalité extérieure, dont il reçoit passivement sa détermination. Se soustrayant au règne divin de la Nature, il érige alors en absolu sa tendance à la libre activité, la laisse empiéter sur le domaine de la capacité réceptive, la substituant à elle en sa fonction même : le monde apparaît alors comme un pur produit du moi, le résultat de son autolimitation, d'une limitation qui ne résulte pas du choc imprévisible de la réalité. Ce point de vue, Fichte le nomme le point de vue du *Savoir*; car il met fin au Doute par l'établissement de la première des certitudes : celle du moi.

Or en voulant faire abstraction du moment de réalité, ce second point de vue entraîne, paradoxalement, un effondrement égal du pouvoir de détermination active. Privée de tout point d'application extérieure, la liberté s'évanouit en effet dans l'abstraction d'un moi sans monde, d'une forme pure et vide, pleine de sa seule tautologie sans mouvement : moi = moi. Plongée dans les eaux froides de l'égoïsme de la raison, l'incessante agitation du Doute ne s'apaise peu à peu que pour faire place à l'abattement d'une conscience mélancolique — au sens clinique du terme —, indifférente à tout ce qui lui est étranger, enlisée dans sa propre inconsistance et incapable d'un vouloir effectif.

C'est seulement en s'élevant du Savoir à la *Croyance*, au Livre III de *La Destination*, qu'il nous est

1. Dans le titre allemand de l'ouvrage : *Die Bestimmung des Menschen.*

possible de retrouver la réalité. Celle-ci ne s'établit par aucune raison démonstrative, mais par un pur acte de décision fondé dans notre intérêt moral. Nous ne sommes certains de la réalité du monde que parce que nous y avons des devoirs à accomplir. Toutefois l'exigence morale va dès à présent au-delà du monde sensible, et notre croyance est croyance dans l'effet éternel de notre intention dans un monde suprasensible tissé par le libre lien des esprits, quel que soit l'insuccès de nos actions ici-bas. Par là sont pleinement réconciliées les perspectives de la liberté humaine et de la participation au divin, opposées au Livre I. Dans la détermination morale, c'est-à-dire dans la certitude qu'à cet instant et à cette place que j'occupe dans le Tout du monde rationnel je suis appelé à me déterminer librement d'une certaine manière et qu'une tâche m'est assignée, se trouvent également composées l'indétermination et la détermination de l'être humain, c'est-à-dire les deux sens du mot *Bestimmung*[1].

En introduction au cours sur *La Destination de l'homme* qu'il donna à L'École normale supérieure en 1898[2], Bergson a livré une interprétation éclairante de cette structure tripartite en remontant fort judicieusement, afin d'indiquer la situation de Fichte au sein de la pensée moderne, jusqu'à Descartes, dont l'influence sur le philosophe allemand, trop rarement mise en valeur, mériterait d'être soigneusement établie et analysée à travers toute l'œuvre. On relèvera simplement que les critiques de Fichte à l'égard de la métaphysique classique, réputée dogmatique depuis Kant, portent toutes sur les principaux détracteurs de Descartes — Spinoza, Leibniz, Berkeley — et jamais sur Descartes lui-même, qui semble être le plus

1. Cf. J.-F. Marquet, « Fichte et le problème de la Bestimmung », *Cahiers de Philosophie, Fichte — Actes du Colloque de Poitiers*, n° 19, 1995. Les quatre paragraphes qui précèdent sont repris de notre introduction à *La Destination de l'homme*, in *Gradus philosophique*, Paris, GF-Flammarion, 1994.

2. O. Hamelin, H. Bergson, *Fichte, Deux cours inédits publiés par F. Turlot et Ph. Soulez*, Presses Universitaires de Strasbourg, 1988.

souvent le principal bénéficiaire, voire l'inspirateur de ces critiques. Le regard de Fichte sur le postcartésianisme est celui d'un cartésien allemand, lecteur de Kant.

De l'auteur de la *Critique de la raison pure*, Fichte retient la réfutation du panthéisme dogmatique, auquel il ramène la philosophie schellingienne de la Nature[1] au Livre I de *La Destination*, et de l'idéalisme dogmatique, auquel conclut le dialogue du Moi et de l'Esprit au Livre II. Or, c'est très exactement dans la mesure où ces deux positions absolues, incarnées respectivement dans le spinozisme et dans l'idéalisme de Berkeley, viennent rompre le cercle en lequel s'équilibraient chez Descartes les positions du moi dans le *Cogito* et de Dieu dans la preuve ontologique[2], que Fichte requiert l'aide de Kant. Contre Berkeley, qui réduit toute réalité au seul moi, et contre Spinoza, qui opère le passage de l'existence possible de Dieu à son existence actuelle sans que le *Cogito* fournisse ce passage, Fichte renoue, dans le Livre III de *La Destination*, avec l'idée cartésienne d'une reconnaissance de l'actualité de Dieu à partir de l'actualité d'un moi se sachant pourtant lui-même débordé de toutes parts par l'infini divin.

S'il arrive à Fichte d'accréditer l'une ou l'autre de ces deux positions dogmatiques, c'est donc dans la

1. Le dogmatisme réfuté par Kant caractérise le mouvement naturel par lequel la raison humaine cherchant à s'élever au-dessus de l'expérience prétend étendre son pouvoir jusqu'à l'extrême limite de la connaissance, s'agissant du panthéisme, jusqu'à la connaissance de l'Être suprême et de son identité avec la Nature. La philosophie de la nature exposée par Schelling, en 1799, dans la *Première Esquisse d'un système de philosophie de la nature* et dans l'*Introduction à l'esquisse d'un système de philosophie de la nature*, identifie l'inconditionné, la substance suprême, avec la nature comme productivité (*natura naturans*), et renoue avec l'inspiration du spinozisme.

2. Cf. Descartes, *Méditations métaphysiques*, GF-Flammarion, 1979. M. et J.-M. Beyssade ont souligné dans leur présentation de cette édition comment la présence à soi du sujet pensant et la certitude de son existence étaient garantes de l'inébranlable certitude de l'existence d'un Dieu non trompeur (p. 29-31).

mesure où elle appelle son opposée et s'enchaîne à elle pour construire le cercle qui constitue à lui seul toute la vérité. S'il donne raison à l'auteur des *Principes de la connaissance humaine* de nier toute substance corporelle, et affirme avec lui l'idéalité absolue de tout être sensible[1], c'est pour préparer la reconnaissance de l'existence du Dieu suprasensible, comme de l'unique réalité absolue en laquelle nous vivons, nous nous mouvons et nous sommes[2]. S'il donne raison à Spinoza de considérer Dieu comme l'unique Tout en lequel nous sommes, il ajoute aussitôt qu'il nous faut, pour introduire à cette reconnaissance de notre provenance divine, toujours commencer par le moi[3]. En affirmant le principe divin après être parti du moi, Fichte ne se serait engagé dans des contradictions insolubles et des positions intenables — comme l'a soutenu Schelling dans ses *Recherches sur l'essence de la liberté humaine* —, que si l'unité et la totalité maintenant affirmée n'était que l'unité suprême du spinozisme en laquelle le fini ne saurait se placer en s'appliquant à lui-même le Nom primordial de Dieu, le « Je suis »[4]. Mais le Dieu de la Doctrine de la science est le Dieu chrétien, qui, en disant « Je suis », comme l'a fort justement remarqué Louis Lavelle, « nous défend le mieux contre le panthéisme, parce qu'il ne peut s'offrir en participation que par le pouvoir qu'il donne

1. Le dialogue du Moi et de l'Esprit dans le Livre II de *La Destination* n'est pas sans évoquer le dialogue berkeleysien d'Hylas et Philonous.

2. *Appel au public contre l'accusation d'athéisme, La Querelle de l'athéisme*, traduction citée, p. 65. Fichte est alors plus berkeleysien qu'il ne paraît, si l'on songe que Berkeley ne cherchait, au fond, à démontrer l'inexistence de la matière que pour mieux mettre en évidence la présence directe et constante de Dieu.

3. *Conférences sur la logique et la métaphysique, La Querelle de l'athéisme*, traduction citée, p. 278.

4. G. Rodis-Lewis, « L'interprétation malebranchiste d'Exode, III, 14 », in *Celui qui est — interprétations juives et chrétiennes d'Exode III, 14*, édité par A. de Libera et E. Zum Brunn, Éditions du Cerf, 1986, p. 235.

à tous les êtres qu'il appelle à l'existence d'y pénétrer en disant eux-mêmes : "Je suis"[1] ».

La question du savoir théorique dans La Destination de l'homme

Il est vrai que *La Destination de l'homme* présente le processus immédiat et inconscient par lequel l'esprit conclut à l'existence d'un objet hors de lui comme un pur jeu d'illusions et accrédite, ce faisant, les réserves du scepticisme sur la valeur objective de la connaissance humaine. Il serait pourtant inexact de considérer, avec M. Gueroult, que Fichte revient par là purement et simplement sur la démonstration de l'objectivité du phénomène accomplie dans l'*Assise de la doctrine de la science* de 1794[2]. Il convient ici de faire deux remarques.

En premier lieu, soucieux de remédier à l'incompréhension dont avait eu à souffrir l'exposé imprimé de 1794, Fichte avait choisi à partir de 1796 de présenter la Doctrine de la science à ses étudiants en ne dissociant plus, comme il l'avait fait en 1794, sa partie théorique de sa partie pratique, espérant ainsi rendre plus saisissable le principe, caractéristique de toute son entreprise philosophique, d'une fondation de la raison théorique dans la raison pratique. C'est à partir de ce remaniement méthodologique que s'expliquent la place et la signification du savoir théorique dans *La Destination*. Dans cet écrit « populaire », exotérique[3], en lequel il s'agit avant tout d'expliquer

1. L. Lavelle, *De l'acte*, Aubier, 1992, p. 338.
2. Cf. la traduction d'A. Philonenko, sous le titre *Les Principes de la doctrine de la science*, in J. G. Fichte, *Œuvres choisies de philosophie première*, Vrin, 1972.
3. C'est-à-dire au sens où, comme certains dialogues de Platon, il répond à une intention propédeutique, pédagogique et polémique, et où, comme un sermon, il cherche à édifier son destinataire sans rien sacrifier de l'exigence de systématicité qui caractérise la pensée philosophique.

et de corriger les erreurs d'interprétation qui ont pu entraîner le discrédit de la Doctrine de la science auprès d'un large public, Fichte radicalise et dramatise volontairement la dissociation fâcheuse du savoir théorique et du savoir pratique, afin d'en souligner les effets catastrophiques sur la compréhension de sa doctrine, dès lors réduite à un pur idéalisme subjectiviste et intellectualiste, en lequel les choses sont purement et simplement réduites aux idées.

Il est certes exact, comme le relève M. Gueroult, que l'exposé du savoir théorique part, dans *La Destination*, du sentiment, c'est-à-dire d'une limitation de l'activité réelle, efficace du moi, qui doit être rapportée au champ pratique en lequel cette activité s'extériorise et rencontre le réel à la fois comme un obstacle à son développement et une incitation à se redéployer avec une vigueur accrue[1]. Mais, précisément, et pour la raison que nous venons d'indiquer, de ce fondement pratique du sentiment il n'est nullement question dans l'ensemble du dialogue entre le Moi et l'Esprit par lequel Fichte a choisi d'exposer le système de l'intelligence. L'attention ne portant que sur la réflexion du moi sur le sentiment, abstraction faite de la raison réelle de celui-ci, aboutit en conséquence nécessairement à la position de cette activité réfléchissante et idéale — de la pensée — comme unique fondement de l'objectivité, c'est-à-dire à un idéalisme absolu qui, ne s'expliquant pas la limitation originaire du sentiment, ne pose la réalité de l'objet que comme une réalité transférée hors du moi par l'acte subjectif d'intuitionner[2].

En deuxième lieu, il faut, selon Fichte, distinguer la réflexion naturelle et commune de la réflexion artificielle, transcendantale et philosophique[3]. Tandis que la première ne peut remonter que jusqu'à l'entende-

1. Cf. J. G. Fichte, *La Doctrine de la science Nova Methodo*, traduction par I. Radrizzani, L'Âge d'homme, 1989, p. 87.

2. Cf. *Assise de la doctrine de la science*, traduction citée (*Principes de la doctrine de la science*), p. 73.

3. *Ibid.*, p. 113.

ment, c'est-à-dire jusqu'à la faculté inactive de conserver ce qui est donné de fait à la réflexion comme matière de la représentation, la seconde remonte jusqu'à l'imagination comme faculté de produire l'objet dans l'acte d'intuitionner[1]. On notera ici que Fichte envisageait déjà en 1794 la possibilité d'une prise de conscience dans la réflexion commune de ce que les choses ne surgissent dans l'entendement que par le pouvoir productif de l'imagination[2]. Une telle prise de conscience aurait eu alors pour effet d'entraîner la conscience naturelle — par essence fermement convaincue de la réalité des choses hors de nous comme d'une réalité qui doit être seulement perçue et indiquée par nous — à ne plus voir en toute chose qu'une illusion, et l'aurait inclinée à basculer de l'extrême du réalisme dogmatique dans l'extrême opposé du scepticisme à l'égard de toute réalité. Or, cette situation est, dans le Livre II de *La Destination*, très précisément celle du Moi du dialogue, dès lors qu'il se trouve contraint d'adopter de mauvais gré les conclusions nécessaires de la réflexion philosophique que, par ses questions, l'Esprit l'a obligé de mener. Par là Fichte répond à la seule objection contre la Doctrine de la science qui ait revêtu pour lui une quelconque importance durant la Querelle de l'athéisme : celle de Jacobi qui opposait au principe d'une construction idéale du vrai celui de sa révélation immédiate[3]. Loin donc, comme l'affirme M. Gueroult, de se rendre sans réserve aux arguments de la critique jacobienne, Fichte voit au contraire dans cette critique l'expression même d'une compréhension non philosophique de la réflexion philosophique.

1. *Ibid.*, p. 107.
2. *Ibid.*, p. 113.
3. Cf. Jacobi, *Lettre à Fichte*, traduction par J.-J. Anstett, in *Œuvres philosophiques de F.-H. Jacobi*, Aubier, 1945.

Imagination et infini divin

La réhabilitation de l'imagination comme faculté de produire l'intuitionné[1] dans l'*Assise de la doctrine de la science* de 1794 constitue donc bien un acquis définitif de la pensée fichtéenne, sur lequel *La Destination de l'homme* ne saurait revenir. La conclusion du Livre II est en effet qu'« il n'y a pas d'être », que seules les images sont : « Elles sont la seule chose qui existe, et ont connaissance d'elles-mêmes à la manière des images ; des images qui passent, flottantes [...], sans qu'il y ait en elles rien de figuré, des images sans signification et sans but[2]. » Il convient seulement d'ajouter que, selon les termes mêmes de l'exposé de 1794, l'imagination n'est l'unique vérité possible, le fondement de la possibilité de notre conscience, de notre vie et de notre être pour nous[3], qu'à condition d'être rattachée au pouvoir supérieur de la raison pratique[4], de

1. Cf. *Assise de la doctrine de la science*, traduction citée, p. 110. Cette thèse est la thèse centrale de la théorie de l'objectivité exposée par Kant dans la *Critique de la raison pure*, au-delà de laquelle la doctrine fichtéenne du savoir reconnaît ne pas pouvoir aller. Rappelons simplement que, pour Kant, l'intuition d'un objet ne peut atteindre sa visée, la faculté sensible étant en elle-même aveugle, qu'à condition de reconnaître ce qui est perçu (une maison, un chien...) au moyen d'un concept (le concept de maison, de chien), c'est-à-dire à la condition d'être intuition *pensante*. Or cet acte de reconnaissance ne peut avoir lieu qu'à la condition que l'imagination, préalablement à la perception effective, transpose sensiblement le concept de l'objet, produise son image, son *schème*, auquel satisfera tout objet perçu, et fournisse ainsi une transition entre le contenu intellectuel du concept et tel individu de son extension. L'imagination est alors dite transcendantale, c'est-à-dire formatrice de la transcendance, position d'un objet op-posé au moi, dans la mesure où la perception immédiate d'un donné, par exemple de *cette* maison, contient déjà nécessairement une vue préalable, une pré-vision schématique de la maison en général. Cf. Kant, *Critique de la raison pure*, « Du schématisme des concepts purs de l'entendement ».

2. *La Destination de l'homme*, p. 81 de l'édition allemande (entre crochets dans le texte).

3. *Ibid.*, p. 108.

4. *Ibid.*, p. 102.

sorte que c'est bien, en fin de compte, sur le pouvoir pratique du moi que se fonde la possibilité de toute représentation[1]. Sinon, comme l'interprète le Moi du dialogue, « toute réalité se transforme en un rêve merveilleux, sans une vie qui serait rêvée, et sans un esprit qui rêverait[2] ».

Si pour Fichte, en 1794, toute réalité est bien produite dans l'entendement par l'imagination, une chose ne possède cependant de réalité que dans la mesure où elle est mise en relation avec le pouvoir pratique du moi[3], c'est-à-dire pour autant que le moi rencontre une résistance à sa libre activité causale. Or c'est uniquement dans la mesure où cette libre activité du moi va au-delà de toutes les résistances, de toutes les rencontres possibles par lesquelles elle se trouve limitée, dans la mesure, donc, où elle est une activité infinie, qu'il existe à proprement parler une résistance pour elle, et qu'il peut exister un non-moi pour le moi[4]. Il faut en conséquence, pour pouvoir expliquer la représentation, poser dans le moi un effort vers la causalité en général, une tendance à être cause du non-moi, c'est-à-dire une tendance à l'autonomie absolue, par laquelle le moi est incessamment sommé d'étendre jusqu'à l'infini l'objet de son effort. Cette exigence que tout se subordonne au moi, que toute activité doive être inconditionnellement posée par le moi, est précisément l'exigence de la raison pratique[5]. La destination de l'homme pour l'éternité est alors pour

1. *Ibid.*, p. 135. Il ne nous appartient pas ici de procéder à un commentaire exhaustif de l'*Assise de la doctrine de la science*, et nous préférons renvoyer à la lecture de l'ouvrage d'A. Philonenko, *La Liberté humaine dans la philosophie de Fichte*, Vrin, 1980, qui peut être discutée à bien des égards, mais qui reste le seul texte en langue française susceptible d'apporter un éclairage convaincant sur la visée essentielle du fichtéanisme et atteste, contrairement à ce que l'on a pu dire, la fidélité de la conclusion religieuse de *La Destination de l'homme* à cette visée.
2. *La Destination de l'homme*, p. 81 de l'édition allemande.
3. Cf. *Assise de la doctrine de la science*, traduction citée, p. 146.
4. *Ibid.*, p. 131-132, 144.
5. *Ibid.*, p. 134.

l'*Assise de la doctrine de la science*, comme pour *La Destination de l'homme* qui n'en trahit donc nullement la visée essentielle, d'étendre par l'imagination à l'infini la limite, qu'il lui faut pourtant, comme être fini, poser à son activité, et de déterminer ainsi son monde sensible à partir de la détermination d'un monde idéal, c'est-à-dire d'un monde tel qu'il devrait être si toute réalité était absolument posée par le moi[1]. La thèse, ressassée par Fichte à partir de la Querelle de l'athéisme, d'une fondation du monde sensible dans le monde suprasensible n'est donc pas nouvelle, ne constitue pas un revirement par rapport à la philosophie exposée en 1794, tel que Fichte aurait besoin d'invoquer, comme le suggère M. Gueroult, des « alibis[2] » pour convaincre on ne sait d'ailleurs quel lecteur suspicieux de la continuité sans faille de sa pensée.

Il est ainsi possible de s'expliquer plus clairement le travail et la fonction centrale de l'imagination dans la philosophie de Fichte. Par elle, la contradiction entre la détermination réelle du moi par quelque chose d'absolu hors de lui (une chose en soi) et la position idéale par le moi d'un objet qui n'est que pour lui (un noumène nécessaire) ne se trouve nullement résolue, annulée, mais au contraire fermement maintenue comme une contradiction interne au moi lui-même[3].

1. *Ibid.*, p. 138-139.
2. M. Gueroult, *op. cit.*, p. 85 et 91.
3. Cf. *Assise de la doctrine de la science*, traduction citée, p. 100. Ce problème est au cœur de la philosophie de Kant et sa solution en oriente l'interprétation. Tantôt, pour réfuter l'accusation d'idéalisme portée contre lui, Kant conserve aux choses en soi le rôle d'un fondement ou d'une cause de nos impressions sensibles existant hors du moi (notamment dans les *Prolégomènes*), tantôt, pour écarter le réalisme dogmagtique et limiter la prétention de la sensibilité à connaître les choses elles-mêmes, il donne au concept de chose en soi la valeur seulement négative d'un noumène, c'est-à-dire d'un objet de l'entendement seulement *pensé* en faisant abstraction des conditions de l'intuition sensible, et qui ne pourrait être *connu* que par une intuition intellectuelle originelle, infinie et divine, pour autant qu'à l'inverse de l'intuition humaine finie elle créerait l'objet même de son intuition (notamment dans la *Critique de la raison pure*, « Distinction de tous les objets en phénomènes et noumènes »).

Par elle, le moi fini demeure, dans son rapport à l'objectivité, flottant librement entre les deux déterminations opposées de l'être en soi et de l'être pour nous, élargissant toujours plus le cercle de l'esprit fini [1], en lequel s'enchaînent sans cesse son être limité et son activité infinie, jusqu'à l'Idée inaccessible d'un Infini actuel qui est l'Idée de l'unité suprême absolument indéterminable de l'infini et de l'objectif, c'est-à-dire Dieu [2]. Si l'on songe, à présent, que ce flottement de l'imagination entre la raison réelle et la raison idéale de la représentation définit très précisément la position de la doctrine fichtéenne du savoir entre l'idéalisme et le réalisme [3], dont la composition se trouve dans l'irréalisable Idée de Dieu, force est de tirer de l'exposé de 1794 la conclusion qui sera celle de *La Destination*, à savoir que le fondement de toute objectivité est bien pour l'esprit fini en Dieu, à la fois comme terme idéal et comme principe dynamique de l'élargissement à l'infini du cercle en lequel il se meut et par lequel se déploie la vie de la conscience.

L'imagination n'est, pour Fichte, nullement une faculté finie de représentation, dont le pouvoir serait tout bonnement humilié par la raison, dès lors que celle-ci lui intimerait, pour ainsi dire de l'extérieur, l'ordre de réaliser l'infini sur un mode fini. La contradiction du fini et de l'infini est *interne* au tracé imageant de l'imagination, qui ne se soumet pas à une injonction de représenter l'irreprésentable, ne cherche nullement à le figurer, mais engendre toujours, dans son mouvement même de tracer, l'infini sur le bord de son tracé, comme ce qui se détache de la limitation. Il est remarquable que l'*Assise de la doctrine de la science*, loin d'opposer le sentiment du sublime au pouvoir de l'imagination, puisse tirer argument de ce sentiment pour justifier sa compréhension du travail de l'imagination dans la production de l'objet. Le sentiment du

1. *Ibid.*, p. 146.
2. *Ibid.*, p. 138.
3. *Ibid.*, p. 148.

sublime consiste très précisément dans cet étonnement qui procède du maintien dans le temps, du suspens, de cette contradiction interne au moi imaginatif par laquelle dans l'instant même de son activité imageante celui-ci se pose simultanément comme fini et infini. Fini, parce qu'il trace telle figure déterminée ; infini, parce qu'en traçant cette figure il enlève sur son bord l'Illimité. À l'inverse de l'image, de la limite, qui procéderait d'une simple détermination par une chose en soi, extérieure et étrangère au moi, la limite tracée par l'imagination n'est pas fixe, mais instable, toujours flottante (*schwebend*) ; elle est, pour reprendre une expression appliquée par Jean-Luc Nancy à l'imagination sublime dans la *Critique de la faculté de juger*, « illimitante [1] ». Aussi l'Illimité n'est-il pas pour Fichte un infini actuel, mais ce qui s'engendre dans le tracement même de la limite, à la fois accouplé à la figure et décollé d'elle. Il serait donc vain de vouloir dissocier la reconnaissance de l'imagination comme source de toute réalité de l'affirmation de l'infini divin : il n'est pour Fichte nul autre infini que celui qui s'enlève nécessairement le long de la limite instable que trace l'imagination, comme le fond non délimité de tout tracé.

Cette opposition entre l'image dérivée, dépendante de la perception d'un étant, et l'image illimitante, qui rend possible notre rapport à l'objectivité, peut être éclairée par la lecture de ce texte de la *Critique de la raison pure* auquel Fichte emprunte la notion du *Schweben* (flottement en suspens, sans attache) de l'imagination : « Il en est tout autrement des créations de l'imagination au sujet desquelles personne ne peut donner aucune explication ni aucun concept intelligible comme des *monogrammes* qui ne sont que des traits épars que ne détermine aucune règle qu'on puisse indiquer et qui forment en quelque sorte plutôt un dessin flottant (*schwebende Zeichnung*) au milieu

1. J.-L. Nancy, « L'offrande sublime », in *Une pensée finie*, Galilée, p. 165.

d'expériences diverses qu'une image déterminée. Tels sont ceux que les peintres et les physionomistes prétendent avoir en tête, et qui doivent être comme une silhouette, impossible à communiquer, de leurs productions ou même de leurs appréciations. On peut les nommer, quoique improprement, des idéaux de la sensibilité, parce qu'ils doivent être le modèle inaccessible d'intuitions empiriques possibles, sans fournir cependant aucune règle susceptible de définition et d'examen[1] ».

C'est cette instabilité de la limite posée par l'imagination, le tressaillement de la figure non représentative, asignifiante, qu'elle projette en objectivant la détermination de l'activité pratique dans le sentiment qui constitue la véritable réfutation de la chose en soi de la métaphysique dogmatique, et ouvre sur le divin comme totalité vivante et mouvante du possible[2]. L'infini posé par l'activité imageante de l'esprit et offert à lui sur le bord de la limite n'est pas une somme, un ensemble qui pourrait être survolé du regard et être embrassé dans un concept. Il est l'Ouvert, une continuité indivisible de l'être, par quoi toute clôture est rendue impossible, un Tout qui ne cesse de se créer dans une dimension sans parties, un Tout spirituel, qui signifie la possibilité de toujours commencer le tracé d'une figure nouvelle, la possibilité même de la liberté : un pur avenir.

Il est faux de dire que *La Destination de l'homme* revient sur cette conception et transforme le divin,

1. Kant, *Critique de la raison pure*, traduction par A. J.-L. Delamarre et F. Marty, Bibliothèque de la Pléiade, Gallimard, vol. I, p. 1195. Je remercie Frédérique Ildefonse d'avoir attiré mon attention sur ce texte. Sur le démarcage des données figuratives par un tracé libre et non narratif en peinture, cf. G. Deleuze, *Francis Bacon : logique de la sensation*, vol. I, Éditions de la Différence, p. 65.

2. G. Deleuze a montré, en s'appuyant sur l'exemple du Greco, de Giotto et du Tintoret, comment le sentiment religieux délivrait la peinture chrétienne de toute figuration, en substituant aux figures narratives ces libres tracés non-représentatifs par lesquels Kant, comme nous l'avons vu, identifie les créations de l'imagination, qui sont au fondement de l'objectivité. Cf. G. Deleuze, *op. cit.*, p. 13.

ainsi engagé dans le travail de l'imagination, en un suprasensible existant comme un actuel au-delà du moi fini[1]. Le Dieu de *La Destination* est cet ordre moral du monde déjà opposé par Fichte durant la Querelle de l'athéisme à l'en soi mort de ses détracteurs. Non pas un *ordo ordinatus* (un ordre ordonné : un arrangement préétabli), qui surplomberait et dominerait la libre activité du moi fini ainsi abaissé au rang d'instrument d'un plan supérieur du monde, mais un *ordo ordinans* (un ordre ordonnant)[2], un ordre actif et vivant réalisé par le mouvement même des libertés humaines; non pas un créateur, mais un créer infini[3], qui replace toujours l'homme dans la possibilité de son commencement absolu; aucun être, aucune transcendance, aucune persistance immobile, mais des actes, des événements, un pur écoulement[4].

En assignant à l'activité humaine, dans *La Destination*, une fin suprasensible et inaccessible distincte des fins terrestres toujours réalisables, Fichte ne renie donc nullement sa doctrine antérieure[5]. Le dépassement des fins terrestres de l'action individuelle par l'activité infinie du moi est, en effet, la conséquence du mouvement même par lequel l'imagination, rattachée au pouvoir pratique du moi, engage en elle le divin. C'est cette ouverture du moi fini sur la continuité de l'être offerte au cœur même de son activité imageante qui fonde, par exemple, dans *Le Système de l'éthique* comme dans les écrits politiques à venir, la reconnaissance qu'au-delà du devoir de vivre en société et de se soumettre au symbole de l'Église comme aux concepts juridiques sanctionnés par l'État la destination suprême de l'homme est d'œuvrer pour la suppression de l'Église et de l'État et la réalisation

1. M. Gueroult, *op. cit.*, p. 94.
2. J. G. Fichte, *Lettre privée*, *La Querelle de l'athéisme*, traduction citée, p. 176.
3. J. G. Fichte, *Rappels, réponses, questions, La Querelle de l'athéisme*, traduction citée, p. 164.
4. *Idem.*
5. M. Gueroult, *op. cit.*, p. 94-95.

de la communion universelle des hommes en Dieu [1]. Les *Conférences sur la logique et la métaphysique*, prononcées à Iéna bien avant le déclenchement de la Querelle de l'athéisme, expliquaient déjà la croyance en l'immortalité par la nécessité pour l'homme moral de viser une fin qui ne peut se réaliser en aucun temps [2]. Cette conviction d'un dépassement à l'infini de l'activité du moi au-delà des fins de son existence terrestre est, en 1800, si peu nouvelle qu'elle constitue même l'affirmation centrale d'un fragment de sermon rédigé entre 1791 et 1793, dont certains passages seront repris en 1795 dans les *Conférences sur la destination du savant* et en 1799 dans l'*Appel au public contre l'accusation d'athéisme*. Exposant ce que Bergson aurait appelé « l'image médiatrice » de son intuition philosophique, Fichte écrit : « Je voudrais [...] au moyen d'une pointe de feu graver dans vos âmes l'image ineffaçable d'un homme [...] qui étend son bras dans l'infinité, et embrasse les jours, les années, les générations, les siècles et tous les âges du monde, et concentre en un instant toute son existence, et dit : "Je veux être éternel, car je veux être saint" [3]. »

La critique de la subjectivité

La leçon de la critique fichtéenne de l'intellectualisme est que le savoir théorique ne saurait consister dans le repli sur soi d'un sujet absolu, d'une identité autarcique jouissant à l'infini de son unité. Flottant

1. J. G. Fichte, *Le Système de l'éthique selon les principes de la doctrine de la science*, traduction par P. Naulin, PUF, 1986, p. 240.
2. *Conférences sur la logique et la métaphysique, La Querelle de l'athéisme*, traduction citée, p. 284.
3. *Fragment d'un sermon, La Querelle de l'athéisme*, traduction citée, p. 251.

sans attache entre la détermination et l'indétermination, consistant dans ce flottement même, le pouvoir de l'imagination est le pouvoir de créer de l'instabilité et le pouvoir créateur de l'instabilité propre à un esprit contradictoire, constamment uni et désuni à soi-même. Contrairement à l'idée reçue sur la philosophie de Fichte, cette conception de l'imagination enveloppe une critique de la prétention même du moi humain à la domination universelle. Dire qu'il n'y a pas d'infinité sans limitation ni de limitation sans infinité, c'est s'interdire de penser que l'on puisse en venir à l'infini, à Dieu, autrement que par la libre esquisse schématisante de l'objet, par la liberté d'un geste traçant en lequel le moi, pour ainsi dire, touche sa propre limite, et c'est humilier la prétention du moi à produire une figure totalisante du monde. Le travail de l'imagination révèle en l'homme un principe actif autre que la subjectivité législatrice, une instance inassignable qui, à l'inverse de celle-ci, ne se constitue pas dans la jouissance d'une victoire remportée contre le chaos de l'expérience sensible.

Le moi fichtéen n'est pas sujet; il est sujet-objet[1], unité sans médiation du subjectif et de l'objectif; une uni-dualité, une unité originaire, inconcevable, des séparés, que seule compose l'imagination par son flottement, par son travail de figuration et de défiguration incessant, de réunion et de distension infinies. Cette compénétration du subjectif et de l'objectif est saisie de la façon la plus intimement vivante dans l'intuition intellectuelle, que Fichte n'a cessé de réclamer de ses lecteurs et de ses auditeurs comme l'unique condition d'accès à sa philosophie[2].

1. Cf. *La Doctrine de la science Nova Methodo*, traduction citée, p. 70, et *Assise de la doctrine de la science*, traduction citée, p. 22, note 4.

2. Il est à ce propos assez surprenant que M. Gueroult ait pu lire *La Destination de l'homme* sans y déceler la moindre trace d'un recours à l'intuition intellectuelle comme fondement du savoir humain en sa totalité (*op. cit.*, p. 86 et 92). Car celle-ci y intervient pourtant clairement à deux reprises, comme fondement du savoir théorique, en tant qu'auto-intuition par le moi de son agir idéal dans l'acte d'intuitionner, et comme fondement du savoir pratique

L'intuition intellectuelle du philosophe est l'intuition, c'est-à-dire la re-production vivante, de l'intuition originaire par laquelle le moi accède à l'existence, non pas comme Soi pensé, comme être et substrat de ses actions [1], mais comme cet acte pur qui est en même temps le produit de son agir : elle est l'intuition de l'agir sur soi du moi par lequel il se pose absolument, et inconsciemment, comme agissant — de la présence à soi du moi, en laquelle, antérieurement à toute représentation, c'est-à-dire à toute opposition du subjectif et de l'objectif, il se manifeste à soi comme pure agilité et vitalité. *La Doctrine de la science Nova Methodo* détermine encore plus précisément le contenu de cette intuition, présente réellement en tout homme, qui est le fondement de toute opposition du moi à ce qui n'est pas lui, et rend possible sa distinction avec le non-moi, comme consistant dans un pur passage à l'activité, une création *ex nihilo*, un commencement absolu excluant la possibilité même de penser un fondement [2], et prépare ainsi l'identification dans l'œuvre ultérieure de Fichte du moi de l'intuition intellectuelle à cette essence vivante, active et dynamique, en quoi consiste le Verbe du prologue de l'Évangile selon saint Jean [3].

— en lequel s'indique à son tour le fondement de l'activité théorique —, en tant qu'auto-intuition du moi comme vouloir (p. 61 et 86 de l'édition allemande).

1. On lira dans le *Descartes selon l'ordre des raisons* de M. Gueroult, vol. I, Aubier, 1975, p. 99-100, une interprétation fichtéenne du *Cogito* cartésien. S'appuyant sur la réponse de Descartes aux objections du P. Bourdin, dans les *Réponses aux VII*^{es} *objections*, Gueroult souligne que la réflexivité du *Cogito* (le « Je pense que je pense ») n'implique aucune dualité interne entre la pensée en tant qu'elle est *pensée* par ma pensée (la pensée comme objet) et ma pensée en tant qu'elle *pense* ma pensée (la pensée comme sujet), de sorte que la substance pensante ne peut être comprise comme une chose.

2. *Doctrine de la science Nova Methodo*, traduction citée, p. 87.

3. Cf. *La Théorie de la science*, exposé de 1804, traduction par D. Julia, Aubier, 1967, p. 66. Cf. J.-C. Goddard, « Intimité et présence réelle », in *De Christian Wolff à Louis Lavelle, Métaphysique et*

Il convient donc de rejeter l'idée, couramment admise par la critique contemporaine de Fichte, que la métaphysique moderne issue de Descartes aboutirait avec la Doctrine de la science, à travers la position d'un sujet absolu, à la position d'un fond ultime à partir duquel pourrait être entreprise la justification de « l'étant dans son être[1] ». Si Fichte parle encore d'« assise », de *Grundlage*, de *Grundsätze*, il faut pourtant se garder de donner aux mots, à la lettre de son exposé, une consistance qu'il n'a cessé de leur dénier. Le « Je suis » absolu, par lequel le moi de chacun se découvre à lui-même, est présence totale à l'être et présence réelle de l'être à soi, à vrai dire non pas comme être, comme substance, mais comme activité vitale supérieure, comme Acte. La Doctrine de la science reconnaît dans ce que les théologiens appellent la « subsistence[2] » de l'homme — et qui pourrait être une traduction pour le mot clé du fichtéanisme, la fameuse *Selbständigkeit*, que nous avons classiquement traduit par « autonomie » — l'auto-énonciation même de l'être en première personne. Dans cette mesure elle peut, en son entier, être dite une théologie du Dieu personnel et vivant, non pas au

---

histoire de la philosophie. Recueil en hommage à Jean École, Georg Olms Verlag, Hildesheim, Zürich, New York, 1995.

1. Cf. J.-F. Courtine, *Extase de la raison*, Galilée, 1990, p. 151-152 : « On peut caractériser la modernité en philosophie du nom de métaphysique de la subjecti(vi)té. Le propre de cette métaphysique, c'est, en effet, depuis Descartes, de se consacrer exclusivement à la *fondation* (*Begründung*) de l'étant dans sa totalité. Pour assurer cette fondation, la pensée se met en quête d'une *position de fond*, d'un fondement ultime, d'un *ultimum subjectum*, sur lequel chaque étant pourra s'appuyer, en y prenant sa mesure [...]. Depuis Descartes, le sujet dernier sur lequel l'étant dans sa totalité vient se fonder est l'*ego* lui-même, déterminé d'abord par la *cogitatio*. Aussi devient-il en un sens éminent le *sujet ab-solu*, mais à quoi tout le reste est lié. »

2. C'est-à-dire la particularité qui fait qu'une nature spirituelle concrète (une personne se possédant soi-même dans une relation consciente et libre avec le réel et avec Dieu) n'appartient qu'à elle-même dans une immédiateté ultime ; le fait de subsister en elle-même totalement, de porter et de représenter cette nature de façon exclusive. Cf. Karl Rahner, H. Vorgrimler, *Dictionnaire de théologie catholique*, Éditions du Seuil, 1970.

sens où elle attribuerait indûment à Dieu les caractéristiques de la personnalité par lesquelles s'appréhende l'être fini, mais au sens où l'Absolu, comme tel, ne peut être, pour elle, que vécu dans l'émergence à elle-même de l'intimité de chacun.

On relèvera ainsi que les *Conférences de logique et de métaphysique* entendent compléter la philosophie pratique kantienne en reconnaissant que le dogme de la création du monde par Dieu se trouve pleinement fondé dès lors qu'on se place au point de vue de cette médiation interne du moi avec lui-même, de cette circularité du moi objectif et du moi subjectif qu'appréhende et réalise l'intuition intellectuelle. La plus haute détermination de l'intuition intellectuelle est, en effet, d'être conscience de l'impératif catégorique, c'est-à-dire conscience de la nécessité pour le moi (subjectif) de ne se déterminer par liberté que d'après le concept de l'autonomie absolue (qui définit le moi objectif) : d'agir en prenant l'agir lui-même pour loi. Pour qui a ainsi conscience de l'impératif moral, le monde sensible n'est plus seulement un ordre physique, qui est le simple système de ma pensée nécessaire, mais il devient le substrat et la sphère de l'exercice de mes devoirs. Mes limites, que la raison théorique ne s'explique pas, définissent à présent, non pas mon simple être limité (subjectif), mais l'ordre pour ainsi dire objectif dans lequel je dois pratiquer mon devoir, ma place dans la série des êtres moraux au sein d'un royaume céleste, qui n'est pas la négation du monde sensible, mais sa transfiguration, et l'intensification de sa réalité. L'intuition intellectuelle, on le voit, loin de replier le sujet sur lui-même, ouvre l'homme à sa propre transcendance, à cette vie qui jaillit en lui et l'introduit dans un ordre vivant du monde.

Par là s'explique un peu plus la place de l'intuition intellectuelle dans *La Destination de l'homme*. Si l'intuition de l'agir du moi comme intelligence dans le Livre II ne suffit pas à fonder la réalité, c'est qu'elle ne se sait pas encore comme auto-intuition de la raison fondamentalement pratique, et il faut la décision éthique du Livre III pour que l'agir du moi intuitionné dans l'intuition intellectuelle n'apparaisse plus comme un agir stérile sur soi, mais, plongé dans la lumière de l'intérêt pratique, soit reconnu comme source de toute vie, comme ce qui, donnant sens aux déterminations de l'action effective, fonde un monde réel. La raison pour laquelle le Moi du dialogue conclut au scepticisme est que, restant prisonnier du fétichisme de l'être, il n'accomplit pas pour lui-même et en lui-même l'intuition intellectuelle, mais la saisit comme un simple concept, étranger à lui-même, qui lui est seulement communiqué par l'Esprit et qu'il ne réalise pas. C'est seulement dans la mesure où, dans le Livre III, le Moi engage la totalité de son être dans l'intuition de soi comme agir, et intensifie la vie en lui par la réalisation active du concept de l'égoïté, que l'intelligence lui apparaît enfin, en tant que faculté d'une causalité par simples concepts [1], c'est-à-dire en tant que liberté, comme fondement de ses représentations objectives.

La théorie de la perception

Il est dès lors possible de redonner toute sa valeur à la phénoménologie de la perception proposée par Fichte dans le Livre II de *La Destination*. Anticipant la méthode husserlienne, Fichte invite en quelque sorte à mettre l'être entre parenthèses et à se libérer de la croyance spontanée dans la préexistence du réel à sa

1. Cf. Kant, *Critique de la raison pure*, « Déduction des principes de la raison pratique ». L'idée d'une causalité par concept est l'idée d'une causalité inconditionnée en laquelle c'est la représentation de l'effet qui est cause de sa production, et qui ne peut être rapportée à la nature en laquelle nous ne pouvons connaître qu'une causalité conditionnée et empirique.

saisie perceptive qui caractérise l'attitude naturelle, non pas pour nier l'être mais afin de ressaisir au fondement de celui-ci l'activité fondatrice qui lui confère son sens d'être. Pour Fichte, comme pour Husserl, l'invalidation de l'ontologie naturelle n'a pas pour effet d'annuler toute transcendance et de faire du monde la simple modification d'un moi substantiel et autarcique, mais permet de dégager le caractère d'intentionnalité de la conscience, son essentielle ouverture à l'altérité, son pouvoir de production et d'objectivation. Il s'agit chez les deux philosophes de mettre au jour les actes de la conscience transcendantale, formatrice de la transcendance, par lesquels le vécu de la sensation s'efface au profit de l'objet — de rendre compte à partir de la productivité de la conscience du passage, par exemple, de la couleur sentie à la couleur perçue, c'est-à-dire existant dans l'espace.

Toutefois, comme l'a montré Renaud Barbaras, Husserl reste prisonnier d'une conceptualité « positiviste » et, malgré sa théorie de la donation par esquisses, tend encore à subordonner la perception à l'idée d'une connaissance en laquelle la chose serait présente sans reste[1]. Alors que Fichte distingue seulement dans l'abstraction philosophique le donné subjectif de la sensation et l'acte d'intuitionner — Husserl dirait : l'acte « noétique » —, et établit leur synthèse immédiate dans la conscience réelle (à savoir qu'il n'y a pas sensation sans intuition, c'est-à-dire sans perception, ni intuition sans sensation), Husserl maintient la possibilité d'une perception autonome des données sensibles, des contenus matériels sur lesquels portent les actes noétiques; de sorte que ces données porteraient la charge de la présence de la chose tout à fait indépendamment des actes qui assurent la fonction intentionnelle et par lesquels se forme un objet. Fichte le répète jusqu'à satiété dans *La Destination* :

1. R. Barbaras, *La Perception. Essai sur le sensible*, Hatier, 1994, p. 46-52.

l'idée d'une couleur qui serait seulement vécue, sans être la couleur de cet objet, là-bas, dans l'espace, ne signifie rien. On voit mal, en effet, comment un tel vécu immanent pourrait faire apparaître une transcendance; et si l'on s'en tenait à un tel vécu, la question de savoir comment la conscience peut sortir d'elle-même pour se porter vers des objets extérieurs — qui est, pour Fichte, la question même de la Doctrine de la science — demeurerait sans réponse.

C'est donc à rendre intelligible cette unité de la matière et de la forme, de la donnée et de l'acte, que s'attache la théorie fichtéenne de la perception. Or la solution d'un tel problème implique que l'on rejette le présupposé, commun à l'idéalisme et au réalisme, selon lequel la perception consisterait dans un rapport purement théorique au monde. Pour Fichte, comme plus tard pour Bergson, percevoir n'est point contempler, mais agir; et l'on pourrait, *mutatis mutandis*, résumer le point de vue fichtéen à travers cette formule particulièrement heureuse de l'auteur de *Matière et mémoire* : « Notre représentation des choses naîtrait, en somme, de ce qu'elles viennent se réfléchir contre notre liberté[1]. »

Le rapprochement avec Bergson est saisissant si l'on considère la théorie de la perception exposée par Fichte dans la section du *Fondement du droit naturel* consacrée à la déduction de l'applicabilité du concept de droit[2]. Il y est clairement affirmé que seul est authentiquement perçu ce qui n'exerce pas une simple impression mécanique sur le corps mais suscite une action différée, libre, du moi, c'est-à-dire ce qui, dans un même moment indivis, en partie et sous un certain rapport, supprime la libre activité du moi et en partie ne la supprime pas, mais laisse le moi en pleine possession de son corps comme de la sphère de la

1. Bergson, *Matière et mémoire*, PUF, 1968, p. 34. Cf. R. Barbaras, *op. cit.*, p. 54-60.

2. J. G. Fichte, *Fondement du droit naturel selon les principes de la doctrine de la science*, traduction par A. Renaut, PUF, 1984, p. 80 et 85-86.

totalité de ses actions possibles. Par là se trouve éclaircie la synthèse originaire de la donnée et de l'acte : elle tient à la nature même du perçu, dont l'influence sur le sujet de la perception est telle qu'elle ne peut être effective qu'à condition de susciter une autolimitation du moi. Le corps ne fait ainsi fonction de sens — et l'homme n'a de sens — qu'eu égard à ce dont il pourrait lui-même s'attribuer la production, c'est-à-dire relativement à une influence qui dépend exclusivement de lui, et qui ne s'exerce sur lui qu'à condition d'être imitée activement par lui. Voir consiste ainsi à reproduire intérieurement la forme de l'objet, à en esquisser librement le contour par une autodétermination du corps, à imiter intérieurement « avec la rapidité de l'éclair, et de façon imperceptible au commun des observateurs, la pression qui devrait intervenir pour produire cette forme en la sculptant[1] »; entendre, à imiter intérieurement les sons à l'aide du même organe grâce auquel, dans la parole, on produit ces sons. Il n'y a dans la perception de passivité que par une activité, et d'activité que par une passivité : la causalité interne du moi et la causalité externe du perçu sont ici dans une relation de stricte réciprocité. Par là se trouve également déterminée plus précisément la liberté absolue de la réflexion, que *La Destination de l'homme* place au fondement de la possibilité de l'objet : en tant que raison idéale de la représentation, elle en est aussi la raison réelle, étant la condition même de l'exercice — et donc de la réalité — de toute influence sur le moi.

Cette synthèse de l'idéalisme (fondé sur le concept de la substantialité du moi) et du réalisme (fondé sur le concept d'une causalité de la chose) suppose une redéfinition du réel. Celui-ci n'est plus une réalité en soi, autonome, un être mort qui serait à appréhender par la conscience, mais se définit à présent par sa propre perceptibilité, comme une vivante incitation à la libre reproduction intérieure, c'est-à-dire à la libre

1. *Ibid.*, p. 85.

activité du moi : une sommation à la liberté. La perception consiste, en conséquence, à accueillir et à recueillir une certaine perceptibilité du monde, et fait pleinement droit à la liberté dans la sélection de l'impression à imiter intérieurement. L'organe de la perception n'est plus la conscience comme miroir du monde, mais comme œil, c'est-à-dire comme sujet actif et intéressé, opérant, par son attention au réel, le libre choix de sa détermination. Ce ne sont pas, pour Fichte — à l'inverse de ce qu'avance Bergson qui pose pourtant le problème de la perception dans des termes similaires —, des impératifs biologiques qui commandent ce choix, mais le seul intérêt qui enveloppe tous les mobiles de l'action : l'intérêt du moi pour lui-même, qui conduit celui-ci soit à se chercher indûment comme un être soumis au déterminisme de la nature et à vivre dans le monde comme dans ce royaume terrestre que déterminent les seuls besoins de l'existence sensible, soit à se chercher comme un moi authentique, c'est-à-dire comme pure activité, et à vivre dans ce royaume céleste, ce règne des esprits en quoi consiste l'ordre moral du monde appelé par l'accomplissement de la libre tendance du moi à l'autonomie absolue.

L'originalité de Fichte est donc de penser la perception sous la forme d'une action réciproque du sujet et du monde, d'une communication en laquelle, pour ainsi dire, le réel « parle » au moi. Plus profondément, elle est de déterminer cette communication avec le monde comme consistant dans un rapport de libre intersubjectivité en affirmant que seul un autre moi — qui n'existe lui-même que par cette influence — peut être pensé comme cause d'une telle influence dans la perception. L'affirmation de l'existence d'une communauté des esprits se trouve donc déduite comme l'ultime condition de possibilité du rapport perceptif au monde. Plus précisément : c'est à condition de saisir l'influence qui a lieu dans la perception comme influence d'une liberté visant ma propre liberté qu'il y a pour moi un monde, que quelque chose est perçu.

Le monde s'engendre dans une rencontre en laquelle je me porte au-devant de ce qui, venant vers moi, m'appelle à faire mouvement vers lui. Le non-moi de la Doctrine de la science est un Toi, sans lequel nul moi n'est possible. C'est la reconnaissance, au cœur de la perception, de cette libre influence réciproque des esprits, excluant toute contrainte et incitant à l'incessant déploiement d'un libre tracé imaginatif, qui constitue le fondement de la position religieuse du fichtéanisme : non pas l'annonce, mais la reconnaissance de l'institution effective du royaume céleste sur terre, de l'avènement de l'Âge de l'Esprit.

La Doctrine de la science et la religion chrétienne

Afin de situer l'ouvrage que l'on va lire dans l'ensemble de la pensée religieuse de Fichte, il importe de saisir la nature de cette réflexion que le philosophe n'a cessé de conduire et qui trouve son achèvement dans ses dernières productions. Il est vrai que l'Esprit de *La Destination de l'homme* évoque cet « esprit d'intelligence » reçu d'en haut par Joachim de Flore « au milieu de la nuit » pour scruter les Écritures [1]. On

1. Cf. H. de Lubac, *La Postérité spirituelle de Joachim de Flore, I. De Joachim à Schelling*, Éditions Lethielleux, 1987, p. 47. L'abbé Joachim de Flore (v. 1130-1202), d'abord cistercien, fonda l'ordre de Flore en fondant, en 1192, le monastère de San Giovanni in Fiore, près de Cosenza, en Calabre; fondation approuvée par Célestin III en 1196. L'innovation de Joachim de Flore est d'avoir annoncé l'avènement prochain, sur cette terre, d'un troisième âge, caractérisé par le règne du Saint-Esprit, qui devait succéder à l'âge du Père, qui s'était étendu jusqu'à l'heure de l'Incarnation rédemptrice, et à l'âge du Fils, qui était encore celui de l'Église présente. Cette idée connut, jusqu'à nos jours, un remarquable essor chez des théologiens, des philosophes, des réformateurs et des révolutionnaires de toute espèce, en lesquels Pierre Chaunu a reconnu ces « fanatiques de l'Apocalypse », ces « hommes de la lumière intérieure, de l'attestation du Saint-Esprit confondu ou non avec l'évidence rationnelle », qui « sont de tous les âges du christianisme » (*Annales*, 25, 1970, p. 1584 et 1587). H. de Lubac a voulu démontrer l'appartenance du romantisme allemand (Schleiermacher, Höl-

ne saurait toutefois soutenir, comme le fait le cardinal de Lubac, que la Doctrine de la science s'inscrit sans réserve dans la postérité spirituelle de l'abbé de Flore, et suggérer que l'hérésie joachimiste constitue la raison profonde de l'athéisme fichtéen. Il est, en outre, franchement malvenu de présenter la philososophie de Fichte comme exemplaire de cette fascination de l'esprit germanique pour le troisième règne des spirituels, qui devait conduire, après la Première Guerre mondiale, au délire qu'on sait[1]. Quelques précisions s'imposent.

Il ne s'agit nullement ici de revenir sur les objections faites à la Doctrine de la science durant la Querelle de l'athéisme, qui, nous l'avons dit, relèvent le plus souvent de l'insinuation calomnieuse, mais de considérer la réponse donnée par Fichte, à cette occasion, à la question générale de l'athéisme. Récusant par avance l'assimilation hégélienne de la spéculation philosophique à l'automanifestation du divin, et anticipant les précautions et les exigences de la phénoménologie contemporaine, Fichte accorde à l'athéisme toute sa valeur comme position de principe et de méthode : il en fait la condition même d'une authentique philosophie (transcendantale) de la religion. L'un des apports les plus féconds de Fichte à la pensée moderne est en effet de récuser la prétention de la philosophie à former la vie par la doctrine, en dissociant rigoureusement la série des actes du moi réel, le flux vivant de la conscience dans son mouvement d'autoconstitution, et la série des actes du philosophe, qui observe, saisit et comprend dans son unité cette réalité qu'il est impuissant à créer[2]. En exigeant du philosophe qu'il abandonne l'objet de son travail à sa propre manifestation, à sa propre force intérieure et

---

derlin, Novalis, Friedrich Schlegel), comme des philosophies de Hegel et de Schelling, à cette postérité.

1. *Ibid.*, p. 336.

2. *Seconde Introduction à la doctrine de la science*, traduction A. Philonenko, in *Œuvres choisies de philosophie première*, Vrin, p. 265-266.

autonome, afin d'en construire l'essence, Fichte inaugure une nouvelle attitude philosophique qui n'est réellement parvenue à s'imposer qu'avec Husserl. Cette considération méthodologique générale prend toutefois une signification toute particulière eu égard au phénomène religieux. Elle commande une position originale dans la détermination du rapport de la raison et de la foi qui, depuis Lessing, constitue l'un des problèmes majeurs de la pensée allemande. La spéculation philosophique est en effet, dans cet ordre d'idées, tout autant une libre construction qu'un abandon patient, de sorte que le dénuement du regard philosophique dans la contemplation du phénomène religieux, son athéisme méthodologique, est aussi, et en même temps, un acte de foi dans la valeur absolue de ce qui se manifeste en ce phénomène. L'athéisme méthodologique pleinement assumé par Fichte est sa seule vraie défense contre l'accusation d'athéisme. Le but de la philosophie est, pour lui, contrairement à l'idée reçue, d'exalter en l'homme, par la désappropriation de soi, la vertu chrétienne par excellence qu'est l'humilité. La Doctrine de la science, par son refus d'étendre le domaine des objets du penser commun, ne consiste, précisément comme théorie c'est-à-dire comme système, nullement dans une entreprise herculéenne de maîtrise universelle, pas plus qu'elle n'est le dernier avatar de l'idéal humaniste-absolutiste des Lumières, mais elle fait de la pauvreté la qualité la plus essentielle du philosophe.

En cette mesure, c'est-à-dire pour autant que la métaphysique est dénoncée dans sa prétention à produire une quelconque vérité, la philosophie fichtéenne de la religion ne peut être suspectée de céder à la tendance de toute philosophie de la religion qui est de vouloir constituer une religion philosophique en substituant la vérité rationnelle à la vérité révélée. À maintes reprises, Fichte reconnaît très expressément dans la révélation l'unique voie du salut. S'il est vrai que, dans la christologie finale de *La Doctrine de l'État* de 1813, il oppose à la preuve historique de la réalité du royaume de Dieu institué par Jésus-Christ une preuve purement intellectuelle de cette même réalité, qui puisse être établie sans Jésus, et qui réalise l'avènement de l'Âge de l'Esprit[1], il ne faut cependant pas en conclure qu'il appelle prophétiquement au dépassement de l'Évangile historique par l'Évangile éternel.

L'esprit synthétique de Fichte, dont la puissance a déjà pu être mesurée dans le domaine de la réflexion juridico-politique[2], peut être mis à l'épreuve sur un tout autre plan, qui intéresse le débat théologique contemporain. En affirmant à la fois la présupposition nécessaire par la philosophie d'un Jésus dans le temps, qui est le commencement du temps[3], et la nécessité pour l'intelligence du phénomène religieux de ne supposer que la seule lumière de l'entendement naturel, Fichte tente, en effet, de défendre conjointement, en les limitant l'une par l'autre, les orientations contradictoires d'une théologie méfiante à l'égard de l'histoire de la Révélation, suspectée de revêtir le message évangélique d'un voile mythique et attentive à penser spéculativement l'Idée du Christ, et d'une théologie dite de l'histoire, reconnaissant à l'inverse l'impossibilité de toute emprise intellectuelle sur l'événement premier, unique et définitif, par lequel Dieu se communique parfaitement au monde dans la personne, et le temps, de Jésus de Nazareth.

En refusant de faire abstraction de la Révélation, en laquelle elle reconnaît une expérience donnée que la recherche rationnelle n'a pas à dépasser mais à anticiper en dégageant sa condition a priori de possibilité, la christologie philosophique de Fichte s'apparente à la christologie transcendantale de Karl Rahner. Élaborées sur le sol kantien, les deux christologies pro-

1. J. G. Fichte, *Staatslehre* [Doctrine de l'État], Fichtes Werke, Bd IV, Walter de Gruyter, Berlin, 1971, p. 549. Cf. J.-C. Goddard, « La Doctrine de la science et l'âge de l'Esprit », *Fichte-Actes du colloque de Poitiers, Cahiers de Philosophie*, n° 19, avril 1995.

2. Cf. A. Renaut, *Le Système du droit, Philosophie et droit dans la pensée de Fichte*, PUF, 1986.

3. *Staatslehre, op. cit.*, p. 534.

cèdent également « d'en bas », en fondant la possibilité de l'Homme-Dieu dans une structure transcendantale, existentielle et noétique, humaine, sans toutefois que la reconnaissance de cette capacité pour tout homme d'être Dieu constitue une invitation à se passer de l'Incarnation effective [1].

La différence des christologies hégélienne et fichtéenne, qui intéresse évidemment la foi dans le rapport à l'intelligence qu'elle peut avoir d'elle-même, permet ainsi de mettre en valeur la possibilité, suggérée par l'exemple fichtéen, d'élaborer une métaphysique de l'Apparition, proprement non ontologique et strictement phénoménologique, au sens où ce n'est jamais qu'à partir du fait de la manifestation qu'il est possible de remonter *médiatement* à l'Être divin [2]. Tandis que l'Incarnation pour Hegel n'est intelligible qu'à partir de la Logique de l'Idée éternelle, comme l'accomplissement dans le monde humain de la conversion réconciliatrice impliquée de toute nécessité dans la vie divine [3], et soulève principalement la question de la possibilité d'une ontologie du contingent, elle pose pour Fichte, au contraire, immédiatement l'Éternel à l'intérieur du temps, l'implante en lui, de sorte qu'on ne puisse penser aucun autre développement de l'Éternel que celui qui apparaît et advient dans la temporalité illimitée d'une histoire humaine, dans l'ordre même des événements humains institués par la liberté. Le Christ n'est, pour Fichte, ni la figure finale (Schelling) ni le point médiant de conversion (Hegel) en laquelle ou par lequel se parfait la vie divine, il est l'Apparition inaugurale, originaire, à par-

1. K. Rahner, *Traité fondamental de la foi*, traduction par G. Jarczyk, Le Centurion, 1983. Cf. R. P. X. Tilliette, *Le Christ des philosophes*, Culture et vérité, 1993, p. 161-164.

2. Cf. R. Lauth, « Le Progrès de la connaissance dans la première doctrine de la science de Fichte », *Fichte-Actes du colloque de Poitiers, Cahiers de Philosophie*, n° 19, avril 1995.

3. Cf. C. Bruaire, *Trinité et Verbe incarné-Logique et histoire*, IIe partie, chap. III, « Logique et religion chrétienne dans la philosophie de Hegel », Éditions du Seuil, 1964.

tir duquel cette vie s'institue seulement comme histoire et comme liberté humaines.

On se reportera à l'exposé de *La Doctrine de la science* de 1813[1], en lequel Fichte, renversant l'enseignement dogmatique d'une priorité de la Chose, de l'Être reposant sur soi, affirme la priorité métaphysique de l'image de l'Être, non pas comme catégorie ontologique, c'est-à-dire comme reflet de l'Être, mais comme image imageante, comme cette transitivité pure de soi à soi, en laquelle s'accomplit le processus transcendantal par lequel l'imagination accouche, sans se séparer de son produit, d'une image sans référence à quelque être que ce soit avant ou en dehors d'elle-même. Ce texte est, en effet, par rapport à Hegel — du moins dans l'interprétation reçue du rapport de la Logique et du fait de l'Incarnation chez cet auteur — exemplaire du refus fichtéen de penser l'Incarnation à partir de l'essence de Dieu comme une descente de l'Absolu vers ce qu'il n'est pas, en tentant de démontrer seulement à partir de l'existence actuelle de l'Apparition, considérée non pas comme accident de l'absolu mais comme accident absolu, sa qualité d'Apparition de l'Absolu. Il confirme l'interprétation christologique du moi fichtéen seulement suggérée à la libre réflexion de l'interprète en 1794, c'est-à-dire le recouvrement du Je suis humain et de l'autoénonciation de Dieu, en montrant que le moi est image de l'Absolu, similitude de l'Être, précisément dans la mesure de sa transparence, pour autant qu'il est en lui-même image et image de lui-même, c'est-à-dire différent de l'Être, et renverse le préjugé selon lequel, conformément à une inspiration d'origine cartésienne, la métaphysique moderne aboutirait en la philosophie de Fichte à rompre la tension entre l'univocité et l'équivocité caractéristique de la pensée chrétienne de l'analogie.

C'est ainsi, en un sens profondément renouvelé que ne saurait admettre une métaphysique panthéistique,

1. J. G. Fichte, *Die Wissenschaftslehre* (1813), Fichtes Werke, Bd X, Walter de Gruyter, Berlin, 1971.

que Fichte admet comme proposition fondamentale de son système que seul Dieu est, et que tout ce qui est hormis lui est son phénomène. C'est, en effet, exclusivement à partir de la possibilité pour chaque homme de devenir citoyen du royaume de Dieu — c'est-à-dire à partir de l'aptitude de chacun à être principe absolu, et à rendre ainsi Dieu visible dans son phénomène — que l'énoncé panthéiste peut être reçu. Si l'homme devient cette image de l'Absolu seulement dans la naissance infinie du fini qu'engendre le libre flottement de l'imagination productrice, comme une tâche illimitée de tous les instants en chacun desquels une singularité s'affirme par détermination réciproque au sein de la totalité articulée de l'infinité des vies possibles, alors l'affirmation de l'actualité de l'Absolu ne rétablit nullement, au-delà de la sphère d'activité du moi fini, une quelconque transcendance, qui se refermerait sur les singularités pour les élever à la puissance, mais elle signifie, tout autant contre l'atomisation idéaliste des sujets que leur absorption dans l'organicité d'une totalité réductrice de leurs différences, que le réellement réel s'épuise entièrement dans le seul jeu mutuel des singularités, dans le tracé et le battement de leurs limites. C'est donc en refusant de former la vie par les extériorités du culte, de la liturgie, du dogme ou de l'ascèse, et en initiant à la vie véritable comme présence immédiate débordante et pressante du divin en l'homme, que la Doctrine de la science prolonge et intensifie l'annonce de la venue, et l'institution effective, du royaume de Dieu par le Christ.

Dès lors il ressort que, par sa critique de la substantialisation du moi, par sa valorisation des différences irréductibles à une totalité identifiante, comme par son appel à une éthique supérieure de la création personnelle opposée au point de vue de la légalité objective, la philosophie de Fichte anticipe amplement les thèses nietzschéennes. Il est, en effet, remarquable que Fichte, comme Nietzsche, ait pu reconnaître dans le royaume de Dieu l'annonce, falsifiée par le christianisme, d'une présence du divin qui entraîne l'instantanéité hors d'elle-même, ne laisse pas en place, s'expérimente comme un battement, une pulsion présente à toute durée, et retire tout fondement aux institutions sociales en disposant à dire oui à la vie présente comme à la seule réalité qui soit[1]. Si le philosophe chrétien rejoint ainsi l'athée de rigueur, c'est qu'il y a dans le christianisme, comme le note avec profondeur Gilles Deleuze, « un germe d'athéisme tranquille[2] », la totalité de l'événement christique enseignant à l'homme à ne plus se vivre tout à fait comme une essence, mais plutôt comme un accident.

Jean-Christophe GODDARD

1. Cf. P. Valadier, *Nietzsche et la critique du christianisme*, Éditions du Cerf, 1974, p. 408.
2. G. Deleuze, *Francis Bacon : logique de la sensation*, Éditions de la Différence, 1984, p. 80.

NOTE SUR CETTE ÉDITION

Pour plus de commodité nous avons choisi de renvoyer dans les notes le lecteur aux seules traductions françaises — maintenant nombreuses — des œuvres de Fichte. Il sera aisé au chercheur de retrouver à partir de ces références la pagination des éditions allemandes. À part une ou deux exceptions, nous n'avons cité que les textes antérieurs à 1800, afin de souligner la continuité et la cohérence de la production fichtéenne jusqu'à cette date et de mettre en valeur la manière dont Fichte propose, avec *La Destination de l'homme*, le premier exposé systématique de l'ensemble de sa pensée. Pour alléger le texte, nous avons utilisé des abréviations suivies d'une simple indication de pagination :

OCPP-PP : *Œuvres choisies de philosophie première, Principes de la doctrine de la science* (1794-1795), traduction par A. Philonenko, Vrin, 1972.

OCPP-1re Intro : *Ibid.*, *Première introduction à la doctrine de la science* (1797).

OCPP-Précis : *Ibid.*, *Précis de ce qui est propre à la doctrine de la science au point de vue de la faculté théorique* (1795).

FDN : *Fondement du droit naturel selon les principes de la doctrine de la science* (1796-1797), traduction par A. Renaut, PUF, 1984.

Eth : *Le Système de l'éthique selon les principes de la doctrine de la science* (1798), traduction par P. Naulin, PUF, 1986.

NM : *La Doctrine de la science Nova Methodo* (1797-1798), traduction par I. Radrizzani, L'Âge d'homme, 1989.

Quer-Intentions : *La Querelle de l'athéisme, suivie de divers textes sur la religion, Sur les Intentions de la mort de Jésus* (1786), traduction par J.-C. Goddard, Vrin, 1993.

Quer-Dignité : *Ibid., De la dignité de l'homme* (1794).

Quer-Idées : *Ibid., Idées sur Dieu et l'immortalité* (1795-1799).

Quer-Appel : *Ibid., Appel au public contre l'accusation d'athéisme* (1799).

Quer-RJ : *Ibid., Réponse juridique à l'accusation d'athéisme* (1799).

Quer-Lettre : *Ibid., Lettre privée* (1800).

1801 : *Exposé de la Doctrine de la Science* (1801-1802), traduction par B. Vancamp, Lebeer Hosmann, Bruxelles, 1987.

On trouvera entre crochets, dans le corps du texte, la pagination de l'édition allemande établie par Erich Fuchs à partir de l'édition de Fritz Medicus : Johann Gottlieb Fichte, *Die Bestimmung des Menschen*, Philosophische Bibliothek, Felix Meiner Verlag, Hamburg, 1979.

LA DESTINATION DE L'HOMME

AVANT-PROPOS

Le présent écrit se propose de livrer ce qui, dans la nouvelle philosophie, est utilisable hors de l'École, et d'en exposer le contenu dans l'ordre même suivant lequel il devrait se développer dans la réflexion naturelle. Les lourds préparatifs par lesquels on prévient les objections et les extravagances d'un entendement dénaturé et devenu artificiel, ce qui sert simplement de fondement à d'autres sciences positives, enfin, ce qui est du ressort de la pédagogie au sens le plus large du mot, c'est-à-dire à l'éducation délibérée et arbitraire du genre humain, tout cela devrait être exclu du cadre de cet écrit. Ces objections, l'entendement naturel ne les fait pas; mais il abandonne la science positive à ses savants et laisse l'éducation du genre humain, pour autant qu'elle dépend de l'homme, à ses maîtres d'école et à ses fonctionnaires.

Ce livre n'est donc pas destiné à des philosophes de profession, et ceux-ci n'y trouveront rien qui ne soit exposé déjà dans d'autres écrits du même auteur. Il devrait être compréhensible pour tous les lecteurs qui sont, d'une manière générale, capables de comprendre un livre. Quant à ceux qui ne veulent que répéter dans un ordre légèrement modifié des formules jadis apprises par cœur et qui tiennent cet exercice de mémoire pour de la compréhension, ils trouveront sans aucun doute mon livre incompréhensible.

Il devrait susciter l'intérêt, échauffer le lecteur et l'arracher avec force à la sensibilité pour le conduire au suprasensible ; l'auteur a du moins conscience de ne pas s'être mis au travail sans passion. Souvent, l'enthousiasme avec lequel on s'est assigné un but s'éteint alors qu'on s'efforce de réaliser ce but, aussi risque-t-on, à l'inverse, à peine le travail achevé, d'être injuste avec soi-même sur cette question. Bref, quant à savoir si l'on a, oui ou non, réalisé son dessein, seule peut en décider l'impression que l'écrit produira sur les lecteurs auxquels il est destiné ; et l'auteur n'a ici pas voix au chapitre.

Il me reste à rappeler à des lecteurs, peu nombreux il est vrai, que le Moi qui parle dans le livre n'est nullement l'auteur, mais que celui-ci souhaite au contraire que son lecteur devienne ce Moi. Le lecteur ne doit pas saisir ce qui est dit ici simplement sur le mode historique ; mais il doit effectivement et de fait, au cours de la lecture, parler avec lui-même, peser le pour et le contre, tirer les conclusions, prendre des résolutions, tout comme son représentant dans le livre, et, par sa réflexion et son travail personnels, développer exclusivement à partir de lui-même et construire en lui-même la façon de penser dont ce livre lui présente la simple image.

LIVRE I

DOUTE

[5] Je crois bien entendu connaître à présent une part considérable du monde qui m'entoure ; et je n'ai, il est vrai, pas ménagé mes efforts pour y parvenir. Je ne me suis fié qu'au seul témoignage unanime de mes sens et à la seule constance de l'expérience. J'ai touché ce que j'avais vu ; j'ai analysé ce que j'avais touché. J'ai maintes et maintes fois répété mes observations ; j'ai comparé les divers phénomènes entre eux ; et c'est uniquement après avoir vu leur connexion précise, après les avoir expliqués les uns par les autres, les avoir déduits les uns des autres, après avoir été en mesure de prévoir le résultat, et après que la perception du résultat a confirmé ma prévision, que je me suis tranquillisé. C'est pourquoi je suis à présent aussi sûr de l'exactitude de cette partie de mes connaissances que de ma propre existence. C'est pourquoi j'avance d'un pas ferme dans mon monde comme dans une sphère qui m'est familière, et risque à chaque moment mon être et mon bien-être sur l'infaillibilité de mes convictions.

Mais, moi-même, que suis-je, et quelle est ma destination ?

Question superflue ! Il y a déjà longtemps que mon instruction sur ce sujet est achevée, et cela prendrait trop de temps de me répéter par le menu tout ce que j'ai entendu, appris et cru à ce propos.

Et par quelle voie suis-je donc parvenu à ces connaissances que je me rappelle obscurément posséder ? Me suis-je, entraîné par un ardent désir de savoir, frayé un chemin à travers l'incertitude, [6] le doute et les contradictions ? Ai-je, sitôt que quelque chose de croyable s'offrait à moi, suspendu mon approbation — ai-je éprouvé plusieurs fois la vraisemblance, ai-je clarifié, comparé, jusqu'à ce qu'une irrésistible voix intérieure, que je ne saurais méconnaître, me crie : « C'est ainsi, c'est seulement ainsi, aussi vrai que tu vis et que tu es » ? Non, je ne me souviens pas d'un tel état. Ces enseignements m'ont été dispensés avant que j'en eusse le désir ; on m'a répondu avant que j'eusse posé les questions. J'écoutais parce que je ne pouvais l'éviter ; ce que j'entendais se fixait dans ma mémoire au gré du hasard ; je laissais tout en l'état, sans examen et sans y accorder le moindre intérêt.

Comment pourrais-je donc me persuader que je possède effectivement des connaissances concernant cet objet de la réflexion ? Si je ne sais que ce que j'ai trouvé par moi-même, et si je ne me laisse convaincre que par cela seul — si je ne connais effectivement que ce dont j'ai fait moi-même l'expérience —, alors je ne puis en effet dire que je sache la moindre chose concernant ma destination. Je sais seulement ce que d'autres prétendent savoir à ce propos ; et la seule chose que je puisse effectivement garantir dans ce domaine, c'est que j'ai entendu parler de telle et telle manière sur ce sujet.

Par conséquent, tandis que j'examinais par moi-même, et le plus scrupuleusement du monde, ce qui était de moindre importance, je m'en remettais jusqu'alors, pour l'essentiel, au dévouement et à la diligence d'étrangers. En toute confiance, j'ai supposé chez d'autres un intérêt pour les affaires supérieures de l'humanité, un sérieux et une minutie que je n'avais d'aucune manière trouvés en moi-même. Je leur ai accordé une considération indescriptiblement plus haute que celle que je m'accorde à moi-même.

Ce que d'aventure ils savent de vrai, d'où peuvent-ils le tenir, sinon de leur propre réflexion ? Et pourquoi ne devrais-je pas, par la même réflexion, trouver la même vérité, puisque je ne vaux pas moins qu'eux ? Combien je me suis jusqu'à présent rabaissé et méprisé !

Je veux mettre un terme à cela ! Je veux à l'instant même rentrer dans mes droits, et prendre possession de la dignité qui m'est due. Que tout ce qui est étranger soit abandonné. Je veux chercher par *moi-même* [7]. Si s'éveillaient en moi des vœux secrets sur la manière dont ma recherche pourrait s'achever, une prédilection pour certaines affirmations, je les oublierai et les renierai, et ne leur permettrai d'avoir aucune influence sur l'orientation de mes pensées. Je veux me mettre au travail avec *rigueur et minutie* ; je ne veux rien me dissimuler. Ce que je trouverai comme vérité, quelle qu'en soit la teneur, sera pour moi le bienvenu. Je veux *savoir*. Je veux pouvoir compter sur ce que je suis moi-même et sur ce que je serai, aussi certainement que je compte que ce sol me portera si je le foule du pied, et que ce feu me brûlerait si je m'en approchais. Et si d'aventure cela n'était pas possible, je veux du moins savoir qu'on ne le peut pas. Et même si telle était l'issue de ma recherche, je veux m'y soumettre, du moment qu'elle se découvre à mes yeux comme vérité. Je m'empresse de résoudre mon problème.

Je saisis la nature fuyante dans son vol, et l'arrête un instant ; je fixe du regard le moment présent et réfléchis sur lui — sur cette nature en rapport avec laquelle ma faculté de penser s'est jusqu'ici développée et a été formée pour les raisonnements qui valent dans son domaine.

Je suis entouré d'objets que je me sens contraint de considérer comme des Touts subsistants pour eux-mêmes et distincts les uns des autres : je vois des plantes, des arbres, des animaux. J'attribue à chacun des propriétés et des caractéristiques individuelles, par lesquelles je les différencie les uns des autres : à cette plante telle forme, à telle autre telle autre forme, à cet arbre telles feuilles, à un autre des feuilles formées autrement.

Chaque objet a *sa quantité déterminée* de propriétés, pas plus pas moins. Chaque fois que l'on demande s'il est ceci ou cela, celui qui le connaît de part en part peut répondre par un oui ou un non décisif, qui met un terme à toute hésitation entre l'être et le ne pas être. Tout ce qui existe *est* quelque chose ou *n'est pas* ce quelque chose; [8] est coloré ou n'est pas coloré; a une certaine couleur ou n'a pas cette couleur; a bon goût ou n'a pas bon goût; est palpable ou n'est pas palpable, et ainsi de suite à l'infini.

Chaque objet possède chacune de ces propriétés *à un degré déterminé*. Si, pour une certaine propriété, il existe une échelle de mesure, et si je puis l'appliquer, alors je puis trouver un degré déterminé de cette propriété, qu'elle n'excède pas le moins du monde, et en deçà duquel elle ne se maintient pas non plus. Si je mesure la hauteur de cet arbre, celle-ci est déterminée, et celui-ci n'atteint pas une ligne plus haute ou plus basse qu'il n'est effectivement. Si j'observe le vert de ses feuilles, c'est un vert déterminé, qui n'est pas le moins du monde plus foncé ou plus clair, plus vif ou plus défraîchi qu'il n'est, bien que l'échelle de mesure et les mots me manquent pour le déterminer. Si je jette un regard sur cette plante, elle se tient à un stade déterminé entre sa germination et sa maturité; dans les deux cas, ni plus près ni plus éloignée de ces deux états qu'elle n'est. *Tout ce qui existe est de part en part déterminé; il est ce qu'il est, et absolument rien d'autre.*

Non pas que je sois en général incapable de penser quelque chose de flottant entre des déterminations contradictoires. Je pense en effet des objets indéterminés, et plus de la moitié de mon penser[1] consiste en de semblables pensées. Je pense à un arbre en général. Cet arbre en général a-t-il ou non des fruits, a-t-il ou non des feuilles et, s'il en a, quel est leur nombre? À quelle espèce appartient-il? Quelle est sa taille? etc. Toutes ces questions restent sans réponse, et, aussi sûrement que je ne me propose pas de penser un arbre particulier mais l'arbre en général, mon acte de penser est à cet égard indéterminé. Seulement, à cet arbre en général, je refuse l'existence effective, précisément parce qu'il est indéterminé. Tout ce qui est effectif possède toutes les propriétés qui reviennent à ce qui est effectif en général selon une quantité déterminée, et, aussi sûrement qu'il est effectif, possède chacune d'elles à un certain degré — bien que je me résigne à ne pouvoir peut-être pas épuiser toutes les propriétés d'un seul objet [9] ni leur appliquer une échelle de mesure.

Mais, dans sa métamorphose incessante, la nature se presse. Et pendant que je parle encore de l'instant que je viens de saisir, il s'est enfui, et tout s'est transformé ; et avant que je l'eusse saisi, tout était également autre. Comme il était, et comme je le saisissais, il ne l'avait pas toujours été ; il l'était devenu.

Pourquoi donc, et en vertu de quoi était-il précisément devenu tel qu'il était devenu ? Pourquoi, parmi la diversité infinie des déterminations qu'elle peut adopter, la nature a-t-elle adopté à cet instant précisément ces déterminations qu'elle a effectivement adoptées, et aucune autre ?

Parce que ces déterminations étaient précisément précédées de celles qui les précédaient, et d'aucune autre détermination possible ; et parce que les déterminations actuelles suivaient précisément ces déterminations et aucune autre détermination possible. Si, dans l'instant précédent, quoi que ce soit avait été le moins du monde autre que ce qu'il fut, alors dans l'instant présent également quelque chose serait autre qu'il n'est. Et pour quelle raison tout était-il à l'instant précédent comme il était ? Parce que, dans l'instant qui précédait cet instant, les choses étaient comme elles étaient en lui. Et cet instant précédant l'instant précédent dépendait de nouveau de celui qui *le* précédait, lequel dépendait derechef de *son* instant précédent — et ainsi de suite en remontant à l'infini. De même, dans le premier instant suivant, la nature sera déterminée comme elle le sera, parce qu'elle est déterminée dans l'instant présent comme elle l'est ; et quelque chose serait nécessairement autre qu'il n'est dans ce premier instant suivant, si, dans l'instant présent la moindre chose était autre qu'elle n'est. Et dans l'instant qui suivra ce premier instant suivant, tout sera comme il sera, parce que dans ce premier instant suivant tout sera comme il sera ; et l'instant qui suivra ce second instant suivant dépendra ainsi *de lui*, comme *lui* dépendra de ses instants précédents, et ainsi en descendant à l'infini [10].

La nature passe sans faire halte à travers la série infinie de ses déterminations possibles ; et le changement de ces déterminations n'est pas sans loi, mais rigoureusement légal. Ce qui existe dans la nature est nécessairement tel qu'il est, et il est absolument impossible qu'il soit autrement. J'entre dans une chaîne fermée de phénomènes, où chaque membre est déterminé par le membre qui le précède et détermine celui qui le suit ; j'entre dans une rigoureuse connexion avec tous les phénomènes, puisque tous les états possibles de l'univers pourraient être trouvés par une simple réflexion à partir de chaque instant donné — en remontant cette chaîne, si j'entreprends d'*expliquer* l'instant donné, en la descendant, si j'entreprends de *déduire* à partir de lui ; en remontant, si je cherche les causes par lesquelles seules il pouvait devenir effectif, en descendant, si je cherche les conséquences qu'il doit nécessairement avoir. Je reçois le Tout dans chaque partie, parce que chaque partie n'est ce qu'elle est que par le Tout, et l'est nécessairement par lui.

Qu'est-ce donc à vrai dire que je viens de trouver ? Si j'embrasse du regard l'ensemble de mes affirmations, je trouve que l'esprit en est le suivant : présupposer pour chaque devenir un être, à partir duquel et par lequel il est devenu; présupposer en pensée pour chaque état un autre état, pour chaque être un autre être, et tout simplement ne rien faire naître du néant.

Attardons-nous plus longuement sur ce point, développons et rendons-nous parfaitement clair ce qu'il contient! Car il se pourrait bien que toute la réussite de mes recherches ultérieures dépende de la claire compréhension de ce point précis de ma réflexion.

Pourquoi et en vertu de quoi les déterminations des objets sont-elles donc à cet instant précisément celles qu'elles sont? C'est par cette question que j'avais commencé. Je présupposais par la suite sans plus de preuve, et sans le moindre examen, comme quelque chose de connu, d'immédiatement vrai et d'absolument certain — comme cela l'est aussi, et comme je le trouve encore aujourd'hui et continuerai de le trouver —, je présupposais, disais-je, [11] qu'elles avaient un fondement; qu'elles n'avaient pas d'existence et d'effectivité par elles-mêmes, mais par quelque chose qui se situait hors d'elles. Je trouvais que leur existence n'était pas la condition suffisante de leur propre existence, et je me sentais contraint d'admettre, pour elles-mêmes, encore une autre existence hors d'elles-mêmes. Pourquoi donc ne trouvais-je pas l'existence de ces qualités ou déterminations suffisante? Que pouvait-il y avoir en elles qui trahissait à mes yeux un manque? Sans aucun doute la chose suivante : tout d'abord, ces qualités ne sont absolument rien en et pour soi, elles sont seulement quelque chose *en* autre chose; les qualités de quelque chose de qualifié, les formes de quelque chose de formé; et cette autre chose qui reçoit et porte ces qualités — le *substrat* de ces qualités, pour employer une expression de l'École — est toujours présupposée pour qu'on puisse les concevoir. En outre, le fait qu'un tel substrat ait une qualité déterminée exprime un état de repos et d'interruption de ses transformations, un arrêt de son devenir. Si je le place dans le changement, alors il n'y a plus en lui de déterminité, mais un passage d'un état dans l'état opposé à travers l'indéterminé. L'état de déterminité de la chose est en conséquence l'état et l'expression d'une simple passivité ; et une simple passivité est une existence incomplète. Il faut une activité qui corresponde à cette passivité — à partir de laquelle cette passivité s'explique, par laquelle et au moyen de laquelle seulement elle se laisse penser — ou bien, selon l'expression convenue, *qui contienne la raison de cette passivité* [2].

Ce que je pensais, et ce que j'étais contraint de penser, n'était par conséquent nullement que les diverses déterminations successives de la nature, comme telles, se produisent les unes les autres ; que la qualité actuelle s'anéantit elle-même et produit à sa place, dans l'instant futur puisqu'elle-même n'est plus, une autre qualité, qu'elle n'est pas elle-même et qui ne se trouve pas en elle — ce qui est tout à fait impensable. La qualité ne se produit pas plus elle-même qu'elle ne produit quelque chose d'autre hors d'elle [12].

C'est une force active, propre à l'objet et constitutive de son essence particulière, que je pensais et qu'il me fallait penser pour concevoir la naissance graduelle et le changement de ces déterminations.

Et comment est-ce que je me représente cette force ? Quelle est son essence et de quelle manière se manifeste-t-elle ? Pas autrement qu'en produisant dans ces circonstances déterminées, par elle-même et pour elle-même, cet effet déterminé — et absolument aucun autre—, mais aussi très certainement et infailliblement cet effet.

Le principe de l'activité, de la naissance et du devenir *en et pour soi*, est purement en cette force, aussi certainement qu'elle est une force, et n'est en rien hors d'elle ; la force n'est pas entraînée ou mise en mouvement, elle se met elle-même en mouvement. La raison pour laquelle *elle se déploie précisément de cette manière déterminée* se trouve partie en elle-même, parce qu'elle est cette force et nulle autre, partie hors d'elle-même, dans les circonstances en lesquelles elle se déploie. Les deux, la détermination interne de la force par elle-même et sa détermination externe par les circonstances, doivent nécessairement se réunir pour produire une modification. Concernant la première détermination, il faut dire que les circonstances, l'être au repos et le subsister des choses, ne produisent aucun devenir, car c'est en eux-mêmes que se trouve le contraire de tout devenir, à savoir le subsister au repos. Concernant la seconde détermination, il faut dire que cette force est, aussi sûrement qu'elle doit pouvoir être pensée, une force de part en part déterminée, mais que sa déterminité est parfaite par les circonstances en lesquelles elle se déploie. Une force, je ne fais que la penser ; une force n'est pour moi que dans la mesure où je perçois un effet ; une force sans effet, qui pourtant devrait être une force et non une chose au repos, est tout à fait inconcevable. Mais chaque effet est déterminé et, puisque l'effet n'est que l'empreinte et n'est qu'un autre aspect de l'agir efficace même, la force agissante est déterminée dans l'agir efficace, et le fondement de cette déterminité qui est la sienne se trouve partie en elle-même, car sinon elle ne serait pas pensée comme quelque chose de particulier et de persistant pour soi, partie hors d'elle, parce que sa propre déterminité ne peut être pensée que comme conditionnée[3].

Ici, une fleur est sortie du sol, et [13] j'en conclus qu'il y a une force formatrice dans la nature. Une telle force formatrice n'existe somme toute pour moi que dans la mesure où il y a pour moi cette fleur et d'autres fleurs, des plantes en général et des animaux. Je ne puis décrire cette force que par son effet, et elle n'est pour moi absolument rien d'autre que ce qui produit un tel effet — que ce qui engendre des fleurs, des plantes, des animaux, et d'une manière générale des formes organiques. J'affirmerai en outre qu'une fleur — et cette fleur déterminée — n'a pu naître à cet emplacement que dans la mesure où toutes les circonstances ont été réunies pour la rendre possible. Par cette réunion de toutes les circonstances qui l'ont rendue possible, je ne m'explique toutefois nullement l'effectivité de la fleur; et je suis contraint d'admettre, en plus de cette réunion des circonstances, une force naturelle originaire particulière, agissant efficacement par elle-même, et même une force produisant d'une manière déterminée une fleur. Car une autre force naturelle aurait peut-être dans les mêmes circonstances produit tout autre chose. J'obtiens en conséquence la conception suivante de l'univers : si je considère l'ensemble des choses comme Un, comme une unique Nature, alors il y a une force unique. Si je considère les choses comme individuelles, alors il y a plusieurs forces, qui se déploient selon leurs lois internes et passent par toutes les formes qu'elles sont susceptibles de prendre; et tous les objets dans la nature ne sont pas autre chose que ces forces mêmes dans une certaine détermination. La manifestation de chaque force naturelle individuelle est déterminée. Chaque force devient la force naturelle qu'elle est, partie par son essence intime, partie par ses propres manifestations antécédentes, partie par les manifestations de toutes les autres forces naturelles avec lesquelles elle est en rapport; et elle est bien en rapport avec toutes les autres forces, puisque la nature est un Tout cohérent[4]. Elle est irrésistiblement déterminée par tout cela. Dès lors que, conformément à son essence intime, elle est ce qu'elle est et se manifeste dans telles circonstances, sa manifestation se trouve être nécessairement telle qu'elle est, et il est absolument impossible qu'elle soit le moins du monde différente de ce qu'elle est.

À chaque instant de sa durée, la nature est un [14] Tout cohérent; à chaque instant, *chaque partie individuelle* de la nature doit nécessairement être telle qu'elle est, parce que *toutes les autres parties* sont comme elles sont; et tu ne saurais déplacer un grain de sable sans modifier par là, peut-être imperceptiblement, quelque chose à travers toutes les parties du Tout incommensurable. Mais *chaque instant de cette durée* est déterminé par *tous les instants écoulés*, et déterminera tous les *instants à venir*; et tu ne peux modifier en pensée la situation actuelle d'un grain de sable sans être contraint de te représenter autrement la totalité du passé, en remontant à l'infini, et la totalité de l'avenir, en descendant à l'infini. Fais-en l'essai, si tu le souhaites, avec ce minuscule grain de sable mouvant que tu aperçois. Représente-le-toi situé quelques pas plus loin vers l'intérieur du pays. Alors, le coup de vent qui l'a éloigné de la mer aurait dû être plus fort qu'il n'a effectivement été. Mais le temps qu'il faisait précédemment, et par lequel ce coup de vent et son degré furent déterminés, aurait dû lui aussi être autre qu'il n'a été, tout comme celui qui *le* précédait et par quoi *il* a été déterminé. Et tu obtiens ainsi, en remontant jusqu'à l'infini et l'illimité, une tout autre température de l'air que celle qui a effectivement été, et une tout autre constitution des corps qui exercent une influence sur cette température et sur lesquels celle-ci influe. Cette température de l'air a incontestablement une influence décisive sur la fertilité ou l'infertilité des terres et, par l'intermédiaire de cette fertilité ou bien même immédiatement, sur la continuité de l'existence humaine. Comment peux-tu savoir — puisqu'il ne nous est pas permis de pénétrer l'essence intime de la nature, il suffira ici d'indiquer des possibilités —, comment peux-tu savoir si, par cet état atmosphérique qu'il eût fallu avoir dans l'univers pour pousser ce grain de sable plus loin à l'intérieur du pays, l'un de tes ancêtres n'aurait pas succombé de faim, de froid ou de chaleur, avant d'avoir engendré le fils dont tu descends ? De sorte que tu ne serais pas, et que ne serait pas tout ce que tu te figures effectuer dans le présent et pour l'avenir [15] — tout cela parce qu'un grain de sable se trouve en un autre endroit.

Moi-même, avec tout ce que j'appelle mien, je suis un maillon de cette chaîne de la stricte nécessité naturelle. Il fut un temps — c'est ce que me disent d'autres qui vécurent à cette époque, et je suis moi-même contraint d'admettre, par déduction, une telle époque, dont je n'ai pas immédiatement conscience —, il fut un temps en lequel je n'étais pas encore, et un instant où je suis né. Je n'étais encore que pour d'autres, pas encore pour moi. Depuis, ma conscience s'est peu à peu développée et j'ai trouvé en moi certaines aptitudes, certaines dispositions, certains besoins et désirs naturels. Je suis un être déterminé, qui est né dans un temps quelconque.

Je ne suis pas né par moi-même. Ce serait la pire des inepties d'admettre que j'ai été avant que d'être, afin de me porter moi-même à l'existence. Je suis devenu effectif par une autre force hors de moi. Et par quelle force donc, sinon par la force naturelle universelle, puisque je suis une partie de la nature ? Le temps de ma naissance et les propriétés avec lesquelles je suis né furent déterminés par cette force naturelle universelle ; et toutes les formes par lesquelles ces propriétés fondamentales qui me sont innées se sont depuis manifestées, et se manifesteront aussi longtemps que je serai, sont déterminées par cette même force naturelle. Il était impossible qu'un autre naisse à ma place ; il est impossible que cet homme, désormais né, soit en un quelconque instant de son existence autre qu'il n'est et qu'il ne sera.

Que mes états soient maintenant précisément accompagnés de conscience, et même que quelques-uns d'entre eux — les pensées, les résolutions, et autres choses semblables — n'apparaissent pas comme autre chose que comme des déterminations d'une pure conscience, cela ne doit pas m'induire en erreur dans mes déductions. C'est la détermination naturelle de la plante de se former régulièrement, celle de l'animal de se mouvoir conformément à une fin, celle de l'homme de penser. Pourquoi devrais-je hésiter à reconnaître dans la pensée, [16] tout comme dans la formation de la plante et dans le mouvement de l'animal, la manifestation d'une force naturelle originaire ? Rien ne pourrait m'en empêcher sinon l'étonnement face à la pensée, qui est assurément un effet naturel de loin plus élevé et plus ingénieux que la formation des plantes et le mouvement propre des animaux; mais comment pourrais-je permettre que cette émotion influe sur une recherche sereine? Expliquer comment la force naturelle produit la pensée, à vrai dire je ne le puis pas; mais puis-je donc mieux expliquer comment elle produit la formation d'une plante, le mouvement d'un animal? Quant à déduire la pensée de la simple composition de la matière, à vrai dire je ne tomberai pas dans ce travers. Pourrais-je donc par là expliquer ne serait-ce que la formation du plus simple lichen? — Ces forces naturelles originaires ne doivent pas du tout être expliquées ni ne peuvent l'être; car elles sont elles-mêmes ce à partir de quoi il convient d'expliquer tout ce qui est explicable. Le penser est donc de fait, il est absolument, tout comme la force formatrice de la nature est de fait et est absolument : il est dans la nature. Car l'être pensant naît et se développe d'après des lois naturelles, et est en conséquence par la nature. Il y a une force de penser originaire dans la nature, comme il y a une force formatrice originaire[5].

Cette force de penser originaire de l'univers progresse et se développe selon toutes les déterminations qu'elle est susceptible de prendre, de même que les autres forces naturelles originaires progressent et revêtent toutes les formes possibles. Comme la plante, je suis une détermination particulière de la force formatrice; comme l'animal, une détermination particulière de la force motrice propre; et, par surcroît, je suis encore une détermination de la force de penser : et la réunion de ces trois forces fondamentales en une force une, en un développement harmonique un, constitue le signe distinctif de mon espèce — de même que le fait d'être exclusivement une détermination de la force formatrice est ce qui distingue l'espèce végétale.

En moi, la forme, le mouvement propre et la pensée ne dépendent pas les uns des autres et ne dérivent pas les uns des autres. Comme si je pensais ainsi la forme et le mouvement en moi, et avec eux [17] les formes et les mouvements qui m'entourent, parcc qu'ils sont ainsi; ou bien comme si, à l'inverse, ils étaient ainsi parce que je les pense ainsi; mais ils sont, tous ensemble et immédiatement, les développements harmoniques d'une seule et même force, dont la manifestation aboutit nécessairement à un être de mon espèce intimement en accord avec lui-même, et que l'on pourrait appeler la force formatrice des êtres humains. Une pensée naît en moi absolument, et tout aussi absolument la forme qui lui correspond, et tout aussi absolument le mouvement correspondant à elles deux. Je ne suis pas ce que je suis parce que je le pense ou le veux; pas plus que je le pense ou le veux parce que je le suis, mais je suis et pense — les deux absolument; et les deux s'accordent pour une raison supérieure.

Aussi certainement que ces forces naturelles originaires sont quelque chose pour soi et ont leurs propres lois et fins internes, il faut que leurs manifestations, une fois parvenues à l'effectivité — pourvu que la force demeure livrée à elle-même et ne soit pas opprimée par une force étrangère prépondérante —, durent un certain temps et parcourent un certain nombre de transformations. Ce qui disparaît, dans le même moment où il naît, n'est certainement pas la manifestation d'une force fondamentale, mais seulement la conséquence du concours de plusieurs forces. La plante, qui est une détermination particulière de la force naturelle formatrice, se laisse aller à elle-même, de sa première germination jusqu'à la maturation de la semence. L'homme, qui est une détermination particulière de toutes les forces naturelles réunies, se laisse aller à lui-même, de la naissance jusqu'à l'âge avancé où il meurt. De là la durée de la vie des plantes comme des hommes, et les différentes déterminations de cette vie qui est la leur.

Cette forme, ce mouvement propre, ce penser, qui sont en harmonie les uns avec les autres — cette durée de toutes ces propriétés essentielles parmi maintes transformations inessentielles me reviennent dans la mesure où je suis un être de mon espèce. Mais la force naturelle formatrice d'êtres humains s'est déjà présentée, avant que je naisse, sous maintes conditions et dans maintes circonstances extérieures. Ce sont ces circonstances extérieures qui [18] déterminent la modalité particulière de son efficacité présente; c'est par conséquent en elles que se trouve la raison pour laquelle précisément tel individu de mon espèce devient effectif. Les mêmes circonstances ne peuvent jamais revenir, car sinon le Tout de la nature lui-même reviendrait et il se formerait deux natures au lieu d'une seule : c'est pourquoi les individus qui ont été une fois effectifs ne le seront jamais de nouveau. De plus, la force formatrice d'êtres humains se présente dans ce même temps où je suis moi-même, avec toutes les circonstances possibles en ce temps. Si le Tout ne doit pas se scinder en deux mondes parfaitement semblables, et sans rapport l'un avec l'autre, aucune réunion de telles circonstances n'est alors parfaitement semblable à celle par laquelle je suis *moi* devenu effectif. Deux individus parfaitement semblables ne peuvent être effectifs en même temps. Par là est donc déterminé ce que *moi*, *cette personne déterminée*, je devais être; et la loi d'après laquelle je suis devenu ce que je suis est la suivante : je suis ce que la force formatrice d'êtres humains *pouvait* devenir — dès lors qu'elle a été ce qu'elle a été — dès lors qu'elle est encore hors de moi ce qu'elle est — dès lors qu'elle se trouve dans tels rapports déterminés avec d'autres forces naturelles qui entrent en conflit avec elle. Et comme il ne saurait y avoir en elle de raison pour laquelle elle se limiterait, alors, puisqu'elle pouvait devenir ce que je suis, je suis ce qu'elle *devait* nécessairement devenir. Je suis celui que je suis, parce que, dans cette cohésion du Tout de la nature, nul autre que moi n'était possible; et un Esprit qui embrasserait entièrement du regard l'essence intime de la nature pourrait, à partir de la connaissance d'un seul homme, indiquer avec précision quels hommes ont été jusqu'à présent, et quels hommes seront en tout temps; en une unique personne, il reconnaîtrait *toutes* les personnes effectives. C'est cette connexion avec le Tout de la nature en laquelle je vis qui détermine donc tout ce que j'ai été, ce que je suis et ce que je serai : et le même Esprit pourrait infailliblement déduire de chaque instant possible de mon existence ce que j'ai été avant cet instant et ce que je serai après lui. Tout ce que je suis ou serai jamais, je le suis et [19] le serai d'une manière absolument nécessaire, et il est impossible que je sois quelque chose d'autre.

Il est vrai que j'ai au plus intime de moi-même conscience de moi-même comme d'un être autonome et libre en maints événements de sa vie. Mais cette conscience peut fort bien s'expliquer à partir des principes que j'ai établis et s'accorder parfaitement avec les conséquences que je viens de déduire. Ma conscience immédiate, la perception proprement dite, ne va pas *au-delà de moi-même* ni au-delà de mes déterminations; je ne sais immédiatement que moi-même; ce que je puis savoir au-delà, je ne le sais que par *déduction* — tout comme j'ai à l'instant conclu à l'existence de forces naturelles originaires qui ne se rencontrent pourtant aucunement dans le cercle de mes perceptions. Mais *moi* — ce que j'appelle mon moi, ma personne —, je ne suis pas la force formatrice d'êtres humains elle-même, mais seulement une de ses manifestations : et c'est seulement de cette manifestation que j'ai conscience *comme de mon Soi*, non de cette force, à l'existence de laquelle je conclus seulement poussé par la nécessité de m'expliquer moi-même. Il est toutefois vrai que cette manifestation est, selon mon être effectif, quelque chose qui procède d'une force originaire et autonome, et qu'elle doit être trouvée comme telle dans la conscience. C'est pourquoi je me trouve en général comme un être *autonome.* C'est précisément pour cette même raison que je m'apparais comme *libre* dans des événements particuliers de ma vie, lorsque ces événements sont des manifestations de la force autonome, qui sont échues en partage à mon individu ; c'est précisément pour cette raison que je m'apparais comme *retenu et limité* lorsque, par un enchaînement de circonstances extérieures qui naissent dans le temps mais ne résident pas dans la limitation originaire de mon individu, je ne puis pas faire ce que je pourrais bien faire selon ma force individuelle ; c'est pour cette raison que je m'apparais comme *contraint* lorsque cette force individuelle est obligée de se manifester, fût-ce en contradiction avec ses propres lois, par la supériorité d'autres forces qui lui sont opposées.

Donne la conscience à un arbre, et laisse-le [20] croître sans obstacle, laisse-le étendre ses branches, produire les feuilles, les bourgeons, les fleurs et les fruits propres à son espèce. Il ne se trouvera pas véritablement limité par le fait d'être précisément un arbre, et précisément un arbre de cette espèce, et précisément cet individu dans cette espèce ; il se trouvera libre, parce qu'il ne fait rien d'autre, en toutes ces manifestations, que ce que sa nature exige ; il ne voudra rien faire d'autre, parce qu'il ne peut vouloir que ce que celle-ci exige. Mais fais en sorte que sa croissance soit contrariée par un temps défavorable, par le manque de nourriture ou par d'autres causes ; alors, il se sentira limité et empêché, parce qu'une tendance, qui se trouve effectivement dans sa nature, n'est pas satisfaite. Attache à un espalier ses branches qui poussent librement, impose-lui par la greffe des branches étrangères, il se sentira contraint à une certaine action ; ces branches continuent certes de pousser, mais pas dans la direction que la force abandonnée à elle-même aurait prise ; il fournit certes des fruits, mais pas ceux que sa nature originaire exigeait. Dans la *conscience de soi immédiate*, je m'apparais comme libre ; par la *réflexion* sur la nature prise dans son ensemble, je trouve que la liberté est absolument impossible : la première, la conscience de soi, doit être subordonnée à la seconde, à la réflexion, car elle doit elle-même être expliquée par la seconde.

Quel apaisement suprême ce système procure à mon entendement ! Quel ordre, quelle ferme cohésion, quelle vue d'ensemble en résultent aisément pour le Tout de mes connaissances ! La conscience n'est plus ici, dans la nature, cette étrangère, dont la connexion avec un être est si inconcevable ; en elle, elle est chez soi et constitue même l'une de ses déterminations nécessaires. La nature s'élève peu à peu à travers la série déterminée de ses productions. Dans la matière brute, elle est un simple être ; dans la matière organisée, elle revient en elle-même pour agir intérieurement sur soi : dans la plante pour se donner une forme, dans l'animal pour se mouvoir ; dans l'homme, qui est son plus grand chef-d'œuvre, elle retourne en elle-même, [21] pour se contempler elle-même et s'examiner : en lui, pour ainsi dire, elle se dédouble et, d'un simple être, devient être et conscience réunis.

Dans ce système, il est facile d'expliquer ce que je dois savoir *de mon propre être* et de ses déterminations. Mon être et mon savoir ont le même fondement commun : ma nature en général. Il n'y a pas d'être en moi qui, précisément parce qu'il est *mon* être, ne se sache pas en même temps lui-même. Tout aussi concevable est la conscience *des objets corporels hors de moi*. Les forces dont la manifestation constitue ma personnalité, la force formatrice, la force automotrice, la force pensante en moi ne sont pas telles qu'elles existent dans la nature en général, mais sont seulement une part déterminée de ces forces ; et qu'elles ne soient que cette part, cela vient de ce qu'il existe hors de moi encore tant et tant d'autres êtres. On peut porter la seconde conscience *au compte* de la première, porter ce qui limite au compte de la limitation. Parce que je ne suis pas ceci ou cela, qui appartient pourtant à la connexion de l'être pris dans son ensemble, il faut que ceci ou cela soit hors de moi ; c'est ce que conclut et estime la nature pensante en moi. J'ai immédiatement conscience de ma limitation, parce qu'elle m'appartient en propre et que je n'existe, somme toute, que par elle ; la conscience de ce qui limite, de cette altérité que je ne suis pas moi-même, est médiatisée par la première conscience et en découle[6].

C'en est donc fini de ces prétendues influences et de ces prétendues actions des choses extérieures sur moi, par lesquelles elles devraient déverser en moi une connaissance d'elles-mêmes, qui n'est pas en elles-mêmes et ne peut pas émaner d'elles[7]. La raison pour laquelle j'admets quelque chose hors de moi ne se trouve pas hors de moi, mais en moi-même, dans les limites de ma propre personne ; c'est par la médiation de ces limites que la nature pensante en moi va hors d'elle-même et acquiert une vue d'ensemble d'elle-même — bien que cela ait lieu en chaque individu à partir d'un point de vue personnel.

C'est de la même manière que se forme pour moi le concept *des êtres pensants semblables à moi*. Je pense, moi, ou plutôt [22] la nature pensante en moi pense des pensées, les unes qui doivent s'être développées à partir d'elle-même en tant qu'elle est une détermination individuelle de la nature et d'autres qui ne doivent pas s'être développées à partir d'elle-même. Et il en est de fait ainsi. Les premières sont, en effet, ma contribution personnelle et particulière à la sphère du penser universel dans la nature ; les secondes sont seulement déduites des premières, comme devant en effet également se produire dans cette sphère, mais, puisqu'elles sont seulement déduites, non pas comme devant se produire en moi, mais dans d'autres êtres pensants ; et c'est seulement de là que je *conclus* à l'existence d'autres êtres pensants hors de moi. En bref : la nature prend en moi conscience d'elle-même en sa totalité — mais seulement si elle commence par la conscience individuelle que j'ai de moi-même pour progresser, par application du principe de raison, de cette conscience jusqu'à la conscience de l'être universel; c'est-à-dire, si elle pense les conditions qui seules ont rendu possibles une telle forme, un tel mouvement, un tel penser, en lesquels consiste ma personne. Le principe de raison est le point où s'opère le passage du particulier, qu'est ma personne, à l'universel, qui est hors d'elle[8]. Le critère de distinction des deux modes de connaissance est que le premier est une intuition immédiate et le second une déduction.

En chaque individu la nature se voit elle-même d'un point de vue particulier. Je m'appelle *moi*, et toi, je t'appelle *toi*; *toi*, tu t'appelles moi, et *moi*, tu m'appelles toi : je me trouve pour toi hors de toi, comme tu te trouves pour moi hors de moi. Ce que je conçois en premier lieu hors de moi, c'est ce qui me limite au plus près; toi, ce qui te limite au plus près; en partant de ce point, nous progressons à travers la suite des autres points — néanmoins nous décrivons des séries fort différentes, qui se croisent bien çà et là, mais ne courent nulle part ensemble dans la même direction. Tous les individus possibles, et par suite également tous les points de vue possibles de la conscience, deviennent effectifs[9]. La réunion de ces consciences individuelles constitue la conscience complète qu'a l'univers de lui-même; et il [23] n'y en a pas d'autre, car c'est seulement dans l'individu qu'est la déterminité et l'effectivité complète[10].

Le témoignage de la conscience de chaque individu est infaillible, pourvu que cette conscience soit effectivement la conscience décrite jusqu'à présent; car cette conscience se développe à partir de l'ensemble du cours régulier de la nature; or la nature ne peut se contredire elle-même. S'il y a quelque part une quelconque représentation, il faut bien alors qu'il y ait aussi un être correspondant à cette représentation, car les représentations sont produites en même temps que l'être qui leur correspond. La conscience particulière de chaque individu est de part en part déterminée, car elle procède de sa nature : nul ne peut avoir d'autres connaissances ni les avoir à un autre degré de vivacité qu'il ne les a effectivement. Le *contenu* de ses connaissances est déterminé par le point de vue qu'il occupe dans l'univers; *la distinction et la vivacité* de ses connaissances sont déterminées par la plus ou moins grande efficacité que la force de l'humanité est susceptible de manifester dans sa personne. Donne à la nature une seule détermination d'une personne, aussi insignifiante qu'elle puisse paraître, ne serait-ce que le mouvement d'un seul muscle ou la courbure d'un cheveu : si elle avait une conscience universelle et pouvait te répondre, elle te dirait toutes les pensées que pensera cette personne aussi longtemps que durera sa conscience[11].

Tout aussi concevable est, dans ce système, ce phénomène connu qui apparaît dans notre conscience et que nous appelons *la volonté*. Un vouloir est la conscience immédiate de l'efficacité de l'une de nos forces naturelles internes. La conscience immédiate d'un effort de ces forces, qui n'est pas encore efficacité, parce qu'elle est entravée par des forces exerçant une tension contraire, est dans la conscience inclination ou désir; la lutte des forces combattant en sens contraire est indécision; la victoire de l'une de ces forces est décision de la volonté. Si la force qui fait effort est simplement celle qui nous est commune avec la plante ou l'animal, alors il s'est déjà produit dans notre être intime une séparation et un abaissement, et le désir n'est pas conforme au rang que nous occupons dans [24] la série des choses, mais se situe au-dessous de lui, et peut fort bien, selon un certain usage de la langue, être dit inférieur. Si ce qui s'efforce est la force entière et indivise de l'humanité, alors le désir est conforme à notre nature et peut être appelé supérieur. L'effort de la seconde force, pensé en général, peut à bon droit être appelé une loi morale. Une efficacité de cette seconde force est une volonté vertueuse, et l'action qui s'ensuit est une vertu. Une victoire de la première force, qui n'est pas en harmonie avec la seconde, est un défaut; une victoire de cette même force sur la seconde, qui a lieu contre sa résistance, est un vice.

La force qui vainc chaque fois vainc nécessairement; sa prépondérance est déterminée par la cohésion de l'univers; c'est en conséquence par la même cohésion que sont également déterminés la vertu, le défaut et le vice de chaque individu. Donne de nouveau à la nature le mouvement d'un muscle ou la courbure d'un cheveu chez un individu déterminé : si elle pouvait penser et te répondre, elle t'indiquerait toutes les bonnes actions et tous les méfaits accomplis par cet individu du commencement à la fin de sa vie. Mais pour autant, la vertu ne cesse pas d'être vertu, et le vice d'être vice. L'homme vertueux est une nature noble; l'homme vicieux, bien que résultant nécessairement de la cohésion de l'univers, est une nature ignoble et condamnable.

Il y a *le repentir*, et il est la conscience de l'effort continu de l'humanité en moi, même après qu'il a été vaincu, liée au sentiment désagréable que l'effort a été vaincu; c'est là un gage troublant mais néanmoins précieux de notre nature noble. De cette conscience de notre tendance fondamentale naît également *la conscience morale*, ainsi que sa plus ou moins grande acuité et susceptibilité, qui peut aller jusqu'à disparaître complètement chez certains individus. Le plus ignoble n'est pas capable de repentir, car l'humanité en lui n'a même pas suffisamment de force pour combattre les basses tendances. La récompense et le châtiment sont les suites naturelles de la vertu et du vice et visent à [25] produire de nouvelles vertus et de nouveaux vices. Notre force particulière se trouve en effet étendue et redoublée par des victoires fréquentes et notables; elle est rendue toujours plus faible par le manque total d'efficacité ou par de fréquentes défaites. Seuls les concepts de culpabilité et de responsabilité n'ont aucun sens, en dehors de celui qu'ils ont relativement au droit extérieur. S'est rendu coupable et sera tenu pour responsable de sa faute celui qui contraint la société à lui appliquer des forces extérieures artificielles, afin d'entraver l'efficacité de ses tendances préjudiciables à la sécurité générale.

Ma recherche est terminée, et mon désir de savoir est satisfait. Je sais ce que je suis et en quoi consiste l'essence de mon espèce. Je suis une manifestation, déterminée par l'univers, d'une force naturelle déterminée par elle-même. Il est impossible que je comprenne mes déterminations personnelles *en comprenant quelles en sont les raisons*, car je ne puis pénétrer l'être intime de la nature. Mais j'en prends conscience *immédiatement*. Je sais fort bien ce que je suis dans le moment présent; je puis me souvenir en grande partie de ce j'étais autrefois, et j'aurai bien l'expérience de ce que je serai, lorsque je le serai.

Il ne saurait me venir à l'esprit d'utiliser cette découverte pour mon action, car ce n'est en définitive pas moi qui agis, mais la nature qui agit en moi; je ne puis vouloir me faire autre que ce à quoi la nature m'a destiné, car je ne me fais nullement, mais c'est la nature qui me fait moi-même et qui fait tout ce que je deviens. Je puis m'en repentir, m'en réjouir, et prendre de bonnes résolutions — bien que, en toute rigueur, je ne le puisse pas, et que tout ce qui m'arrive m'arrive de soi-même dès lors qu'il m'est destiné —, mais il est tout à fait sûr que, par tous mes repentirs et toutes mes résolutions, je ne puis changer la moindre chose à ce que je dois devenir. Je suis soumis à la puissance inflexible de la stricte nécessité; si elle me destine à [26] être insensé et vicieux, alors je deviendrai sans aucun doute insensé et vicieux; si elle me destine à être un homme sage et bon, alors je deviendrai sans aucun doute un homme sage et bon. Ce n'est ni sa faute ni son mérite, pas plus que le mien. Elle est subordonnée à ses propres lois, moi aux siennes : une fois que j'aurai compris cela, l'attitude la plus apaisante sera pour moi de lui soumettre également mes souhaits, puisque mon être lui est complètement soumis.

Oh! ces vœux contradictoires! Car pourquoi devrais-je me dissimuler plus longtemps la mélancolie, l'horreur, l'effroi qui, au plus profond de moi-même, se sont saisis de moi, dès que je compris comment ma recherche allait se terminer? Je m'étais solennellement promis que mon penchant n'aurait aucune influence sur l'orientation de ma réflexion; et, en effet, je ne lui ai, sciemment, permis d'en avoir aucune. Mais cela m'interdit-il en fin de compte d'admettre que cette issue contredit mes pressentiments, mes vœux, mes exigences les plus intimes? Et comment puis-je, malgré l'exactitude et l'acuité pénétrante des preuves que je crois voir dans cette réflexion, croire à une explication de mon existence qui contredit d'une manière si décisive la racine la plus intime de mon existence, la seule fin pour laquelle je veux être, et sans laquelle je maudis mon existence?

Pourquoi faut-il que mon cœur soit attristé et déchiré par ce qui apaise si pleinement mon entendement? Alors que rien dans la nature ne se contredit, l'homme seul est-il un être contradictoire? Ou bien peut-être n'est-ce point l'homme, mais seulement moi et ceux qui me ressemblent qui le sommes? Peut-être aurais-je dû continuer de vivre dans cette bienveillante illusion, me maintenir dans la sphère de la conscience immédiate de mon être et ne pas soulever la question des fondements de cette conscience, dont la réponse fait à présent mon malheur. Mais si cette réponse est exacte, alors il me *fallait* soulever cette question; ce n'est point *moi* qui l'ai soulevée, mais la nature en moi. J'étais destiné au malheur, et je pleure [27] en vain l'innocence perdue de mon esprit qui jamais ne saurait revenir.

Mais reprenons courage ! Je veux bien tout perdre, pourvu que le courage ne m'abandonne pas. Il est vrai que je ne puis, *au nom d'un simple penchant*, résiderait-il au plus profond de mon être et si sacré qu'il puisse m'apparaître, renoncer à ce qui est démontré par des arguments irréfutables ; mais peut-être ai-je commis des erreurs *dans la recherche* ; peut-être n'ai-je saisi qu'à moitié et partiellement examiné les sources à partir desquelles cette recherche devait être conduite. Je devrais reprendre ma recherche en partant de la fin, afin d'avoir ne serait-ce qu'un point de départ pour cette nouvelle recherche. Qu'est-ce donc qui, dans ce verdict, me rebute et m'offense si violemment ? Qu'est-ce donc que je souhaitais trouver à sa place ? Éclaircissons avant toute chose ce penchant que j'invoque !

Que je sois destiné à être un homme sage et bon ou un homme fou et vicieux, que je ne puisse rien changer à cette destination, que je ne doive avoir aucun mérite dans le premier cas ni m'imputer aucune faute dans le second, voilà ce qui me remplissait de dégoût et d'effroi. Cette raison de mon être et des déterminations de mon être, située *hors de moi-même*, dont la manifestation était à son tour déterminée par d'autres raisons *hors d'elle*, voilà ce qui m'a si violemment rebuté. Cette liberté, qui n'était pas du tout *ma propre* liberté, mais celle d'*une force étrangère* hors de moi, et même, en cette force, seulement une liberté *conditionnée*, seulement une demi-liberté, voilà ce qui ne me suffisait pas. *Moi-même*, celui dont j'ai conscience comme étant moi-même, comme étant ma personne, et qui apparaît dans ce système comme simple manifestation de quelque chose de supérieur, moi-même, je veux être autonome, non pas être quelque chose en un autre et par un autre, mais pour moi-même ; et je veux, comme tel, être même la raison dernière de mes déterminations. Le rang qu'occupe dans ce système toute force naturelle originaire, [28] je veux moi-même l'occuper, avec cette seule différence que la modalité de mes manifestations ne doit pas être déterminée par des forces étrangères. Tout comme ces forces naturelles, et afin de me manifester d'une manière infiniment diversifiée, je veux posséder une force interne propre ; une force interne qui se manifeste précisément telle qu'elle se manifeste, uniquement parce que c'est ainsi qu'elle se manifeste ; et non, comme ces forces naturelles, parce qu'elles se manifestent précisément sous ces conditions extérieures.

Quel peut donc être, conformément au vœu que je formule, le centre de cette force particulière du moi, le siège qui lui revient en propre ? Ce n'est manifestement pas mon corps, que je considère volontiers, du moins quant à son être et même si je m'y refuse quant à ses autres déterminations, comme une manifestation des forces naturelles ; ce ne sont pas non plus mes penchants sensibles, que je tiens pour un rapport de ces forces à ma conscience. C'est par conséquent mon penser et mon vouloir. Je veux vouloir avec liberté d'après un concept de fin librement esquissé, et cette volonté, comme raison dernière qui n'est déterminée par aucune raison spirituelle possible, doit tout d'abord mouvoir et former mon corps et, par l'intermédiaire de celui-ci, le monde qui m'entoure. Ma force naturelle active doit seulement se soumettre à la volonté et n'être mise en mouvement par absolument rien d'autre que par elle. C'est *ainsi* que les choses doivent se passer : il doit y avoir, selon des lois spirituelles, un bien suprême ; je dois être capable de chercher librement ce bien jusqu'à ce que je le trouve, être capable de le reconnaître comme tel lorsque je l'aurai trouvé ; et ce doit être ma faute si je ne l'ai pas trouvé. Je dois pouvoir vouloir ce bien suprême, simplement parce que je le veux ; et si, à la place de ce bien, je veux autre chose, je dois en être tenu pour responsable. C'est à partir de cette volonté que mes actions doivent se produire, et sans elle absolument aucune action ne doit se produire par moi, puisqu'il ne doit y avoir au principe de mes actions nulle autre force possible que ma volonté. C'est alors seulement que ma force, déterminée par la volonté et soumise à elle, interviendra dans la nature. Je veux être le maître de la nature, et celle-ci doit me servir; je veux [29] avoir sur elle une influence conforme à ma force, mais elle, elle ne doit en avoir aucune sur moi.

Voilà le contenu de mes vœux et de mes exigences. Ceux-ci ont été complètement contredits par une recherche qui satisfait mon entendement. Si, d'après les premiers, je dois être indépendant de la nature et, en général, d'une quelconque loi que je ne me donnerais pas moi-même, je suis, d'après la seconde, un maillon de part en part déterminé dans la chaîne de la nature. La question est de savoir si une liberté comme celle que je souhaite est seulement pensable, et, si elle devait l'être, s'il ne se trouve pas, dans une réflexion complètement achevée, des raisons qui me contraignent à l'admettre comme *effective*, et à me l'attribuer — par quoi l'issue de la précédente recherche serait réfutée.

Que je veuille être libre de la manière que je viens d'indiquer, cela signifie la chose suivante : je veux me faire moi-même ce que je serai. Il me faudrait en conséquence — c'est là ce qu'il y a de plus surprenant et à première vue de tout à fait absurde dans ce concept —, il me faudrait en conséquence être déjà d'un certain point de vue ce que je dois devenir, avant même de l'être, afin de pouvoir seulement me faire être ce que je serai; il me faudrait avoir un double mode d'être, tel que le premier contienne la raison d'une détermination du second. Or, si j'examine à ce propos la conscience immédiate que j'ai de moi-même dans le vouloir, je découvre ceci : j'ai connaissance de multiples possibilités d'agir, entre lesquelles je puis, me semble-t-il, choisir celle que je veux. Je parcours le cercle de ces possibilités, je l'élargis, je m'en explique le détail, je compare les possibilités entre elles et les pèse attentivement. J'en choisis enfin une entre toutes, je détermine d'après elle ma volonté, et de cette résolution de la volonté s'ensuit une action conforme à elle. Il est donc vrai que, dans le simple acte de penser ma fin, je suis *par avance* ce que, par la suite et conformément à cet acte de penser, je serai *effectivement* par le vouloir et l'agir. Je suis par avance, comme être pensant, ce que, en vertu de l'acte de penser, je serai plus tard comme être agissant. Je me fais [30] moi-même : mon être par mon penser; mon penser absolument par le penser. On peut également présupposer pour un état déterminé d'une manifestation de la simple force naturelle, par exemple une plante, un état d'indéterminité, en lequel est donnée une multiplicité de déterminations que cette force, abandonnée à elle-même, pourrait recevoir. Or, si cette multiplicité de possibles est bien *en cette manifestation*, s'il ne fait pas de doute qu'elle est fondée en sa force particulière, elle n'est cependant pas *pour elle*, car elle est incapable d'avoir des concepts et ne peut choisir, c'est-à-dire mettre par elle-même un terme à l'indéterminité. Il faut que ce soient des raisons de détermination extérieures qui la limitent à l'une de ces possibilités, à laquelle elle ne saurait elle-même se limiter. En elle, sa détermination ne peut avoir lieu avant sa détermination, car elle n'a qu'une manière d'être déterminée — celle qui est conforme à son être effectif. C'est certainement pour cette raison que je me suis, ci-dessus, trouvé contraint d'affirmer que la manifestation de toute force devait nécessairement recevoir sa complète détermination de l'extérieur. Je pensais, sans aucun doute, uniquement aux forces qui se manifestent exclusivement par un être, mais sont incapables de conscience. C'est donc également à elles que l'affirmation ci-dessus s'applique sans la moindre réserve. S'agissant des intelligences, cette affirmation est sans fondement, et il me semble donc inconsidéré de l'étendre également à celles-ci.

La liberté, telle qu'elle a été exigée ci-dessus, n'est certes pensable que dans des intelligences, mais, en elles, elle l'est sans aucun doute possible. Même en admettant cette présupposition, l'homme demeure aussi parfaitement concevable que l'est la nature. Mon corps et ma faculté d'agir efficacement dans le monde sensible sont, non moins que dans le système précédent, la manifestation de forces naturelles limitées ; et mes penchants naturels sont les rapports de cette manifestation à ma conscience. La simple connaissance de ce qui existe sans mon intervention se forme, sous cette présupposition d'une liberté, exactement comme dans le système précédent ; et jusqu'à ce point les deux systèmes s'accordent. Cependant, d'après le premier — et c'est ici que commence le conflit des deux [31] systèmes —, la faculté de mon efficacité sensible demeure soumise à la nature, est continuellement mise en mouvement par la même force qui l'a également produite, et la pensée ne fait partout qu'y assister en spectatrice. D'après le système que nous avons actuellement à l'esprit, cette faculté, dès lors qu'elle s'est présentée, tombe sous la dépendance d'une force sublime, placée au-dessus de toute nature et totalement libre des lois de cette dernière, à savoir la force des concepts de fin et de la volonté. La pensée n'est plus seulement spectatrice, mais c'est d'elle-même que procède l'efficace. Là, ce sont des forces extérieures, invisibles à mes yeux, qui mettent un terme à mon indécision et qui limitent à un seul point aussi bien mon efficacité que la conscience immédiate de celle-ci, à savoir ma volonté — de même qu'est limitée l'efficacité, par elle-même indéterminée, de la plante. Ici, je suis moi-même, indépendant et libre des influences de toutes les forces extérieures ; je suis celui qui met un terme à son indécision et qui se détermine par la connaissance du bien librement produite en soi.

Laquelle de ces deux opinions dois-je adopter? Suis-je libre et autonome ou bien ne suis-je rien en moi-même, mais exclusivement le phénomène d'une force étrangère? Il m'est, à l'instant, clairement apparu qu'aucune de ces deux affirmations n'est suffisamment fondée. La seule chose qui plaide en faveur de la première, c'est sa pure concevabilité; quant à la seconde, je confère à un principe parfaitement vrai en soi et dans son domaine une portée qui va bien au-delà de ce que son fondement propre peut atteindre. Si l'intelligence est une simple manifestation de la nature, alors j'ai parfaitement raison de lui appliquer également ce principe; mais la question est précisément de savoir si l'intelligence est telle; et l'on ne saurait répondre à cette question que par une déduction à partir d'autres principes, et non en présupposant une réponse unilatérale dès le commencement de la recherche, pour en déduire de nouveau ce que l'on y a d'abord soi-même introduit. Bref, aucune des deux opinions ne peut être démontrée par des arguments.

Dans cette affaire, la conscience immédiate est aussi peu à même de décider. [32] Je ne puis jamais avoir conscience ni des forces extérieures qui, dans le système de la nécessité universelle, me déterminent ni de ma propre force par laquelle, dans le système de la liberté, je me détermine moi-même. Quelle que soit celle des deux opinions que j'adopte, je ne l'adopte jamais que parce que je l'adopte[12].

Le système de la liberté contente mon cœur, le système opposé le tue et l'anéantit. Rester là, froid et mort, et seulement assister en spectateur au cours des événements, comme un miroir terne des formes fuyantes — cette existence m'est insupportable; je la refuse et la maudis. Je veux aimer, je veux me perdre en sympathie, me réjouir et m'attrister. L'objet suprême de cette sympathie, je le suis moi-même pour moi-même. Et la seule chose en moi par quoi je puis durablement satisfaire ce besoin de sympathie, c'est mon agir. Je veux tout faire pour le mieux ; je veux me réjouir de moi-même quand j'aurai bien agi ; je veux m'attrister de moi-même, si j'ai mal agi ; et même cette affliction doit m'être douce ; car c'est de la sympathie pour moi-même et le gage d'un amendement futur. C'est dans l'amour seul qu'est la vie ; sans lui, c'est la mort et l'anéantissement.

Mais le système opposé se présente, froid et insolent, et tourne cet amour en dérision. À l'entendre, je ne suis pas et je n'agis pas. L'objet de mon inclination la plus intime est une chimère, une grossière illusion qu'il est aisé de faire apparaître comme telle. En lieu et place de moi-même, existe une force étrangère qui m'est entièrement inconnue ; et il m'est complètement indifférent de savoir comment elle se développe. Je reste là, humilié, avec mon penchant sincère et avec ma bonne volonté ; et je rougis, comme d'une folie ridicule, de ce que je reconnais comme le meilleur en moi, de la seule chose pour laquelle je veux être. Ce que j'ai de plus sacré est tourné en dérision.

C'est sans aucun doute l'amour de cet amour, l'intérêt pour cet intérêt, qui inconsciemment me poussait autrefois à me tenir d'emblée pour libre et autonome, avant que j'eusse commencé la recherche qui à présent me trouble et me désespère : [33] c'est sans aucun doute à cause de cet intérêt que je développais, au point de la rendre convaincante, une opinion qui n'a pour elle que sa propre concevabilité et le fait que l'opinion contraire est indémontrable ; ce fut cet intérêt qui m'a jusqu'à présent préservé de cette entreprise de vouloir expliquer plus amplement ce que je suis moi-même et ce qu'est ma faculté.

Le système opposé, sec et sans cœur mais intarissable en matière d'explication, explique cet intérêt que je porte à la liberté, cette aversion que j'ai pour l'opinion contraire. Il explique tout ce que je tire de ma conscience contre lui et, chaque fois que je dis qu'il en va de telle et telle manière, il me répond toujours aussi sèchement et impartialement : « Je dis également la même chose, et je te dis en outre les raisons pour lesquelles il en va nécessairement ainsi. » À toutes mes plaintes, il répondra : « En parlant de ton cœur, de ton amour, de ton intérêt, tu te tiens au point de vue de la conscience immédiate de ton Soi; et tu l'avoues en disant que tu es toi-même l'objet suprême de ton intérêt. Comme chacun sait, et comme nous l'avons déjà exposé ci-dessus, ce Toi, auquel tu t'intéresses si vivement dans la mesure où il n'est pas une activité efficace, est du moins une *tendance* de ta nature interne particulière; or, chacun sait également que toute tendance, aussi certainement qu'elle est une tendance, retourne en elle-même et s'efforce d'agir efficacement; et l'on peut en conséquence concevoir que cette tendance doive nécessairement se manifester dans la conscience comme un amour et un intérêt pour un agir efficace libre et propre. Si tu quittes le point de vue étroit de la conscience de soi pour te transporter au point de vue supérieur où l'on embrasse l'univers du regard, et où tu t'es promis de prendre place, alors il sera clair pour toi que ce que tu appelais ton amour n'est pas ton amour, mais un amour étranger : savoir l'intérêt de la force naturelle originaire en toi pour se conserver elle-même comme telle. Et cesse donc d'invoquer ton amour; car, même si, par ailleurs, cet amour pouvait prouver quoi que ce soit, ici, tu as tort de le présupposer. Tu ne t'aimes pas, car tu n'*es* absolument pas; c'est *la nature en toi* [34] qui s'intéresse à sa propre conservation. Tu admets sans discussion que, bien qu'il y ait dans la plante une tendance propre à croître et à se former, l'efficacité déterminée de cette tendance dépend pourtant de forces situées hors de la plante. Prête un instant de la conscience à cette plante, c'est alors avec intérêt et amour qu'elle sentira en elle sa tendance à croître. Convaincs-la par des arguments rationnels que cette tendance n'arrive à rien pour soi, mais que la mesure de sa manifestation lui est toujours déterminée par quelque chose d'extérieur; elle parlera peut-être comme tu viens de parler; elle se conduira d'une manière qui est excusable chez une plante, mais qui ne convient nullement à un produit supérieur de la nature comme toi, à un produit de la nature qui pense le Tout de la nature. »

Que puis-je objecter à cette représentation? Si je prends appui sur cette représentation, si je me place à ce fameux point de vue d'où j'embrasse l'univers, alors il me faut sans aucun doute rougir et me taire. La question est donc de savoir si je dois en général me placer à ce point de vue ou me tenir à l'intérieur du domaine de la conscience de soi immédiate; si la connaissance doit être subordonnée à l'amour ou l'amour à la connaissance. La première hypothèse a mauvaise réputation chez les gens sensés; en me ravissant à moi-même, la seconde me rend indescriptiblement malheureux. Je ne puis faire la première hypothèse sans m'apparaître à moi-même comme irréfléchi et déraisonnable; je ne puis faire la seconde sans m'anéantir moi-même.

Je ne puis rester indécis : de la réponse à cette question dépendent toute ma tranquillité et toute ma dignité. Il m'est tout aussi impossible de me décider; je n'ai absolument aucune raison de me décider en faveur de l'une ou l'autre hypothèse.

Insupportable état d'indécision et d'irrésolution! Il a fallu que je sois jeté en toi par la meilleure et la plus courageuse résolution de ma vie! Quelle puissance peut me sauver de toi, quelle puissance peut me sauver de moi-même?

LIVRE II

SAVOIR

[35] La morosité et la détresse me rongeaient intérieurement. Je maudissais le lever du jour qui m'appelait à une vie dont la vérité et la signification m'étaient devenues incertaines. Je me réveillais la nuit, agité de rêves inquiétants. Je cherchais avec angoisse la lueur qui me permettrait d'échapper à ce labyrinthe du doute. Je cherchais, et je m'enfonçais toujours plus profondément dans le dédale.

C'est alors qu'un jour, à l'heure de minuit, je crus voir passer près de moi une forme merveilleuse qui m'adressa la parole en ces termes : « Pauvre mortel, l'entendis-je dire, tu accumules sophisme sur sophisme, et tu te crois sage. »

« Tu trembles devant des épouvantails qu'avec peine tu t'es d'abord toi-même créés. Aie vraiment le courage de devenir sage. Je ne t'apporte aucune révélation nouvelle. Ce que je puis t'apprendre, tu le sais depuis longtemps, et tu dois maintenant seulement t'en souvenir. Je ne puis pas te tromper ; car tu me donneras toi-même raison en tout, et si tu étais tout de même trompé, alors tu le serais par toi-même. Ressaisis-toi ; écoute-moi et réponds à mes questions. »

Je repris courage. Il en appelle à mon propre entendement. Je veux bien tenter ma chance. Il ne peut nullement substituer sa pensée à la mienne ; ce que je dois penser, il me faut le penser moi-même ; si je veux avoir une conviction, il me faut moi-même la produire en moi. « Parle, m'écriais-je, quoi que tu sois, Esprit merveilleux, je veux t'entendre; demande, je répondrai. »

[36] L'Esprit

Tu admets bien que ces objets ici, et ces autres là-bas, existent effectivement hors de toi?

Moi

En effet, je l'admets.

L'Esprit

Et d'où tiens-tu qu'ils existent?

Moi

Je les vois; je les sentirai lorsque je les toucherai; je puis entendre leur sonorité; ils se manifestent à moi par tous mes sens.

L'Esprit

Tiens donc! Il n'est pas impossible que par la suite tu reviennes sur cette affirmation d'après laquelle tu vois, tu sens et tu entends les objets[13]. Mais à présent je veux parler comme tu parles, comme si, par la médiation de ta vue, de ton toucher, etc., tu percevais effectivement des objets. Mais aussi seulement *par la médiation* de ta vue, de ton toucher, et de tes autres sens externes. Ou bien n'en est-il pas ainsi? Perçois-tu autrement que par les sens? Et y aurait-il pour toi un quelconque objet si tu ne le voyais ou le touchais, etc.?

Moi

Aucunement.

L'Esprit

C'est donc exclusivement par suite d'une détermination de ton sens externe qu'il existe pour toi des objets perceptibles : tu ne sais quelque chose d'eux que par la médiation du savoir que tu as de cette détermination de ta vue, de ton toucher, etc. Ta déclaration : « Il y a des objets hors de moi » s'appuie sur cette autre déclaration : « Je vois, j'entends, je touche, etc. »

MOI

C'est mon avis.

L'ESPRIT

Et à présent, comment sais-tu donc, de nouveau, que tu vois, que tu entends, que tu touches ?

MOI

Je ne te comprends pas. Ta question me semble singulière.

L'ESPRIT

Je vais t'en faciliter la compréhension. Vois-tu par hasard de nouveau ta vue, touches-tu ton toucher ? Ou bien possèdes-tu en outre un sens particulier, un sens supérieur, par lequel tu perçois tes sens externes et leurs déterminations ?

MOI

Aucunement. Que je vois et que je touche, et ce que je vois et ce que je touche, je le sais immédiatement et absolument ; je le sais au moment où cela est, et parce que cela est, sans médiation et sans passer par un autre sens. [37] C'est pourquoi ta question m'a paru singulière, car elle semblait mettre en doute cette immédiateté de la conscience.

L'ESPRIT

Ce n'était pas son intention ; elle devait simplement t'engager à te rendre cette immédiateté évidente. Donc, tu as une conscience immédiate de ta vue et de ton toucher ?

MOI

Oui.

L'ESPRIT

De *ta* vue et de *ton* toucher, disais-je. Tu es en conséquence pour toi-même celui qui voit dans l'acte de voir, celui qui touche dans l'acte de toucher. Et dans la mesure où tu es conscient de la vue, n'es-tu pas conscient d'une détermination ou d'une modification de *toi-même*?

MOI

Sans aucun doute.

L'ESPRIT

Tu as une conscience de ta vue, de ton toucher, etc., et c'est par là que tu perçois l'objet. Ne pourrais-tu pas le percevoir même sans cette conscience? Ne pourrais-tu pas, d'aventure, reconnaître un objet par la vue ou par l'ouïe, sans savoir que tu vois ou entends?

MOI

En aucun cas.

L'ESPRIT

Par conséquent, la conscience immédiate de toi-même et de tes déterminations serait la condition exclusive de toute autre conscience, et tu sais quelque chose seulement dans la mesure où tu sais que tu sais ce quelque chose. Il ne peut rien se présenter dans le savoir de ce quelque chose qui ne soit dans le savoir de ce savoir [14].

MOI

C'est ce que je pense.

L'ESPRIT

Tu sais donc que les objets sont uniquement parce que tu les vois, les touches, etc.; et que tu vois ou touches, tu ne le sais que parce que tu sais précisément que tu le sais immédiatement. Ce que tu ne perçois pas immédiatement, tu ne le perçois pas du tout ?

Moi

Je le reconnais.

L'Esprit

Dans toute perception, tu ne perçois avant tout que toi-même et ton propre état ; et ce qui ne se trouve pas dans cette perception n'est pas du tout perçu.

[38] Moi

Tu répètes ce que je t'ai déjà accordé.

L'Esprit

Et je ne me lasserais pas de le répéter sous toutes les formes, si je devais craindre que tu ne l'aies pas encore compris et que tu ne l'aies pas imprimé en toi de manière indélébile. Peux-tu dire : « J'ai conscience d'objets extérieurs » ?

Moi

Si je le prends au pied de la lettre, aucunement. Car la vue, le toucher, etc., par lesquels j'embrasse les choses, ne sont pas la conscience même, mais seulement ce dont j'ai conscience en premier lieu et de la manière la plus immédiate. En toute rigueur, je ne pourrais dire que la chose suivante : « J'ai conscience de *ma vue ou de mon toucher des choses*[15]. »

L'Esprit

Eh bien, n'oublie donc jamais plus ce que tu viens à l'instant de comprendre. *En toute perception, tu perçois exclusivement ton propre état.*

Mais je veux continuer de parler ta langue, parce qu'elle est la langue usuelle. Tu vois, touches, entends les choses, disais-tu. *Comment*, c'est-à-dire avec quelles propriétés les vois-tu ou les touches-tu ?

MOI

Je vois tel objet rouge, tel autre bleu ; si je les touche, je sentirai que celui-ci est lisse, que celui-là est soyeux, que tel objet est froid, que tel autre est chaud.

L'ESPRIT

Tu sais donc ce que c'est que rouge, bleu, lisse, rugueux, froid, chaud ?

MOI

Sans aucun doute, je le sais.

L'ESPRIT

Ne veux-tu pas me le décrire ?

MOI

Cela ne peut être décrit. Vois, dirige ton regard vers cet objet ; ce que tu ressentiras par la vue en le voyant, voilà ce que j'appelle rouge. Touche la surface de cet autre objet ; ce que tu sentiras alors, voilà ce que j'appelle lisse. C'est de cette même manière que je suis parvenu à cette connaissance, et il n'y a pas d'autre moyen de l'obtenir[16].

L'ESPRIT

Ne pourrait-on pas néanmoins, à partir de certaines propriétés déjà connues par sensation immédiate, conclure à d'autres propriétés différentes de celles-ci ? [39]Si, par exemple, quelqu'un avait certes vu la couleur rouge, la couleur verte, la couleur jaune, mais jamais la couleur bleue, s'il avait certes goûté l'aigre, le sucré, le salé, mais jamais l'amer, ne pourrait-il pas par une simple réflexion, et par comparaison, reconnaître ce qui est bleu ou ce qui est amer, sans rien voir ou goûter de la sorte ?

MOI

Aucunement. Ce qui concerne la sensation peut être seulement ressenti, et non pensé. Ce n'est pas quelque chose de déduit, mais quelque chose d'absolument immédiat.

L'ESPRIT

Étrange ! Tu te vantes d'avoir une connaissance, sans pouvoir m'indiquer comment tu es parvenu à elle. Car, vois-tu, tu affirmes voir ceci dans l'objet, y toucher cela, y entendre encore une troisième chose ; tu dois donc bien être capable de distinguer la vue du toucher, et à nouveau ces deux sensations de l'ouïe ?

MOI

Sans aucun doute.

L'ESPRIT

Tu affirmes, de plus, que tu vois cet objet rouge, celui-là bleu, que tu sens par le toucher que celui-ci est lisse, et cet autre rugueux. Il te faut donc pouvoir distinguer le rouge du bleu, le lisse du rugueux ?

MOI

Sans aucun doute.

L'ESPRIT

Or, comme tu viens de l'assurer, tu n'as pas appris cette distinction en réfléchissant sur ces sensations en toi-même et en les comparant entre elles. Mais peut-être est-ce en comparant *les objets hors de toi*, par leur couleur rouge ou bleue, par leur surface lisse ou rugueuse, que tu as appris ce que, *en toi-même*, tu avais à ressentir comme rouge ou bleu, comme lisse ou rugueux ?

MOI

C'est impossible, car la perception des objets provient de la perception de mon propre état et est conditionnée par celle-ci, et non l'inverse. Je ne distingue les objets que parce que je distingue mes propres états. Que cette sensation déterminée soit désignée par le signe parfaitement arbitraire « rouge », et telle autre par le signe « bleu », « lisse » ou « rugueux », cela je puis l'apprendre ; mais je ne puis apprendre que ces sensations comme telles sont distinctes et comment elles le sont[17]. *Qu'*elles sont différentes, je le sais uniquement parce que j'ai un savoir [40] de moi-même, parce que je me sens et que dans une sensation je me sens autrement que dans l'autre. *La manière* dont elles diffèrent, je ne puis la décrire ; mais je sais qu'elles sont aussi différentes l'une de l'autre que le sont les sentiments que j'ai de moi-même dans l'un et l'autre cas ; et cette distinction des sentiments est une distinction immédiate, aucunement une distinction apprise et déduite.

L'ESPRIT

Que tu peux faire indépendamment de toute connaissance des choses ?

MOI

Qu'il me *faut* faire indépendamment d'elle, car cette connaissance est elle-même dépendante de cette distinction.

L'ESPRIT

Qui t'est donc donnée immédiatement par le simple sentiment de toi-même ?

MOI

Pas autrement.

L'ESPRIT

Mais alors, tu devrais te contenter de dire : « Je me sens affecté de telle manière, que j'appelle rouge, bleu, lisse, rugueux. » Tu devrais transposer ces sensations exclusivement en toi-même et non les transférer à un objet situé totalement hors de toi, et ne pas admettre comme propriétés de ces objets ce qui n'est pourtant que ta propre modification. Ou bien, dis-moi, lorsque tu crois voir l'objet rouge, le sentir lisse, perçois-tu davantage, perçois-tu autre chose que le fait d'être, toi, affecté d'une certaine manière ?

MOI

J'ai, dans ce qui précède, clairement compris qu'en effet je ne perçois pas plus que tu le dis ; et ce transfert de ce qui est seulement en moi à quelque chose hors de moi, dont je ne puis pourtant m'abstenir, me semble à présent au plus haut point singulier. C'est en moi-même que je ressens, et non dans l'objet, car je suis moi-même et non l'objet ; je ne ressens par conséquent que moi-même et mon état, non l'état de l'objet. Il est clair que, s'il y a une conscience de l'objet, celle-ci n'est du moins ni sensation ni perception.

---

[41] L'ESPRIT

Tu tires bien vite des conséquences. Considérons la chose sous tous ses aspects, afin que je sois assuré que tu ne reviendras pas un jour sur ce que tu as aujourd'hui généreusement concédé. Dans l'objet tel que tu le penses habituellement, y a-t-il encore autre chose que sa couleur rouge, sa surface lisse, etc., bref autre chose que les caractéristiques que tu obtiens par la sensation immédiate ?

MOI

Je crois que oui ; outre ces propriétés, il y a encore la chose qui possède en elle-même ces propriétés, le support de ces propriétés.

L'Esprit

Ce support des propriétés, par quel sens peux-tu bien le percevoir ? Le vois-tu ou bien le touches-tu, l'entends-tu, etc., ou bien y a-t-il pour lui encore un sens particulier ?

Moi

Non, je pense que je le vois et le sens.

L'Esprit

Vraiment ? Examinons tout de même cela de plus près ! As-tu jamais conscience de ta vue en général ou bien toujours seulement d'une vue déterminée ?

Moi

J'ai à chaque fois une sensation visuelle déterminée.

L'Esprit

Et quelle a été cette sensation visuelle déterminée, eu égard à cet objet-là ?

Moi

Celle de la couleur rouge.

L'Esprit

Et ce rouge est quelque chose de positif, une sensation simple, un état déterminé de toi-même ?

Moi

C'est ce que j'ai compris.

L'Esprit

Tu devrais par conséquent voir le rouge tout bonnement comme quelque chose de simple, comme un point mathématique, et c'est bien ainsi que tu le vois. Du moins *en toi*, en tant qu'il est ton affection, il est pourtant manifestement un état déterminé simple, sans la moindre composition, et qu'il faudrait se représenter sous la forme d'un point mathématique. Ou bien trouves-tu qu'il en va autrement ?

MOI

Il me faut te donner raison.

L'ESPRIT

Tu étends cependant ce rouge simple sur une large surface[18], que sans aucun doute *tu ne vois pas*, puisque tu ne vois *tout simplement* que le *rouge*. Comment peux-tu en venir à cette surface ?

[42] MOI

C'est en effet singulier. Pourtant, je crois avoir trouvé l'explication. Il est vrai que je ne vois pas la surface, mais je la *touche* en laissant ma main glisser sur elle. Ma sensation par la vue demeure pendant ce toucher continuellement la même ; et c'est pourquoi j'étends la couleur rouge sur toute la surface que je *touche*, tandis que je *vois* toujours le *même rouge*.

L'ESPRIT

Il pourrait en être ainsi, si seulement tu touchais la surface. Mais voyons si cela est possible. As-tu jamais une sensation en général, est-ce ton toucher que tu sens, et est-ce de lui que tu as conscience ?

MOI

En aucune façon. Toute sensation est une sensation déterminée. On ne voit, ni ne touche, ni n'entend jamais purement et simplement, mais c'est toujours quelque chose de déterminé, la couleur rouge, verte, bleue, le froid, le chaud, le lisse, le rugueux, le son du violon, la voix humaine, etc., que l'on voit, touche ou entend. Que cela soit convenu entre nous.

L'ESPRIT

Volontiers. En conséquence, lorsque tu prétends toucher la surface, tu ne touches pourtant immédiatement et ne sens que le lisse, ou le rugueux, ou quelque chose de cette sorte ?

MOI

En effet.

L'ESPRIT

Ce lisse ou ce rugueux est pourtant bien comme la couleur rouge, quelque chose de simple, un point en toi, en celui qui ressent ? Et je te demande à bon droit pourquoi tu étends sur une surface l'unité simple de ton toucher, comme je te demandais à bon droit pourquoi tu procédais de même avec une unité simple de ta vue.

MOI

Mais cette surface lisse n'est peut-être pas également lisse en tous ses points ; et il se peut qu'en chaque point elle soit lisse à un degré différent, de telle sorte que je manque seulement de dextérité pour distinguer avec précision ces degrés les uns des autres, et de signes linguistiques pour les conserver et les spécifier. Pourtant, je distingue quelque chose, qui m'est à moi-même inconscient, je pose ces différences les unes à côté des autres, et c'est ainsi que s'engendre pour moi la surface.

L'ESPRIT

Peux-tu, dans le même moment *indivis*, éprouver des sensations de manière contradictoire — être affecté de sorte que tes sensations s'annulent mutuellement ?

[43] Moi

Aucunement.

L'Esprit

Ces différents degrés du lisse, que tu veux admettre afin d'expliquer ce que tu ne peux pas expliquer, sont pourtant bien, dans la mesure où ils sont différents, des sensations opposées qui se suivent les unes les autres en toi ?

Moi

Je ne peux le nier.

L'Esprit

Tu devrais en conséquence, conformément à la manière dont tu les éprouves effectivement, les poser comme des variations *successives du même point mathématique*, comme il t'arrive par ailleurs de procéder effectivement dans d'autres circonstances ; mais tu ne devrais en aucun cas les poser comme *coexistantes*, comme les propriétés simultanées de plusieurs points dans une surface.

Moi

Je comprends cela, et je trouve que, par ma supposition, rien n'est expliqué. Mais, ma main, avec laquelle je touche l'objet et le couvre, est elle-même une surface, et c'est par là que je perçois l'objet comme une surface, et comme une surface plus grande que ma main, puisque je puis y appliquer ma main à plusieurs reprises.

L'Esprit

Ta main est une surface ? Comment donc le sais-tu ? Comment en viens-tu en général à prendre conscience de ta main ? Y a-t-il d'autres manières d'y parvenir que celles qui consistent soit à faire de ta main un instrument et à toucher *par son intermédiaire* quelque chose d'autre, soit à faire d'elle un objet et à la toucher *elle-même* au moyen d'une autre partie de ton corps ?

MOI

Non, il n'en existe pas d'autres. Je touche *par* ma main quelque chose de déterminé ou bien je *la* touche par une autre partie de mon corps. Un sentiment immédiat absolu de ma main en général, je n'en ai pas, aussi peu que de ma vue ou de mon toucher en général.

L'ESPRIT

Tenons-nous-en à présent au cas où ta main est un instrument, puisque l'examen du premier cas est également décisif pour le second ! Dans la perception immédiate de la main, il ne peut y avoir, en ce cas, rien de plus que ce qui appartient au toucher, que ce qui te représente toi-même et ici en particulier ta main, comme ce qui palpe dans la palpation, qui touche dans le toucher. Or, soit tu sens d'une manière uniforme, et alors je ne vois pas pourquoi tu étends cette [44] sensation simple sur une *surface sentante* et ne te contentes pas d'un point sentant ; soit tu sens différentes choses, et alors tu les sens tout de même *les unes après les autres*, et je ne comprends toujours pas pourquoi tu ne laisses pas ces sentiments se succéder en un seul et même point. Que ta main t'apparaisse comme une surface, c'est tout aussi inexplicable que le fait qu'en général une surface t'apparaisse hors de toi. Ne te sers donc pas du premier fait pour expliquer le second, avant d'avoir expliqué le premier lui-même. À partir du premier cas, il est aisé de se prononcer sur le second, en lequel ta main ou, si tu veux, quelque autre membre de ton corps est lui-même objet d'un sentiment. Tu touches ce membre au moyen d'un autre membre, qui est alors ce qui touche. Je soulève à propos de cet autre membre les mêmes questions que celles que je soulevais à l'instant à propos de ta main, et tu pourras tout aussi peu y répondre que tu pouvais répondre à celles-ci.

Il en va ainsi de la surface de tes yeux et de toute surface de ton corps. Il se peut bien que la conscience d'une étendue hors de toi procède de la conscience de ta propre étendue comme corps matériel et soit conditionnée par elle. Mais il te faut alors avant tout expliquer cette étendue de ton corps matériel[19].

MOI

Il suffit. Je comprends déjà clairement que je ne vois pas, ni ne touche, ni n'appréhende par un quelconque autre sens l'extension des propriétés sur la surface des objets. Je comprends que c'est un procédé constant chez moi d'*étendre* ce qui, dans la sensation, n'est pourtant à proprement parler qu'un point, de placer *l'un à côté de l'autre* ce que, à proprement parler, je devrais pourtant poser *l'un à la suite de l'autre*, puisque, dans la simple sensation, il n'y a absolument aucune juxtaposition, mais seulement une succession. Je découvre qu'en fait je procède tout comme le géomètre, lorsqu'il me permet de construire ses figures, d'étendre le point pour produire la ligne, et la ligne pour produire la surface. Je me demande avec étonnement comment j'y parviens[20].

L'ESPRIT

Tu fais plus encore et plus étonnant. Cette surface que tu supposes aux corps, [45] tu ne peux en vérité ni la voir ni la toucher, tu ne peux pas la percevoir par un quelconque sens; mais on peut, sous un certain rapport, dire que c'est *sur elle* que tu vois la couleur rouge ou que tu touches le lisse. Mais tu prolonges toi-même cette surface, et tu l'étends jusqu'à produire un corps mathématique; de même que, comme tu viens de l'admettre, tu étends la ligne pour produire la surface. Tu supposes encore au corps quelque chose d'intérieur qui existerait derrière sa surface. Dis-moi, peux-tu donc voir, ou sentir, ou percevoir par un quelconque sens quelque chose derrière cette surface?

MOI

Aucunement. L'espace derrière la surface est impénétrable à ma vue, je ne puis passer la main à travers lui et il ne tombe sous aucun de mes sens.

L'ESPRIT

Et pourtant, tu admets cette réalité intérieure que tu ne perçois absolument pas.

MOI

Je l'avoue, et mon étonnement va croissant.

L'ESPRIT

Qu'est-ce donc que tu penses derrière la surface ?

MOI

Eh bien, je pense à quelque chose d'analogue à la surface, à quelque chose de perceptible par les sens.

L'ESPRIT

Il nous faut le savoir avec précision. Peux-tu diviser la masse en laquelle, d'après toi, consiste le corps ?

MOI

Je puis la diviser à l'infini, cela va de soi, non pas avec des instruments, mais en pensée. Il ne peut exister aucune partie qui soit si petite qu'elle ne puisse être de nouveau divisée.

L'ESPRIT

Parviens-tu dans cette division à une quelconque partie, dont tu pourrais penser qu'en soi elle n'est plus perceptible, plus visible, plus tangible, etc. ? Je dis « en soi », c'est-à-dire indépendamment du fait qu'elle pourrait ne plus l'être pour les organes de tes sens ?

MOI

Aucunement.

L'Esprit

Visible, tangible en général ? Ou bien avec une propriété déterminée, couleur, poli, rugosité, etc. ?

Moi

De la seconde manière. Il n'y a rien de visible [46] ou de tangible en général, car il n'y a pas de vue ou de toucher en général.

L'Esprit

Tu étends par conséquent la perceptibilité, à savoir ta propre perceptibilité, la perceptibilité qui t'est connue, la visibilité en tant qu'elle est colorée, la tangibilité en tant qu'elle est lisse ou rugueuse, etc., à travers toute la masse ; et cette masse même n'est partout rien d'autre que le perceptible lui-même. Ou bien penses-tu qu'il en va autrement ?

Moi

Aucunement ; ce que tu dis résulte de ce que je viens à l'instant de comprendre et que je t'ai concédé.

L'Esprit

Et pourtant, tu ne perçois effectivement rien derrière la surface, et tu n'as jamais rien perçu derrière elle ?

Moi

Si je la brise, je percevrai.

L'Esprit

Tu le sais donc d'avance. Et la division à l'infini en laquelle tu affirmes ne pas pouvoir te heurter à quelque chose d'absolument imperceptible, tu ne l'as pourtant jamais accomplie ni ne peux l'accomplir[21].

Moi

Je ne peux pas l'accomplir.

L'Esprit

Tu ajoutes donc, par la pensée, à une sensation que tu as effectivement eue, une autre sensation que tu n'as pas eue ?

Moi

Je perçois seulement ce que je pose sur la surface ; je ne perçois pas ce qui se trouve derrière elle, et pourtant là aussi j'admets quelque chose de perceptible. Oui, je dois te donner raison.

L'Esprit

La sensation effective ne s'accorde-t-elle pas en partie avec ce que tu as déjà prédit qu'elle serait ?

Moi

Si je brise la surface du corps, je trouve en effet derrière elle quelque chose de perceptible, comme je le prédisais. Oui, là encore, il me faut te donner raison.

L'Esprit

Mais, tu dis aussi quelque chose concernant la sensation, qui ne saurait pourtant se produire dans aucune perception effective.

Moi

Alors même que je me résigne à ne pas pouvoir diviser la masse corporelle à l'infini, je déclare que, dans une division à l'infini de cette masse, je ne saurais néanmoins me heurter à une partie qui serait en soi imperceptible[22]. Oui, là encore, il me faut te donner raison.

[47] L'Esprit

Donc, il ne reste rien dans ton objet que ce qui est perceptible — que ce qui est une propriété ; ce quelque chose de perceptible, tu l'étends à présent à travers un espace continu, divisible à l'infini, et le véritable support des propriétés de la chose, que tu cherchais, serait en conséquence l'espace occupé par l'objet[23] ?

MOI

Bien que je ne puisse me tranquilliser à ce propos, et bien que je sente intérieurement qu'en dehors de ce quelque chose de perceptible et de cet espace il me faut encore penser quelque chose d'autre dans l'objet, je ne puis pourtant pas t'indiquer cette autre chose ; et il me faut pour cette raison te concéder que je ne trouve à ce jour rien d'autre que cet espace même comme support des propriétés de la chose.

L'ESPRIT

Conviens toujours de ce que tu viens à l'instant même de comprendre. Les obscurités qui subsistent vont peu à peu s'éclaircir, et l'inconnu deviendra connu. Mais l'espace lui-même n'est pas perçu, et tu ne conçois pas comment tu y arrives ni comment tu parviens à étendre à travers lui quelque chose de perceptible ?

MOI

Il en va bien ainsi.

L'ESPRIT

Tu conçois tout aussi peu comment tu arrives à admettre quelque chose de perceptible hors de toi, puisque tu ne perçois, en fin de compte, que ta propre sensation en toi, non pas comme la propriété d'une chose, mais comme une affection de toi-même ?

MOI

Il en va bien ainsi. Je comprends clairement que je ne perçois que moi-même, mon propre état, mais non l'objet, que celui-ci, je ne le vois pas, ne le sens pas, ne l'entends pas, etc., mais qu'au contraire là où précisément doit être l'objet, toute vue, tout toucher, etc., prend fin.

Mais j'ai un pressentiment. Les sensations, comme affections de moi-même, ne sont absolument rien d'étendu, mais quelque chose de simple ; et les diverses sensations ne sont pas *à côté* les unes des autres dans l'espace, mais elles se suivent les unes *après* les autres dans le temps. Or, je les étends tout de même à travers un espace. Qu'en serait-il si, précisément par cette extension et immédiatement avec elle, ce [48] qui à proprement parler n'est que sensation se transformait pour moi en *quelque chose* de perceptible, et si c'était précisément à partir de ce point que s'engendrait pour moi la conscience d'un objet hors de moi ?

L'ESPRIT

Ton pressentiment pourrait bien se confirmer. Mais, même si nous étions à même de l'élever au rang de conviction, nous n'obtiendrions cependant par là toujours aucune intelligence complète, car il resterait encore à répondre à cette question encore plus haute : comment en viens-tu donc d'abord à étendre la sensation à travers un espace ? Comprenons donc sur-le-champ cette question, et comprenons-la — j'ai mes raisons pour cela — tout de suite d'une manière plus générale comme suit : comment, avec ta conscience, qui n'est pourtant immédiatement que la conscience de toi-même, peux-tu finalement parvenir à sortir de toi-même[24], et comment peux-tu parvenir à ajouter à la sensation que tu perçois quelque chose de perçu et de perceptible, que tu ne perçois pas ?

MOI

Le doux ou l'amer, tout comme la bonne ou la mauvaise odeur, tout comme le rugueux ou le lisse, le froid ou le chaud, rapportés à une chose, signifient seulement ce qui suscite en moi un tel goût, une telle odeur ou une telle sensation. Il en va de même avec les sons. Cela désigne toujours un rapport à moi, et il ne me vient pas à l'idée que le goût sucré ou amer, la bonne ou la mauvaise odeur, etc., sont dans la chose; ils sont en moi, et sont de mon point de vue seulement excités par la chose. Certes, il me semble qu'il en va autrement des sensations qui surviennent par la vue[25], avec les couleurs, qui ne sont pas une pure sensation, mais pourraient bien être quelque chose d'intermédiaire. Cependant, en y réfléchissant bien, le rouge, etc., désigne pourtant pareillement ce qu'une certaine sensation visuelle déterminée produit en moi. Et cela m'amène à comprendre la façon dont je pourrais en général en venir à une chose hors de moi. Je suis affecté, cela je le sais absolument; cette affection qui est mienne doit avoir un fondement; ce fondement ne réside pas en moi, par conséquent il est hors de moi[26]. C'est ainsi que je conclus rapidement, et sans en avoir conscience[27]; et je pose un tel [49] fondement, à savoir l'objet. Ce fondement doit être tel qu'on puisse expliquer à partir de lui précisément cette affection déterminée. Je suis affecté d'une manière que j'appelle le goût sucré; l'objet doit en conséquence être de telle sorte qu'il suscite le goût sucré ou bien, pour parler brièvement, il lui faut lui-même être sucré. C'est par là que j'obtiens la détermination de l'objet.

L'ESPRIT

Il pourrait y avoir quelque vérité dans ce que tu dis, bien que tu ne dises pas tout ce qu'il y aurait de vrai à dire sur ce sujet[28]. Nous trouverons sans aucun doute en son temps ce qu'il en est. Mais, comme il est tout à fait incontestable qu'en d'autres cas, conformément au principe de raison — je veux appeler principe de raison la proposition que tu avançais à l'instant, d'après laquelle quelque chose, ici ton affection, devrait nécessairement avoir un fondement —, comme en d'autres cas, disais-je, il est incontestable que, conformément à ce principe, tu te forges quelque chose par la pensée, il peut ne pas être superflu d'apprendre à connaître avec précision ce procédé et de nous rendre parfaitement clair ce que tu fais en fait lorsque tu l'appliques. Supposons provisoirement que ton explication est parfaitement juste, et que c'est seulement par un raisonnement inaperçu de toi, concluant du fondé au fondement, que tu en viens à admettre l'existence d'une chose. De quoi avais-tu conscience comme constituant ta perception ?

MOI

De ce que j'étais affecté d'une manière déterminée.

L'ESPRIT

Mais tu n'avais pas conscience d'une chose qui t'affecte, du moins comme de quelque chose que tu percevais ?

MOI

Aucunement, cela je te l'ai déjà concédé.

L'ESPRIT

Au moyen du principe de raison, tu ajoutes donc un savoir que tu n'as pas à un savoir que tu as ?

MOI

Tu t'exprimes d'une manière singulière.

L'ESPRIT

Peut-être réussirai-je à dissiper cette impression d'étrangeté ! Au reste, tu es libre de prendre mes expressions comme bon te semble. Elles doivent simplement t'amener à faire naître en ton for intérieur la même pensée que j'ai moi-même fait naître en moi, et non te prescrire une manière de parler. Une fois que tu as [50] saisi fermement et clairement l'idée, alors exprime-la toi-même comme tu veux, et d'une manière aussi variée que tu le souhaites, tu peux être sûr que tu l'exprimeras toujours correctement. Comment et par quoi sais-tu que tu es affecté ?

MOI

Il m'est difficile de formuler ma réponse avec des mots ; parce que ma conscience, en tant qu'elle est quelque chose de subjectif, en tant qu'elle est une détermination de moi-même dans la mesure où je suis en général une intelligence, se rapporte immédiatement à cette affection, comme à ce *dont elle a conscience*, et lui est par là indissociablement unie ; parce, que d'une manière générale, je n'ai conscience que dans la mesure où j'ai un savoir d'une telle affection, et parce que j'ai connaissance d'*elle* tout comme j'ai connaissance de moi-même.

L'ESPRIT

Tu as donc pour ainsi dire un organe, la conscience même, avec lequel tu saisis ton affection ?

MOI

Oui.

L'ESPRIT

Mais un organe avec lequel tu saisirais l'objet, tu n'en as pas ?

MOI

Depuis que tu m'as convaincu que je ne vois, ni ne touche, ni ne saisis l'objet par un quelconque sens externe, je me trouve contraint d'avouer que je ne possède pas un tel organe[29].

L'ESPRIT

Réfléchis bien sur ce point. On pourrait t'en vouloir de m'avoir concédé cela. Qu'est-ce donc que ton sens externe en général, et comment peux-tu le dire externe, s'il ne se rapporte pas à des objets extérieurs et n'est pas l'organe par lequel tu saisis de tels objets ?

MOI

Je veux la vérité, et me soucie peu de ce dont on pourrait me tenir rigueur. Je *distingue*, simplement parce que je les distingue, le vert, le doux, le rouge, le lisse, l'amer, la bonne odeur, le rugueux, le son du violon, la mauvaise odeur, le timbre de la trompette. Parmi ces sensations, j'en pose quelques-unes comme absolument *semblables* d'un certain point de vue, tout comme d'un autre point de vue je les distingue absolument. C'est ainsi que je perçois le vert et le rouge, le sucré et l'amer, le lisse et le rugueux, etc., comme semblables ; et cette similitude, je la perçois comme celle, respectivement, du voir, du goûter, du toucher, etc. Voir, goûter, etc., ne sont certes [51] pas eux-mêmes des sensations effectives, car je ne vois ni ne goûte jamais tout simplement, comme tu l'as déjà précédemment remarqué, mais je vois toujours le rouge, le vert, etc., je goûte toujours le sucré ou l'amer, etc. Voir, goûter, etc., ne sont que *les déterminations supérieures de sensations effectives*, ce sont des classes auxquelles je subordonne ces dernières, non pas arbitrairement, mais guidé par la sensation immédiate elle-même. Je ne vois donc partout en eux aucun *sens externe*, mais seulement *des déterminations particulières de l'objet du sens interne*, c'est-à-dire de mes affections. Savoir comment ils deviennent pour moi des sens externes, ou plus exactement comment j'en viens à les tenir pour tels et à les nommer ainsi, c'est ce dont il est à présent justement question. Je ne rétracte pas mon aveu de ne pas avoir d'organe pour saisir l'objet.

L'ESPRIT

Or, tu parles pourtant d'objets, comme si tu en savais effectivement quelque chose et comme si tu possédais effectivement un organe pour les saisir ?

MOI

Oui.

L'ESPRIT

Et cela tu le fais, d'après ce que tu as précédemment supposé, *conformément au savoir que tu as effectivement*, pour lequel tu as un organe, et en vertu de ce savoir.

MOI

C'est ainsi.

L'ESPRIT

Ton savoir effectif — celui de tes affections — est en quelque sorte pour toi un savoir incomplet qui, selon ton affirmation, doit être nécessairement complété par un autre. Cet autre savoir nouveau, tu ne te le représentes et ne te le décris pas comme un savoir que tu as, car tu ne l'as aucunement, mais comme un savoir qu'à proprement parler tu devrais avoir au-delà de ton savoir effectif, et que tu aurais si tu avais un organe pour cela. Tu sembles dire en quelque sorte : « Des choses, il est vrai que je ne sais rien ; mais il faut pourtant qu'il y ait des choses, et si seulement je pouvais les trouver, alors elles se révéleraient à moi. » Tu te représentes un autre organe qui, il est vrai, n'est pas le tien ; et tu le rapportes aux choses, et ainsi tu les saisis — évidemment, toujours seulement en pensée. Tu n'as rigoureusement aucune *conscience* [52] *des choses*, mais *une conscience* (précisément engendrée par ton acte de sortir de la conscience effective au moyen du principe de raison) *d'une conscience des choses* (qui doit être et qui est en soi nécessaire, bien qu'elle ne te soit pas dévolue) ; et maintenant tu comprendras que, selon ta supposition, il est vrai que tu ajoutes à un savoir que tu as un autre savoir que tu n'as pas.

MOI

Il me faut le concéder.

L'Esprit

Appelons à partir de maintenant ce second savoir, admis en vertu d'un autre savoir, un savoir *médiatisé*, et le premier savoir, le savoir *immédiat*. Une certaine école appelle le procédé que nous venons tout juste de décrire, dans la mesure où nous l'avons en effet décrit, une synthèse ; ce que, du moins, tu ne dois pas te représenter comme l'*acte de relier* deux membres qui existeraient déjà avant la liaison, mais comme l'*acte de joindre par addition* un membre tout nouveau, formé par cette seule adjonction, à un autre membre existant indépendamment de lui[30].

Tu trouves donc la première conscience achevée, ainsi que tu te trouves toi-même, et tu ne te trouves pas sans elle ; la seconde, tu ne l'engendres que par suite de la première.

Moi

Mais non dans le temps, *après* la première ; car j'ai conscience de la chose dans le même moment *indivis* où je prends conscience de moi-même.

L'Esprit

Je ne parle aucunement d'une suite de cette sorte, mais je veux dire que si tu réfléchis après coup sur cette conscience indivise de toi-même et sur celle de la chose, que tu les distingues toutes deux et t'interroges sur leur connexion, alors tu trouves que la seconde est conditionnée par la première — qu'elle ne peut être pensée comme possible qu'en supposant la première, et non l'inverse.

Moi

C'est ce que je trouve ; et si c'est là seulement ce que tu voulais dire, alors j'admets ton affirmation et te l'ai déjà concédée.

L'ESPRIT

Tu *engendres*, dis-je, la seconde conscience [53] : tu la produis par un acte effectif de ton esprit. Ou bien trouves-tu qu'il en est autrement ?

MOI

Il est vrai que, cela, je te l'ai aussi indirectement concédé. J'ajoute à la conscience que je trouve tout comme je me trouve moi-même une autre conscience que je ne trouve aucunement en moi ; je complète et pour ainsi dire redouble ma conscience effective, et il est vrai que c'est là un acte [31]. Mais je suis tenté de rétracter soit mon aveu, soit l'ensemble de ma supposition. J'ai en effet conscience des actes de mon esprit en tant que tels : lorsque je forme un concept universel ou lorsque, dans certains cas problématiques, je choisis une manière d'agir possible parmi celles qui se présentent à moi, je le sais. Mais de l'acte par lequel, d'après ton affirmation, je dois produire la représentation d'un objet hors de moi je n'ai d'aucune façon conscience [32].

L'ESPRIT

Ne te laisse pas induire en erreur par cela. Tu n'es conscient des actes de ton esprit que dans la mesure où tu passes à travers un état d'indétermination et d'indécision, dont tu prends pareillement conscience, et auquel ces actes mettent fin. Une telle indécision ne se rencontre pas dans notre cas : l'esprit n'a pas besoin de délibérer préalablement pour savoir quel objet il a à ajouter à sa sensation déterminée, cela s'impose à lui de soi-même [33]. On dispose aussi pour cela d'une distinction dans la langue philosophique. Un acte de l'esprit dont nous prenons conscience comme tel s'appelle *liberté* ; un acte sans conscience de l'agir, simple *spontanéité*. Remarque bien que je ne suppose aucunement que tu aies une conscience immédiate de l'acte comme tel, mais seulement que, lorsque tu y réfléchis après coup [34], tu trouves que ce doit être nécessairement un acte. Quant à savoir ce qui empêche aussi bien une telle indécision que la conscience de notre agir de se présenter, c'est là une question plus haute à laquelle il nous sera sans aucun doute facile de répondre bien plus tard.

On appelle cet acte de ton esprit *penser*, un mot dont je me suis d'ailleurs servi jusqu'ici avec ton consentement; et l'on dit que le penser [54] se produit avec spontanéité, afin de le distinguer de la sensation qui est simple réceptivité. *Comment* en viens-tu donc, dans la supposition que tu faisais précédemment, à ajouter par la pensée un objet, dont tu ne sais rien, à la sensation que tu as en effet?

MOI

Ma sensation doit avoir un fondement : voilà ce que je suppose, et j'en tire à présent les conséquences.

L'ESPRIT

Ne veux-tu point d'abord me dire ce que cela signifie, un fondement?

MOI

Je trouve quelque chose qui est déterminé de telle ou telle manière. Il ne me suffit pas de savoir que c'*est* ainsi : et je suppose que c'est *devenu* ainsi, et en vérité non pas par soi-même mais par une force étrangère. Cette force étrangère, qui a fait la chose ainsi, *contient* le fondement; et la manifestation de cette force par laquelle elle l'a faite ainsi *est* le fondement de cette détermination de la chose. Ma sensation a un fondement, cela signifie qu'elle est produite en moi par une force étrangère.

L'ESPRIT

Cette force étrangère, tu l'ajoutes donc par la pensée à ta sensation dont tu as immédiatement conscience, et c'est ainsi que doit naître pour toi la représentation d'un objet? — Soit[35].

À présent, remarque bien ceci : *si* la sensation doit nécessairement avoir un fondement, alors je t'accorde la justesse de ton raisonnement, et je comprends que tu es pleinement en droit d'admettre des objets hors de toi, bien que tu ne saches rien d'eux ni ne puisses rien savoir d'eux. Mais, comment sais-tu donc et comment penses-tu donc me démontrer *qu'*ils doivent avoir un fondement ? Ou bien, pour rester au niveau de généralité qui était le tien quand tu as établi le principe ci-dessus, pourquoi ne peux-tu donc pas te contenter de savoir que quelque chose *est* ainsi ? Pourquoi supposes-tu qu'il est *devenu* ainsi ? Ou bien, si je te fais grâce des deux premiers points : pourquoi admets-tu qu'il est devenu ainsi *par une force étrangère* ? Je remarque que tu ne fais jamais que le supposer.

MOI

Je le reconnais. Mais je ne puis, de fait, penser autrement. Il semble que je le sais immédiatement.

L'ESPRIT

Nous verrons ce que peut signifier cette réponse selon laquelle tu le sais immédiatement [55], s'il s'avère que nous y sommes renvoyés comme à l'unique réponse possible. Essayons d'abord à présent de déduire par tous les autres moyens possibles cette assertion d'après laquelle quelque chose doit avoir un fondement. Sais-tu quelque chose par une perception immédiate ?

MOI

Comment le pourrais-je ? Puisque tout ce que je trouve dans la perception, c'est seulement qu'*il y a* quelque chose en moi, c'est-à-dire comment je suis déterminé. Mais jamais que quelque chose est *devenu*, et encore moins qu'il est devenu par une force étrangère située en dehors de toute perception.

L'Esprit

Ou bien est-ce un principe que tu t'es forgé par l'observation des choses hors de toi, dont tu as toujours trouvé le fondement hors d'elles — un principe que tu as universalisé, et qu'à présent tu t'appliques à toi-même et à ton état ?

Moi

Ne me traite pas comme un enfant, et ne me prête pas des absurdités évidentes. C'est seulement par le principe de raison que je parviens à des choses hors de moi ; comment pourrais-je donc à l'inverse être parvenu à ce principe seulement à partir de ces choses qui existent hors de moi ? La Terre repose-t-elle sur le grand éléphant, et le grand éléphant de nouveau sur la Terre ?

L'Esprit

Ou bien ce principe est-il la conséquence d'une autre vérité universelle ?

Moi

Qui, à son tour, ne pourrait être fondée ni dans la perception immédiate ni dans l'observation des choses extérieures, et à propos de laquelle tu soulèverais une fois de plus la question de l'origine ? Mais cette vérité fondamentale aussi, je ne pourrais la savoir qu'immédiatement. Ce que je dis de cette vérité fondamentale, autant le dire tout de suite du principe de raison et ne pas me prononcer sur ta supposition.

L'Esprit

Soit, nous obtenons donc, outre le premier savoir immédiat fourni par la sensation de notre état, encore un second savoir immédiat qui ouvre sur des vérités universelles.

MOI

C'est ce qu'il semble.

L'ESPRIT

Le savoir particulier [56] dont il est ici question, à savoir que tes affections doivent avoir un fondement, est donc complètement indépendant de la connaissance des choses ?

MOI

En effet, celle-ci n'est elle-même obtenue que par la médiation de celui-là.

L'ESPRIT

Et ce savoir, tu l'as absolument en toi-même ?

MOI

Absolument ; car c'est seulement par la médiation de ce savoir que je sors de moi-même.

L'ESPRIT

C'est donc de toi-même, par toi-même et par ton savoir immédiat, que tu prescris des lois à l'être et à sa propre cohésion ?

MOI

Tout bien réfléchi, c'est seulement à mes représentations relatives à l'être et à sa cohésion que je prescris des lois, et il serait plus prudent d'opter pour cette expression.

L'ESPRIT

Soit. Prends-tu conscience de cette loi par un autre moyen qu'en agissant d'après elle ?

MOI

Ma conscience commence avec la sensation de mon état ; j'y rattache immédiatement la représentation d'un objet d'après la loi de raison ; les deux, la conscience de mon état et la représentation d'un objet, sont indissociablement unies; il ne se trouve pas de conscience *entre elles*; il n'y a pas d'autre conscience *avant* cette conscience une et indivisible[36]. Non, il est impossible que je prenne conscience de cette loi plus tôt et autrement qu'en agissant d'après elle.

L'ESPRIT

Donc, tu agis d'après elle sans être particulièrement conscient de ton procédé; tu agis immédiatement et absolument d'après elle. Mais, à l'instant, tu en avais conscience et l'exprimais comme un principe universel. Comment peux-tu parvenir à cette conscience particulière ?

MOI

Sans aucun doute de cette façon : je m'observe après coup, je me rends compte que je procède ainsi, et je rassemble en un principe universel ce qu'il y a de commun dans mon procédé.

L'ESPRIT

Tu peux donc prendre conscience de ton procédé ?

MOI

Sans aucun doute. Je devine dans quelle intention [57] tu poses ces questions; c'est ici que se situe la seconde sorte de conscience immédiate que nous avons précédemment mentionnée, à savoir la conscience de *mon agir*, de même que la sensation est la conscience de la première sorte, à savoir la conscience de *ma passivité*[37].

L'ESPRIT

Exactement. Tu *peux*, disais-je, prendre conscience après coup de ton procédé par une libre observation de toi-même et des réflexions sur toi-même; mais il n'est pas nécessaire que tu en prennes conscience : tu n'en prendras pas immédiatement conscience tant que tu agiras seulement intérieurement[38].

MOI

Il faut pourtant que j'en prenne originairement conscience, car j'ai bien, avec la sensation et en même temps qu'elle, immédiatement conscience de la représentation de l'objet. J'ai trouvé la solution : je prends immédiatement conscience de mon agir ; non pas comme *tel*, mais il flotte devant moi comme *quelque chose de donné*[39]. Cette conscience est la conscience de l'objet. Après coup, par la libre réflexion, je puis aussi en prendre conscience comme d'un agir.

Ma conscience immédiate est composée de deux éléments : la conscience de ma passivité, à savoir la sensation, et la conscience de mon agir dans la production d'un objet selon le principe de raison, la seconde conscience étant immédiatement liée à la première[40]. La conscience de *l'objet* n'est que la *conscience* — non reconnue comme telle — *de ma production d'une représentation* de *l'objet*. J'ai connaissance de cette production tout simplement parce que c'est moi-même qui produis. Et ainsi toute conscience est une conscience immédiate, une conscience de moi-même, et est désormais parfaitement concevable. Ma conclusion te semble-t-elle juste ?

L'ESPRIT

Incomparablement. Mais d'où viennent la nécessité et l'universalité avec lesquelles tu énonces des principes comme, ici, le principe de raison ?

MOI

Du sentiment immédiat qu'aussi certainement que j'ai une raison je ne puis procéder autrement, et qu'aucun être raisonnable hors de moi ne peut procéder autrement, aussi certainement qu'il est un être raisonnable. Dire que tout ce qui est contingent, comme l'était ici mon affection, *a* [58] un fondement, cela signifie : *j'y ai depuis toujours joint un fondement par la pensée ; et chacun, pour peu qu'il pense, est pareillement contraint d'y ajouter un fondement par la pensée.*

L'Esprit

Tu comprends donc que tout savoir est exclusivement un savoir de toi-même, que ta conscience ne va pas au-delà de toi-même, et que ce que tu tiens pour une conscience de l'objet n'est rien d'autre que la conscience de ton *acte de poser un objet*, que, d'après une loi interne de ton penser, tu accomplis nécessairement avec la sensation, et en même temps qu'elle ?

Moi

Poursuis-donc courageusement tes déductions : je n'ai pas voulu te gêner, et t'ai même aidé à développer les conclusions que tu avais en vue. Mais à présent, sérieusement : je rétracte tout entière la supposition d'après laquelle c'est par la médiation du principe de raison que je parviens à des choses hors de moi ; et je l'avais déjà intérieurement rétractée, dès qu'elle nous eut conduits à une inexactitude manifeste.

En effet, de cette manière, je ne prendrais conscience que d'une simple *force* hors de moi et de cette force comme de quelque chose de seulement *pensé* — de même que si, d'aventure, je pensais dans la nature une force magnétique ou une force électrique pour expliquer les phénomènes magnétiques ou électriques.

Or mon monde ne m'apparaît pas comme une simple pensée de cette sorte, comme la pensée d'une simple force. Il est quelque chose d'étendu ; quelque chose d'intégralement perceptible par la sensation, non pas, comme la force, seulement à travers sa manifestation, mais en soi. À l'opposé de la force, il ne produit pas, mais *a* des propriétés ; j'ai intérieurement conscience de la façon dont je l'appréhende d'une tout autre manière que celle par laquelle je prends conscience d'un simple acte de penser : *cela m'apparaît comme une perception*, bien qu'il soit démontré que ce n'en est pas une, et qu'il me serait difficile de décrire cette sorte de conscience et de la distinguer des autres sortes de conscience.

L'ESPRIT

Il te faut pourtant bien tenter une telle description; [59] sinon je ne te comprendrai pas, et nous ne parviendrons jamais à tirer les choses au clair.

MOI

Je vais chercher le moyen d'y parvenir. Je te prie, Esprit, si tu possèdes un organe semblable au mien, de fixer ton regard sur l'objet rouge qui est là devant nous; abandonne-toi sans prévention à l'impression et oublie, ce faisant, tes raisonnements; et dis-moi sincèrement ce qui se passe en toi.

L'ESPRIT

Je puis parfaitement me mettre à la place de ton organe et adopter sa façon de voir; et il ne m'appartient pas de nier une quelconque impression, du moment qu'elle est effectivement présente. Dis-moi seulement ce qui doit se passer en moi.

MOI

N'embrasses-tu pas du regard et ne saisis-tu pas la surface, je dis bien la *surface*, immédiatement d'un seul coup d'œil? Ne se trouve-t-elle pas tout à coup tout entière devant toi? As-tu, même de la manière la plus lointaine et la plus obscure qui soit, conscience de cet acte dont tu parlais tout à l'heure, qui consiste à étendre un point rouge simple pour en faire une ligne et à étendre la ligne pour en faire une surface? C'est seulement après coup que tu divises cette surface et que tu te représentes sur elle des points et des lignes.

Indépendamment de tes conclusions antérieures, n'affirmerais-tu pas et ne persisterais-tu pas dans l'affirmation que tu *vois* effectivement une surface, une surface colorée de telle et telle manière ? Et quiconque s'observerait sans prévention ne ferait-il pas de même ?

L'ESPRIT

Je te concède tout ; en m'examinant moi-même, je me trouve exactement comme tu le décris. Mais j'espère d'abord que tu n'as tout de même pas oublié que notre intention n'est pas de nous raconter mutuellement ce qui advient dans la conscience, comme en un journal de l'esprit humain, mais de penser dans leur connexion nos divers faits de conscience, de les expliquer les uns par les autres et de les déduire les uns des autres. Si bien qu'aucune de tes observations, qui, il est vrai, ne doivent pas être niées mais seulement expliquées, ne peut en conséquence renverser une seule de mes conclusions exactes.

MOI

Je ne perdrai jamais cela de vue.

L'ESPRIT

Alors, que la ressemblance qui existe visiblement entre la perception effective et cette conscience des corps hors de toi, à laquelle tu ne peux pas encore donner de nom, ne te fasse pas négliger la grande différence [60] qu'il y a pourtant entre elles.

MOI

J'étais précisément sur le point d'indiquer la différence. Les deux apparaissent en effet comme une conscience immédiate qui n'a été ni apprise ni forgée. Mais la sensation est la conscience de *mon état*. Il n'en va pas de même de la conscience de la chose qui est de prime abord absolument sans aucun rapport avec moi. Je sais que cela *est*, et c'est tout ; cela ne me concerne pas. Si, dans la première, je m'apparais comme une argile molle, pressée et comprimée pour recevoir tantôt telle forme, tantôt telle autre, je m'apparais dans la seconde comme un miroir, devant lequel les objets ne font que passer sans qu'il soit lui-même pour autant le moins du monde transformé[41].

Mais cette différence plaide en ma faveur. Je parais d'autant plus avoir effectivement une conscience particulière d'un être — je dis bien d'un *être* — extérieur à moi, une conscience parfaitement indépendante de la sensation de mon état, que cette dernière conscience se trouve distincte de la première également quant à sa nature.

L'ESPRIT

Tu observes bien; mais ne conclus pas prématurément.

Si ce dont nous sommes convenus précédemment reste vrai — et si tu ne peux être immédiatement conscient que de toi-même —, si la conscience dont il est ici question n'est pas une conscience de ta passivité et ne doit pas être une conscience de ton agir, ne pourrait-elle pas par hasard être une conscience de ton propre *être* — que tu ne reconnaîtrais simplement pas pour telle —, de ton être dans la mesure où tu *sais*, dans la mesure où tu es une intelligence ?

MOI

Je ne te comprends pas, mais viens-moi en aide, car je souhaite te comprendre.

L'ESPRIT

Il me faut faire appel à toute ton attention, car je suis ici contraint d'aller plus profond que jamais et de reprendre les choses de plus loin[42]. Qu'es-tu ?

MOI

Pour répondre à ta question de la manière la plus générale : je suis moi, moi-même.

L'ESPRIT

Je suis tout à fait satisfait de cette réponse. Qu'est-ce que cela signifie lorsque tu dis « moi »? Qu'y a-t-il dans ce concept, et comment le réalises-tu[43] ?

[61] MOI

Je ne puis bien me faire comprendre sur ce sujet que par une opposition. *La chose* doit être quelque chose hors de moi, hors de celui qui sait. *Moi*, je suis celui-là même qui sait; je ne fais qu'un avec celui qui sait. À propos de la conscience de la chose, la question suivante se pose : puisque la chose ne sait rien d'elle-même, comment un savoir de la chose peut-il naître? Comment une conscience de la chose peut-elle naître *en moi*, puisque je ne suis ni la chose ni une de ses déterminations quelconques, et puisque toutes ses déterminations tombent exclusivement dans le cercle de son propre être, mais aucunement dans le mien? Comment la chose entre-t-elle en moi? Quel est le lien entre le sujet, moi, et l'objet de mon savoir, la chose? Cette question n'a pas lieu de se poser *à mon propos*. J'ai le savoir en moi-même, car je suis une intelligence. Ce que je suis, je le *sais*, parce que je le suis, et ce que je sais immédiatement, simplement du fait qu'en général je suis, cela, *moi*, je le suis, parce que je le sais immédiatement. Nul besoin ici d'un lien entre le sujet et l'objet; ma propre essence est ce lien. Je suis sujet et objet; et c'est cette subject-objectivité, ce retour du savoir en soi-même, que je désigne par le concept de *moi*, si toutefois je pense par là quelque chose de déterminé.

L'ESPRIT

Donc, l'identité des deux, du sujet et de l'objet, serait ton essence, en tant qu'intelligence?

MOI

Oui.

L'Esprit

Cette identité, ce qui n'est ni sujet ni objet mais se trouve au fondement des deux et d'où justement proviennent les deux, peux-tu la saisir et en prendre conscience ?

Moi

Aucunement. C'est la condition de toute ma conscience que le sujet *qui a conscience* et l'objet *dont j'ai conscience* apparaissent comme deux choses distinctes. Je ne puis pas même me représenter une autre conscience. Dès lors que je me trouve, je me trouve comme sujet *et* comme objet, les deux étant cependant immédiatement liés.

L'Esprit

Peux-tu prendre conscience du moment où l'Un inconcevable[44] se sépare en ces deux éléments ?

Moi

Comment le pourrais-je, puisque ma conscience [62] ne devient possible qu'avec et par leur séparation — ; puisque ma conscience même est à proprement parler ce qui les sépare ? Or, au-delà de la conscience, il n'y a pas de conscience.

L'Esprit

Cette séparation serait donc ce que tu trouves nécessairement en toi dès lors que tu prends conscience de toi-même ? C'est *elle* qui serait ton être proprement originaire ?

Moi

C'est ainsi.

L'Esprit

Et dans quoi se fonderait-elle ?

MOI

Je suis une intelligence et possède la conscience en moi-même. Cette séparation est la condition, elle est le résultat de la conscience en général. Elle est par conséquent, comme celle-ci, fondée en moi-même.

L'ESPRIT

Tu es une intelligence, disais-tu, du moins n'est-il ici question que de cela. Et tu deviens, comme tel, objet pour toi-même. Ton savoir, en tant que savoir objectif, se place donc devant toi, devant ton savoir en tant que savoir subjectif, et flotte devant lui ; il est vrai, sans que tu puisses prendre conscience de l'acte par lequel il se place ainsi en suspens ?

MOI

C'est ainsi.

L'ESPRIT

Ne peux-tu rien fournir qui permette de caractériser plus précisément le subjectif et l'objectif tels qu'ils t'apparaissent dans la conscience ?

MOI

Le subjectif apparaît comme contenant en lui-même le fondement d'une conscience selon la *forme*, mais aucunement eu égard à un contenu déterminé. Qu'il y ait une conscience, un regarder et un imager intérieurs, le fondement s'en trouve dans le subjectif même ; que *précisément ceci* soit regardé, cela dépend de l'élément objectif, sur lequel se fixe le regard et qui, pour ainsi dire, l'entraîne. L'objectif, au contraire, contient le fondement de son être en lui-même, il est en et pour soi, il est comme il est, parce qu'il est ainsi. Le subjectif apparaît comme le miroir passif et immobile de l'objectif ; ce dernier flotte devant le premier. Que le premier reflète, la raison s'en trouve en lui-même. Que précisément cela et rien d'autre soit reflété en lui, la raison s'en trouve dans l'objectif.

L'ESPRIT

Le *subjectif en général*, d'après sa nature intime, serait en conséquence exactement [63] semblable à ce que tu as décrit tout à l'heure en décrivant la conscience d'un être hors de toi ?

MOI

C'est vrai : et cet accord mérite d'être remarqué. Je commence à trouver partiellement croyable que la représentation d'un être advenant hors de moi sans mon intervention puisse procéder des lois internes de ma conscience même, et que cette représentation ne puisse être au fond rien d'autre que la représentation de ces lois mêmes.

L'ESPRIT

Pourquoi seulement partiellement ?

MOI

Parce que je ne comprends pas encore pourquoi cela aboutit précisément à *telle* représentation selon son contenu, à une représentation d'une masse étendue à travers l'espace continu.

L'ESPRIT

Qu'à travers l'espace, tu n'étendes pourtant que ta sensation, cela tu l'as déjà compris précédemment; que ta sensation se transforme en quelque chose de *perceptible* précisément par son extension dans l'espace, tu l'as pressenti. Nous n'aurions donc, pour l'instant, qu'à nous occuper de l'espace même et à nous rendre intelligible sa naissance à partir de la simple conscience.

MOI

C'est cela.

L'ESPRIT

Faisons l'essai. Je sais que tu ne peux prendre conscience de ton activité intelligente comme telle, dans la mesure où elle demeure *originairement et inva-*

riablement fixée sur une unique chose, c'est-à-dire dans la mesure où elle demeure dans cet état qui commence avec son être et qui ne peut être anéanti sans que son être soit également anéanti ; et je n'exigerai donc pas de toi une telle prise de conscience. Mais tu peux en prendre conscience dans la mesure où elle flotte sans relâche, à l'intérieur de l'état invariable, d'un *état variable à un autre état variable*[45]. Si, à présent, tu la places face à toi en train d'effectuer cette opération, comment t'apparaît-elle, cette agilité intérieure de ton esprit ?

MOI

Ma faculté spirituelle semble se mouvoir intérieurement de-ci de-là, allant rapidement de l'un à l'autre ; bref, elle m'apparaît comme un *acte de tirer une ligne*[46]. [64] Un acte de penser déterminé forme un point dans cette ligne.

L'ESPRIT

Pourquoi donc précisément comme l'acte de tirer une ligne ?

MOI

Ai-je à rendre raison de ce qui relève d'une sphère dont je ne puis sortir sans quitter mon propre être ? C'est simplement ainsi.

L'ESPRIT

C'est donc ainsi que t'apparaît un *acte particulier* de ta conscience. Or, ton savoir, *non pas produit* mais *originel*, celui dont tout acte de penser particulier n'est que le renouvellement et constitue seulement une détermination plus poussée, ce savoir en général, quelle en sera l'image, sous quelle forme va-t-il t'apparaître ?

MOI

Manifestement sous la forme d'une chose en laquelle on peut tirer des lignes dans toutes les directions et faire des points : par conséquent, comme *espace*.

L'ESPRIT

Tu vois à présent tout à fait clairement comment quelque chose, qui pourtant procède de toi-même, peut t'apparaître comme un être hors de toi, et doit même nécessairement t'apparaître ainsi.

Tu t'es frayé un passage jusqu'à la vraie source des représentations des choses hors de toi. Cette représentation n'est pas une perception, tu ne perçois que toi-même ; elle est tout aussi peu une pensée ; les choses ne t'apparaissent pas comme une réalité seulement pensée. Elle est effectivement et consiste bien dans une conscience absolument immédiate d'un être hors de toi, tout comme la perception est la conscience immédiate de ton état. Ne te laisse pas étourdir par les sophistes et les demi-philosophes : les choses ne t'apparaissent pas par l'intermédiaire d'un représentant ; la chose qui existe et qui peut être, tu en as conscience immédiatement ; et il n'y a aucune autre chose hormis celle dont tu as conscience. Toi-même, tu es cette chose ; c'est toi-même qui, par le fondement intime de ton être, par ta finitude, te trouves placé face à toi et jeté hors de toi ; et tout ce que tu vois hors de toi, tu l'es toujours toi-même. On a, à juste titre, appelé cette conscience *intuition.* En toute conscience, je m'intuitionne moi-même ; car je suis moi : pour le subjectif, pour *celui qui a* conscience, c'est une *in*tuition. [65] Et l'objectif, ce qui est intuitionné et ce dont j'ai conscience, c'est une fois de plus moi-même, le même moi qui est également ce qui intuitionne — à ceci près qu'il est objectif, flottant devant le subjectif. De ce point de vue, cette conscience est une *visée* active de ce que j'intuitionne ; un acte consistant à me voir moi-même au-dehors de moi-même, à me transporter moi-même hors de moi-même par l'unique mode d'action qui me revienne, par le voir. Je suis une vue vivante. Je vois — c'est là la conscience —, je vois mon acte de voir — c'est là ce dont j'ai conscience.

C'est aussi pourquoi cette chose est de part en part transparente pour ton œil spirituel : parce qu'elle est ton esprit même. Tu partages, tu limites, tu détermines les formes possibles des choses, ainsi que les rapports entre ces formes, préalablement à toute perception. Il n'y a là rien d'étonnant; tu ne limites et ne détermines par là jamais que ton savoir même, que tu connais sans aucun doute. C'est pourquoi un savoir de la chose est possible. Il n'est pas dans la chose et n'émane pas d'elle. Il émane de toi, en qui il est, et dont il est l'essence propre.

Il n'y a pas de sens externe, car il n'y a pas de perception externe. Néanmoins il y a bien une intuition externe — mais pas de la *chose*; cependant, cette intuition externe — ce *savoir* qui se trouve en dehors du subjectif et lui apparaît comme flottant devant lui —, cette intuition est elle-même la chose et il n'y en a pas d'autre. C'est par cette intuition externe que la perception est vue elle aussi comme une perception externe, et les sens comme des sens externes. Il demeure éternellement vrai, car cela a été démontré, que je ne vois ni ne touche jamais la surface; mais, en revanche, que j'intuitionne mon voir ou mon toucher en tant que voir ou toucher une surface. L'espace éclairé, transparent, traversable et pénétrable, la plus pure image de mon savoir, n'est pas vu mais intuitionné, et *en lui* c'est *mon acte de voir même* qui est intuitionné. La lumière n'est pas hors de moi, mais en moi, et moi-même je suis la lumière. À ma question : « Comment connais-tu ton voir, ton toucher, etc., c'est-à-dire d'une manière générale ton sentir ? », tu répondais précédemment que tu les connaissais immédiatement. Peut-être pourras-tu maintenant déterminer plus précisément cette conscience immédiate [66] de ton sentir.

MOI

Elle doit être une conscience double. La sensation est elle-même une conscience immédiate; je *sens* mon sentir. Par là, ne naît nullement pour moi une quelconque connaissance d'un être, mais seulement *le sentiment de mon propre état.* Originairement, je ne suis cependant pas seulement sentant, mais aussi intuitionnant ; car je ne suis pas seulement un être pratique mais aussi une intelligence[47]. J'*intuitionne* également mon sentir ; et c'est ainsi que naît pour moi, à partir de moi-même et de mon être, *la connaissance d'un être*. La *sensation* se transforme en quelque chose de *sensible* ; mon affection, « rouge », « lisse », et mes autres affections semblables se transforment en *un rouge*, *un lisse*, etc., hors de moi, que j'intuitionne, ainsi que leur sensation dans l'espace, puisque mon intuitionner même est l'espace. Je comprends aussi clairement pourquoi je crois voir ou toucher des surfaces qu'en fait je ne vois ni ne touche. J'intuitionne seulement mon voir et mon toucher comme un voir et un toucher une surface.

L'ESPRIT

Tu m'as bien compris ou, plus exactement, tu t'es bien compris.

MOI

Mais alors, la chose ne procède pas pour moi, ni sciemment ni à mon insu, d'une conclusion obtenue par la médiation du principe de raison ; elle flotte immédiatement devant moi et se tient simplement devant ma conscience, sans déduction d'aucune sorte. Je ne puis dire, comme je viens de le faire, que la sensation se transforme en quelque chose de sensible. Ce sensible, comme tel, est ce qui est premier dans la conscience. La conscience ne commence pas par une affection, qui serait rouge, lisse, etc., mais par un rouge, un lisse, etc., hors de moi.

L'ESPRIT

Mais si, à présent, tu devais m'expliquer ce que c'est que le rouge, le lisse et autres choses semblables, que pourrais-tu dire d'autre, sinon que ce que tu appelles rouge, lisse, etc., c'est ce qui t'affecte d'une certaine manière ?

MOI

Certes — si tu m'interroges, et si je me laisse questionner et consens à fournir une explication. [67] Mais, originairement personne ne m'interroge, et moi-même je ne m'interroge pas. Je m'oublie moi-même entièrement et me perds dans l'intuition ; je n'ai pas du tout conscience de mon état, mais seulement d'un être hors de moi. Le rouge, le vert, etc., sont des propriétés de la chose ; elle est précisément rouge ou verte, et c'est tout. Cela ne saurait être davantage expliqué — tout aussi peu que, comme nous en sommes convenus tout à l'heure, le rouge ou le vert peuvent, en tant qu'affections, être davantage expliqués. C'est au plus haut point remarquable s'agissant de la sensation visuelle. La couleur apparaît hors de moi, et il est peu probable qu'un entendement humain qui, livré à lui-même, ne réfléchirait pas davantage sur soi se risquerait à qualifier de rouge ou de vert autre chose que ce qui suscite en lui une affection déterminée.

L'ESPRIT

Sans aucun doute ; mais en est-il de même du sucré et de l'aigre ? Il ne convient pas ici d'examiner si l'impression provoquée par la vue est en général une sensation pure — si elle n'est pas plutôt quelque chose d'intermédiaire entre la sensation et l'intuition, et ce par quoi les deux se lient dans notre esprit. Mais j'admets tout à fait ta remarque, et elle vient pour moi fort à propos. Tu peux en effet disparaître à tes propres yeux dans l'intuition et sans une attention particulière à toi-même, ou un intérêt pour une quelconque action extérieure, tu disparais même naturellement et nécessairement à tes propres yeux. C'est là une remarque qu'invoquent les défenseurs d'une prétendue conscience des choses existant en soi hors de nous lorsqu'on leur montre que le principe de raison, par lequel on pourrait conclure à l'existence de ces choses, n'est pourtant qu'en nous ; ils nient alors que d'une manière générale une conclusion soit tirée ; et, dans la mesure où ils parlent de la conscience effective dans certaines circonstances, nous ne pouvons rien leur opposer. Ce sont ces mêmes défenseurs qui, à présent, lorsqu'on leur explique la nature de l'intuition à partir des propres lois de l'intelligence, tirent eux-mêmes de nouveau la conclusion, qu'ils ne se lassent pas de répéter, qu'il faut pourtant bien qu'il y ait quelque chose hors de nous, qui nous contraint à avoir précisément cette représentation. [68]

MOI

Ne t'emporte pas maintenant à leur sujet, mais instruis-moi. Je n'ai pas d'opinion préconçue, mais je veux seulement chercher quelle est l'opinion vraie.

L'ESPRIT

Pourtant, l'intuition procède nécessairement de la perception de ton propre état ; seulement, tu n'as pas toujours clairement conscience de cette perception, ainsi que tu l'as compris précédemment par le raisonnement. Et même dans cette conscience, où tu te perds dans l'objet, il y a toujours quelque chose qui n'est possible que si, sans le remarquer, tu penses à toi-même et observes précisément ton propre état.

MOI

C'est donc que toujours et partout la conscience de l'être hors de moi serait accompagnée de la conscience, seulement inaperçue, de moi-même ?

L'ESPRIT

Il n'en va pas autrement.

MOI

Que la première serait déterminée par la seconde ; et deviendrait ainsi telle qu'elle est ?

L'ESPRIT

C'est mon avis.

MOI

Montre-le-moi, et je serai satisfait.

L'ESPRIT

Poses-tu les choses seulement en général dans l'espace, ou bien poses-tu chaque chose comme remplissant une partie déterminée de l'espace ?

MOI

Seconde hypothèse : chaque chose possède sa grandeur déterminée.

L'ESPRIT

Et les choses distinctes tombent-elles dans la même partie de l'espace ?

MOI

Aucunement ; elles s'excluent mutuellement. Elles sont les unes par rapport aux autres, à côté, au-dessus, en dessous, derrière ou devant ; elles sont plus près ou plus loin de moi.

L'ESPRIT

Et comment en viens-tu à mesurer et à ordonner ainsi des choses dans l'espace ? Est-ce une sensation ?

MOI

Comment cela se pourrait-il, puisque l'espace lui-même n'est pas une sensation ?

L'ESPRIT

Ou bien une intuition ?

MOI

Cela ne peut pas être. L'intuition est immédiate et infaillible. Ce qui se trouve en elle n'apparaît pas comme ayant été produit, et ne peut tromper. Or je me surprends même à estimer, à mesurer et à considérer à ma guise la grandeur d'un objet, son éloignement et sa situation relativement à d'autres objets; [69] et c'est une remarque connue de tout débutant, que nous voyons originairement tous les objets les uns à côté des autres sur la même ligne — qu'il nous faut d'abord apprendre à en estimer leur éloignement plus ou moins grand ou leur proximité plus ou moins grande — que l'enfant étend la main en direction de l'objet éloigné, comme si celui-ci se trouvait immédiatement devant ses yeux — et que l'aveugle de naissance qui recouvrirait subitement la vue ferait de même. Cette représentation est par suite un jugement — nulle intuition, mais une mise en ordre de mes diverses intuitions par l'entendement. Aussi puis-je me tromper dans cette estimation de la grandeur, de l'éloignement, etc.; et les illusions dites d'optique ne semblent nullement être des illusions dues à la vision, mais plutôt des jugements erronés portés sur la grandeur de l'objet, sur la grandeur de ses parties dans leurs rapports mutuels et, ce qui s'ensuit, sur sa figure véritable, sur son éloignement à l'égard de moi et des autres objets. Dans la mesure où je l'intuitionne, l'objet est somme toute effectivement dans l'espace, et la couleur que je vois sur lui, je la vois de même effectivement; et en cela, il n'y a nulle illusion.

L'Esprit

Et quel peut bien être le principe de ce jugement — si je prends le cas le plus déterminé et le plus simple —, du jugement de la proximité et de l'éloignement des objets par rapport à toi? D'après quoi peux-tu l'estimer, cet éloignement?

Moi

Sans aucun doute d'après la force ou la faiblesse plus ou moins grandes d'impressions par ailleurs analogues. J'aperçois devant moi deux objets du même rouge. Celui dont je vois plus nettement la couleur est plus proche de moi; celui dont j'aperçois plus faiblement la couleur est plus éloigné, et d'autant plus éloigné que j'en perçois plus faiblement la couleur.

L'ESPRIT

C'est donc d'après le degré de force ou de faiblesse que tu juges de l'éloignement : et cette force et cette faiblesse mêmes, est-ce toi qui en juges ?

MOI

Manifestement dans la mesure seulement où je remarque mes affections comme telles, et, qui plus est, dans la mesure où je remarque une très subtile différence en elles. Tu m'as vaincu. Toute conscience de l'objet hors de moi est déterminée par la conscience claire et précise de mon propre état, et je conclus toujours en elle [70] du fondé qui est en moi à un fondement hors de moi.

L'ESPRIT

Tu t'avoues facilement vaincu, et il me faut donc poursuivre moi-même à ta place la dispute contre moi. Ma démonstration ne peut pourtant valoir que pour les cas où tu évalues et considères véritablement la grandeur, l'éloignement et la situation de l'objet, et où tu as conscience de le faire. Mais tu conviendras que ce n'est pas là ce qui a lieu d'ordinaire et que, la plupart du temps, c'est plutôt dans le même moment *indivis* où tu prends conscience de l'objet que tu as également immédiatement conscience de sa grandeur, de son éloignement, etc.

MOI

Si l'éloignement de l'objet n'est jugé que d'après la force de l'impression, alors ce jugement hâtif n'est que la conséquence de l'évaluation préalable de cette force. J'ai, ma vie durant, appris par un exercice continu à remarquer la force de l'impression et à juger d'après elle de l'éloignement. C'est là un composé de sensation, d'intuition et de jugement préalable, que j'ai déjà forgé par le passé, et d'où procède ma représentation actuelle, la seule dont je sois conscient. Je ne saisis plus en général le rouge, le vert, etc., hors de moi, mais un rouge ou un vert à *telle et telle distance*; cette dernière addition est cependant le *simple renouvellement d'un jugement déjà réalisé antérieurement par réflexion*.

L'Esprit

Ne vois-tu donc pas en même temps clairement si tu intuitionnes la chose hors de toi ou bien si tu la penses, ou bien si tu fais les deux, et dans quelle mesure tu fais l'une ou l'autre chose ?

Moi

Je le vois parfaitement; et je crois maintenant être parvenu à la compréhension la plus complète de la formation de la représentation d'un objet hors de moi.

1) Je suis absolument conscient de moi-même, parce que je suis moi; et ceci, en partie comme un être pratique, en partie comme une intelligence. La première conscience est *la sensation*, la seconde *l'intuition*, l'espace illimité. [71]
2) L'illimité, je ne puis le saisir, car je suis fini. C'est pourquoi je limite par mon acte de penser un certain espace dans l'espace universel, et je pose le premier dans un certain rapport avec le second[48].
3) Cet espace limité se mesure à l'échelle de ma propre sensation; selon un principe que l'on pourrait se représenter et formuler comme suit : ce qui m'affecte dans telle ou telle proportion doit être posé dans l'espace dans tel ou tel rapport avec le reste de ce qui m'affecte[49].

La *propriété* de la chose provient de la sensation de mon propre état; l'*espace*, qu'elle occupe, provient de l'intuition. Par l'acte de penser, les deux sont reliés entre eux, et la première est transférée au second. Les choses sont à vrai dire telles que nous l'avons dit précédemment : parce qu'il est posé dans l'espace, ce qui n'est à proprement parler que mon état devient pour moi une propriété de l'objet. Il n'est pas posé dans l'espace par l'intuition, mais par l'acte de penser, par un penser *mesurant* et *ordonnant*. Il n'y a pourtant dans cet acte nulle invention ni création par le penser, mais uniquement un acte de déterminer ce qui est donné, par la sensation et par l'intuition, indépendamment du penser.

L'Esprit

Ce qui m'affecte, dans telle ou telle proportion, doit être posé dans tel ou tel rapport ; c'est là ce que tu conclus concernant la limitation et la mise en ordre dans l'espace. L'affirmation selon laquelle une chose quelconque t'affecte dans une certaine proportion ne se fonde-t-elle pas sur la supposition que d'une manière générale elle t'affecte ?

Moi

Sans aucun doute.

L'Esprit

Et peut-on d'une manière ou d'une autre se représenter un objet externe qui ne soit pas de cette manière limité et ordonné dans l'espace ?

Moi

Non, aucun objet n'est en général dans l'espace, mais chaque objet est dans un espace déterminé.

L'Esprit

En conséquence, chaque objet extérieur, que tu en sois conscient ou non, se trouve de fait représenté comme t'affectant — aussi certainement qu'il est représenté comme occupant un espace déterminé.

Moi

Cela s'ensuit assurément. [72]

L'ESPRIT

Et quelle sorte de représentation est la représentation de quelque chose qui t'affecte ?

MOI

Il s'agit manifestement d'un acte de penser, et, à vrai dire, d'un acte de penser selon le principe de raison, que nous avons décrit tout à l'heure. Je comprends maintenant d'une manière encore plus précise que la conscience de l'objet vient pour ainsi dire se rattacher de deux manières à la conscience que j'ai de moi-même : partie par l'intuition, partie par le penser d'après le principe de raison. Si étrange que cela puisse paraître, l'objet est les deux : un objet immédiat de ma conscience et quelque chose de déduit.

L'ESPRIT

Les deux, bien sûr, sous des aspects et selon des points de vue différents. Tu dois pourtant pouvoir prendre conscience de cet acte de penser l'objet ?

MOI

Sans aucun doute — bien que je n'en ai habituellement pas conscience.

L'ESPRIT

Tu te forges alors par la pensée une activité hors de toi, que tu ajoutes à la passivité en toi, à ton affection, à l'instar de l'acte de penser selon le principe de raison, dont tu as précédemment décrit le procédé ?

MOI

Oui.

L'ESPRIT

Et en lui accordant la même signification et la même validité que lorsque tu le décrivais tout à l'heure. Voilà comment tu penses, et il faut que tu penses ainsi, tu n'y peux rien changer ni ne peux rien savoir d'autre, sinon que tu penses ainsi.

MOI

Il n'en va pas autrement. Nous avons déjà expliqué tout cela d'une manière générale.

L'ESPRIT

Tu te *forges* l'objet par la pensée, disais-je : dans la mesure où il est le *pensé*, n'est-il le produit que de ton seul penser ?

MOI

Assurément ; car cela s'ensuit de ce qui précède.

L'ESPRIT

Et qu'est-ce donc que ce *pensé*, cet objet déduit d'après le principe de raison ?

MOI

Une *force* hors de moi.

L'ESPRIT

Que tu ne sens ni n'intuitionnes ?

MOI

Aucunement. Je demeure toujours parfaitement conscient de ne pas la saisir immédiatement, mais seulement par la médiation de ses manifestations, bien que je lui attribue une existence indépendante de moi. Je pense [73] être affecté ; et il faut bien, par conséquent, qu'il y ait quelque chose qui m'affecte.

L'ESPRIT

La chose intuitionnée et la chose pensée sont donc assurément deux choses très différentes. Ce qui flotte immédiatement et effectivement devant toi, et est étendu à travers l'espace, c'est *l'intuitionné*; la force intérieure en lui, qui ne flotte pas du tout devant toi mais dont tu n'affirmes l'existence que par un raisonnement, c'est la chose *pensée*.

MOI

La force intérieure en lui, disais-tu; et je pense justement que tu as raison. Je pose cette force également dans l'espace, et la transfère à la masse intuitionnée qui remplit cet espace.

L'ESPRIT

Comment donc, selon ton opinion nécessaire, cette force et cette masse doivent-elles se comporter l'une à l'égard de l'autre?

MOI

De la sorte : la masse avec ses propriétés est elle-même l'action effective et la manifestation de la force interne. Cette force exerce deux actions effectives; l'une, par laquelle elle se conserve elle-même et se donne cette figure déterminée en laquelle elle apparaît; une autre, sur moi, puisqu'elle m'affecte d'une manière déterminée.

L'ESPRIT

Il y a peu de temps encore, tu cherchais un support des propriétés autre que l'espace en lequel elles se trouvent — une réalité permanente à travers le changement des modifications et autre que cet espace?

MOI

C'est vrai, et ce support permanent est trouvé. C'est la force même. Elle demeure à chaque changement éternellement la même, et c'est elle qui reçoit et porte les propriétés.

L'ESPRIT

Jetons à présent un regard sur tout ce qui a été trouvé jusqu'ici. Tu te sens dans un certain état, que tu nommes rouge, lisse, sucré, etc. Tu ne sais à ce propos rien d'autre, sinon que précisément tu te sens et que tu te sens ainsi ; ou bien en sais-tu plus ? Y a-t-il dans le simple sentiment encore autre chose que le simple sentiment ?

MOI

Non.

L'ESPRIT

Comme intelligence, tu es en outre déterminé à ce qu'un espace flotte devant ton esprit. Ou bien sais-tu quelque chose de plus à ce sujet ? [74]

MOI

Aucunement.

L'ESPRIT

Entre cet état ressenti et cet espace qui flotte devant toi, il n'y a donc pas la moindre connexion, sauf le fait que tous deux se produisent dans ta conscience. Ou bien vois-tu par hasard encore une autre connexion ?

MOI

Je n'en vois aucune.

L'ESPRIT

Or, tu es également pensant, tout aussi absolument que tu es sentant et intuitionnant ; et tu ne sais à ce propos rien de plus, sinon que tu l'es justement. Tu ne sens pas simplement ton état, tu le penses aussi. Mais il ne te fournit pas une pensée complète ; tu es contraint de lui ajouter encore autre chose en pensée, à savoir un fondement de cet état, situé hors de toi, une force étrangère. Sais-tu donc à ce propos autre chose, sinon que précisément tu penses ainsi, et que précisément tu es contraint de penser ainsi ?

MOI

Je ne puis rien savoir de plus à ce sujet. Je ne puis rien penser en dehors de mon acte de penser ; car, du fait que je le pense, il devient mon penser et se soumet aux lois inéluctables de celui-ci.

L'ESPRIT

C'est donc seulement par cet acte de penser que se forme pour toi une connexion entre ton état, que tu sens, et l'espace, que tu intuitionnes ; et tu introduis par la pensée dans le second le fondement du premier. Ou bien en va-t-il autrement ?

MOI

C'est ainsi. Tu as clairement démontré que je ne fais que produire par mon acte de penser la connexion des deux dans ma conscience, et que cette connexion n'est ni *sentie* ni *intuitionnée.* Je ne puis parler d'une connexion extérieure à ma conscience ni me la représenter d'aucune manière. Car précisément en parlant de cette connexion, je la sais et, comme cette conscience ne peut être qu'un acte de penser, je la pense ; et c'est tout à fait la même connexion qui se produit dans ma conscience naturelle commune, et nulle autre. Je n'ai pas dépassé, ne serait-ce que d'un cheveu, cette conscience ; pas plus que je ne puis jamais sauter par-dessus moi-même. Toutes les tentatives faites pour penser une telle connexion en soi, pour penser une chose en soi qui serait, en soi, en connexion [75] avec le moi en soi, ne font qu'ignorer notre propre penser, qu'oublier singulièrement que nous ne pouvons avoir aucune pensée, sans précisément la penser. Cette chose en soi est une pensée qui peut être considérée comme une pensée impressionnante, et que pourtant personne ne veut avoir pensée.

L'Esprit

Je n'ai donc aucune objection à craindre de *ta* part, si j'établis avec résolution comme principe *que la conscience d'une chose hors de nous n'est absolument rien d'autre que le produit de notre propre faculté de représentation*, et que nous ne savons rien de plus concernant la chose que ce que précisément nous savons et posons par notre conscience — que ce que nous produisons du fait que nous avons en général conscience, et une conscience déterminée de telle manière, soumise à telles lois ?

Moi

Je ne puis rien objecter à cela ; c'est ainsi.

L'Esprit

Aucune objection à craindre contre cette formulation plus audacieuse du même principe, savoir qu'à l'occasion de ce que nous appelons la connaissance et la contemplation des choses, c'est toujours et à jamais seulement nous-mêmes que nous connaissons et contemplons ; et que, dans toute notre conscience, nous n'avons connaissance d'absolument rien d'autre que de nous-mêmes et de nos propres déterminations ?

Je dis : contre cela non plus, tu ne pourras rien objecter ; car, si *le hors-de-nous en général* ne naît que par notre conscience même, alors il ne fait aucun doute que même *le particulier et le divers* de ce monde extérieur ne peuvent naître par aucune autre voie. Et si la connexion de cet hors-de-nous *avec nous-mêmes* n'est qu'une connexion dans notre pensée, alors il ne fait aucun doute que la connexion des *diverses choses entre elles-mêmes* n'est pas différente. Les lois d'après lesquelles se forment pour toi une diversité d'objets, qui pourtant entrent en connexion les uns avec les autres, se déterminent réciproquement avec une nécessité de fer et forment de cette manière un système du monde, tel que tu l'as fort bien décrit pour toi-même. Ces lois, je pourrais te les montrer dans ton propre penser, [76] avec autant d'évidence que je viens à présent de te démontrer la formation d'un objet en général et sa connexion avec toi-même ; et je me dispense de le faire uniquement parce que je trouve que tu dois me concéder le résultat, qui seul m'importe, sans avoir recours à cela.

MOI

Je comprends tout et dois tout t'accorder.

L'ESPRIT

Et avec cette compréhension, mortel, sois libre et délivré pour l'éternité de la crainte qui t'avilissait et te tourmentait. Tu ne trembleras donc pas plus longtemps devant une nécessité qui n'est que dans ton penser ; tu ne craindras pas plus longtemps d'être opprimé par des choses qui sont tes propres produits : tu ne mettras pas plus longtemps sur le même rang l'être pensant et le pensé provenant de toi-même. Aussi longtemps que tu pouvais croire qu'un tel système des choses, tel que tu l'as décrit pour toi-même, existait effectivement hors de toi et que tu étais susceptible d'être toi-même un maillon dans la chaîne de ce système, cette crainte était fondée. Maintenant que tu as compris que tout cela n'est qu'en toi-même et par toi-même, tu n'auras sans aucun doute plus peur de ce que tu as reconnu comme étant ta propre créature.

Je voulais seulement te libérer de cette crainte. Maintenant tu en es délivré, et je t'abandonne à toi-même.

MOI

Halte-là, esprit trompeur ! Est-ce là toute la sagesse que tu m'as fait espérer, et te vantes-tu de me libérer de la sorte ? Tu me libères, il est vrai : tu m'affranchis de toute dépendance, en me réduisant à néant et en réduisant à néant tout ce qui m'entoure et dont je pourrais dépendre. Tu abolis la nécessité, en abolissant et en détruisant purement et simplement tout être.

L'ESPRIT

Le danger serait-il si grand ?

MOI

Tu peux encore te moquer ? Ton système le permet-il ?

L'ESPRIT

Mon système ? Un système sur lequel nous nous sommes mis d'accord, et que nous avons fait naître en commun — [77] nous y avons œuvré ensemble, et tout ce que j'ai admis, tu l'as tout comme moi reconnu ; mais, quant à vouloir deviner quelle est, tout entière, ma véritable façon de penser, tu t'y emploierais pour le moment encore vainement.

MOI

Appelle tes pensées comme tu veux ; d'après tout ce qui précède, il n'y a, pour tout dire, rien, absolument rien que des représentations, rien que des déterminations d'une conscience comme simple conscience. Mais la représentation n'est pour moi qu'une image, que l'ombre d'une réalité ; elle ne peut en elle-même me suffire, et n'a pas en elle-même la moindre valeur. Je pourrais me satisfaire de ce que ce monde corporel hors de moi s'évanouisse en une simple représentation et se résolve en une ombre ; le sens de mon existence ne tient pas à lui ; mais d'après tout ce qui précède, je ne disparais moi-même pas moins que lui et me change moi-même dans un simple représenter sans signification et sans but. Ou bien, dis-moi, en est-il autrement ?

L'ESPRIT

Je ne parle absolument pas en mon nom. Examine toi-même, aide-toi toi-même.

Moi

Je flotte devant moi-même comme un corps dans l'espace, avec des organes sensibles, des organes pour l'action, comme une force physique, déterminable par une volonté. Tu diras de tout cela ce que tu disais précédemment en général des objets hors de moi, de l'être pensant, à savoir que c'est un produit composé issu de ma sensation, de mon intuition et de mon penser.

L'Esprit

C'est sans aucun doute ce que je dirai. Si tu le demandes, je te montrerai même pas à pas les lois d'après lesquelles, dans ta conscience, tu te transformes en un corps organique, avec tels sens, en une force physique, etc., et tu seras contraint de me donner raison en tout.

Moi

Je le prévois. De même qu'il me fallait admettre que le sucré, le rouge, le dur, etc., ne sont rien que mon propre état intérieur, et que c'est seulement par l'intuition et le penser qu'ils sont transférés hors de moi dans l'espace et sont considérés comme la propriété d'une chose existant indépendamment de moi, de même, il me faudra te concéder que ce corps avec ses organes n'est rien d'autre qu'une sensibilisation de moi-même [78], c'est-à-dire de l'être pensant intime, afin d'occuper un espace d'une manière déterminée[50]; de même, il me faudra concéder que moi, le spirituel, la pure intelligence, et moi, ce corps dans le monde physique, formons une seule et même chose, seulement envisagée sous deux aspects — seulement saisie par deux facultés distinctes, par le pur penser s'agissant du premier moi, par l'intuition externe s'agissant du second.

L'Esprit

Ce serait assurément le résultat que l'on obtiendrait si l'on procédait à un tel examen.

MOI

Et cet être pensant, spirituel, cette intelligence, que l'intuition transforme en un corps terrestre, que peut-il être d'après ces principes, sinon un produit de mon penser, quelque chose de purement et simplement forgé par la pensée, parce que je dois le forger précisément ainsi, d'après une loi qui m'est incompréhensible, qui ne provient de nulle part et ne me conduit nulle part ?

L'ESPRIT

Il se peut bien.

MOI

Tu baisses le ton et te voilà moins disert. Ce n'est pas seulement possible : d'après ces principes, c'est nécessaire.

Cet être représentant, pensant, voulant, intelligent, peu importe comment tu voudras l'appeler, cet être qui a la faculté de représenter, de penser, etc., ou en lequel cette faculté se trouve, peu importe comment tu voudras concevoir cette pensée — comment donc puis-je y parvenir ? En ai-je immédiatement conscience ? Comment le pourrais-je ? Je n'ai immédiatement conscience que de l'acte *effectivement déterminé* de représenter, de penser ou de vouloir, comme d'un événement déterminé se produisant en moi, mais en aucun cas de la faculté d'accomplir un tel acte et encore moins d'un être en lequel cette faculté pourrait résider. J'intuitionne immédiatement *tel* acte de penser déterminé, que j'entreprends dans l'instant présent, et *tel* et *tel* autre, que j'entreprends en d'autres instants ; et cette intuition intellectuelle interne, cette conscience immédiate ne va pas plus loin. Cet acte de penser intuitionné intérieurement, je le pense alors de nouveau ; mais, d'après les lois auxquelles, de fait, mon penser se trouve soumis, cet acte de penser est pour mon penser quelque chose de partiel et d'incomplet — de même que précédemment le penser [79] de mon simple état dans la sensation n'était qu'une demi-pensée. De même que précédemment, sans le remarquer, j'ajoutais par la pensée une activité à la passivité, de même j'ajoute ici par la pensée un *déterminable* (un penser ou un vouloir possible infiniment variable) au *déterminé* (à mon penser ou mon vouloir effectif) : parce qu'il me *faut* le faire, et pour les mêmes raisons que précédemment, sans prendre conscience comme tel de mon acte d'ajouter ce déterminable par la pensée. Ce penser possible, je le saisis en outre comme un Tout déterminé; de nouveau parce que je le dois nécessairement, ne pouvant rien saisir d'indéterminé, et j'en viens ainsi à penser une *faculté finie*; et même, puisque par ce penser je me représente quelque chose d'existant indépendamment du penser, un *être et une personne* qui possède cette faculté.

Pourtant, il est possible de rendre encore plus évidente, à partir de principes supérieurs, la façon dont cet être pensant s'engendre simplement par son propre penser. Mon penser est en général génétique : supposant *un engendrement de ce qui est immédiatement donné* et décrivant cet engendrement. L'intuition fournit le fait nu, et rien de plus. Le penser explique ce fait et le rattache à un autre fait, qui ne se trouve nullement dans l'intuition mais est purement engendré par le penser même, *d'où* ce fait *procède*. Il en va de même ici. J'ai conscience d'un acte de penser déterminé; voilà jusqu'où peut aller la conscience intuitionnante, et pas plus loin. Je pense ce penser déterminé; c'est-à-dire je le fais sortir d'une indéterminité pourtant déterminable. C'est ainsi que je procède avec chaque déterminé qui se présente dans la conscience immédiate, et c'est pourquoi naissent pour moi toutes ces séries de facultés et d'êtres possédant ces facultés dont je suppose l'existence.

L'Esprit

Tu as donc, même eu égard à toi-même, seulement conscience que tu sens tel ou tel état déterminé, que tu l'intuitionnes de telle manière déterminée, que tu le penses de telle manière déterminée?

MOI

Que *moi*, je sens, que *moi*, j'intuitionne, que *moi*, je pense ? Que *moi*, je produis, comme fondement réel, le sentir, l'intuitionner, le penser ? [80] Aucunement. Tes principes ne me laissent même pas cela.

L'ESPRIT

C'est bien possible !

MOI

C'est même nécessaire. Vois donc par toi-même : tout ce que je sais, c'est ma conscience même. Chaque conscience est soit une conscience immédiate, soit une conscience médiate. La première est conscience de soi, la seconde est conscience de ce qui n'est pas moi-même. Ce que j'appelle moi n'est par conséquent absolument rien d'autre qu'une certaine modification de la conscience, laquelle modification s'appelle moi, précisément parce qu'elle est une conscience immédiate, une conscience revenant en elle-même, qui n'est pas orientée vers l'extérieur. Comme la conscience immédiate est la condition de possibilité de toute conscience, on comprend aisément que la conscience « moi » accompagne toutes mes représentations et se trouve en elles, même si je ne la remarque pas toujours nettement, et qu'à chaque instant de ma conscience je dise : moi, moi, moi, et toujours moi — à savoir : moi, et *non la chose déterminée pensée hors de moi à cet instant*. De cette manière, le moi disparaîtrait et se renouvellerait à chaque instant pour moi ; à chaque nouvelle représentation naîtrait un nouveau moi ; et je ne signifierais jamais rien d'autre que *non-chose*.

Cette conscience de soi dispersée est à présent réunie par le penser — je veux dire : par le simple penser — dans l'unité de cette faculté de représenter que je viens de forger. Toutes les représentations qu'accompagne la conscience immédiate de mon représenter doivent, d'après ce que j'ai forgé, procéder d'une seule et même faculté, située dans un seul et même être; et c'est seulement ainsi que naît pour moi la pensée de l'identité et de la personnalité de mon moi, d'une force efficace et réelle de cette personne — ce qui est nécessairement une simple invention, puisque cette faculté et cet être ne sont eux-mêmes que forgés.

L'ESPRIT

Ta conclusion est exacte.

MOI

Et tu t'en réjouis? Je puis par conséquent bien dire : *il est pensé* — pourtant, même cela je puis à peine le dire; donc, plus prudemment : [81] *il apparaît à la pensée que* je sens, intuitionne, pense; mais aucunement : *je sens, j'intuitionne, je pense.* Seule la première chose est un fait; la seconde est une addition forgée de toutes pièces.

L'ESPRIT

Tu l'as bien exprimé!

MOI

Il n'y a nulle part rien de permanent, ni hors de moi ni en moi, mais seulement un changement incessant. Nulle part je ne connais d'être, pas même mon propre être. Il n'y a pas d'être. *Moi-même*, je ne sais absolument rien et ne suis rien. *Les images* sont : elles sont la seule chose qui existe, et elles ont connaissance d'elles-mêmes à la manière des images — des images qui passent, flottantes, sans qu'il y ait quelque chose devant quoi elles passent; qui se rapportent les unes aux autres par des images d'images; des images sans qu'il y ait en elles rien de figuré, des images sans signification et sans but. Moi-même, je suis une de ces images; non, même cela je ne le suis pas, mais seulement une image confuse des images. Toute réalité se transforme en un rêve merveilleux, sans une vie qui serait rêvée et sans un esprit qui rêverait; en un rêve qui se rapporte à un rêve de lui-même. L'*intuitionner* est le rêve; le *penser* — la source de tout être et de toute réalité que j'imagine en moi, de *mon* être, de ma force, de mes fins — est le rêve de ce rêve[51].

L'Esprit

Tu as tout fort bien compris. Peu m'importe que, pour rendre ce résultat détestable, tu te serves des expressions et des tournures les plus incisives, du moment qu'il te faut t'y soumettre. Et il te faut t'y soumettre. Tu as clairement compris qu'il n'en va pas autrement. Ou bien souhaites-tu peut-être revenir sur ce dont tu es convenu et motiver cette rétractation?

Moi

Aucunement. J'ai compris, et je comprends clairement qu'il en est ainsi; je ne puis seulement pas le *croire*.

L'Esprit

Tu le comprends et ne peux seulement pas le croire? Voilà autre chose.

Moi

Tu es un esprit infâme : ta connaissance même est infamie et procède de l'infamie; et je ne puis pas te remercier de m'avoir conduit sur cette voie. [82]

L'Esprit

As-tu la vue si courte? Tes semblables parlent d'infamie lorsque l'on se fait fort de voir ce qui est, et que l'on voit aussi loin qu'eux-mêmes, et même encore plus loin. Je t'ai laissé tirer à ton gré les résultats de notre examen, je t'ai laissé les exposer, les formuler en termes hostiles. Crois-tu donc que ces résultats m'étaient moins connus qu'à toi, et que je ne concevais pas autant que toi comment, par ces principes, toute réalité serait de part en part anéantie et transformée en un rêve ? M'as-tu donc pris pour un admirateur et un apologiste aveugle de ce système, comme système complet de l'esprit humain ?

Tu voulais savoir ; et tu t'étais, à cette fin, engagé dans une fausse voie ; tu cherchais le savoir en un lieu qu'aucun savoir n'atteint, et tu t'étais déjà persuadé que tu comprenais ce qui contredit l'essence intime de toute compréhension. Je t'ai trouvé dans cet état. Je voulais te délivrer de ton faux savoir, mais aucunement te présenter le vrai.

Tu voulais savoir ton savoir. T'étonnes-tu de n'avoir rien appris de plus sur cette voie que ce que tu voulais savoir, c'est-à-dire ton savoir même ? Voudrais-tu qu'il en soit autrement ? Ce qui naît par le savoir et du savoir n'est qu'un savoir. Cependant, tout savoir n'est qu'une reproduction, et l'on exige toujours en lui quelque chose qui corresponde à l'image. Cette exigence ne peut être satisfaite par aucun savoir ; et un système du savoir est nécessairement un système de pures images, sans aucune réalité, aucune signification, aucun but. T'attendais-tu à autre chose ? Veux-tu changer l'essence intime de ton esprit et supposer que ton savoir est plus qu'un savoir ?

La réalité que tu croyais avoir déjà aperçue, à savoir un monde sensible existant indépendamment de toi, cette réalité dont tu craignais de devenir esclave, elle a disparu à tes yeux ; car ce monde sensible tout entier ne naît que par le savoir et est même notre savoir ; mais le savoir n'est pas la réalité, précisément parce qu'il est le savoir. Tu as compris l'illusion, et tu ne peux plus de nouveau t'y abandonner sans renier ta compréhension supérieure. [83] Et c'est donc là l'unique mérite que j'attribue au système que nous venons de trouver ensemble, et qui le rend digne d'éloges : il détruit et anéantit l'erreur. Donner la vérité, il ne le peut pas ; car il est en lui-même absolument vide[52]. Tu cherches pourtant — à bon droit, je le sais — quelque chose de réel situé hors de la simple image, et une autre réalité que celle qui vient tout juste d'être anéantie — je le sais également. Mais tu t'efforcerais en vain de la créer par ton savoir et à partir de ton savoir, et de l'embrasser avec ta connaissance. Si tu n'as pas d'autre organe pour la saisir, alors tu ne la trouveras jamais.

Mais tu as un tel organe. Vivifie-le seulement, et réchauffe-le ; et tu parviendras à la plus parfaite sérénité. Je te laisse seul avec toi-même.

LIVRE III

CROYANCE

[84] Mon entretien avec toi, Esprit redoutable, m'a terrassé. Mais tu me renvoies à moi-même. Et que serais-je aussi, s'il existait hors de moi quelque chose qui puisse m'accabler sans retour ? Je vais, oui, je vais certainement suivre ton conseil.

Que cherches-tu donc, mon cœur ? De quoi te plains-tu ? Qu'est-ce donc qui te soulève contre un système auquel mon entendement ne peut opposer la moindre objection ?

Ceci : je réclame quelque chose qui se situe hors de la simple représentation, quelque chose qui existe, qui a existé et qui existera, quand bien même la représentation ne serait pas. Quelque chose à quoi la représentation assiste en simple spectatrice, sans le produire ni le modifier en rien. Je considère la simple représentation comme une image trompeuse ; mes représentations doivent signifier quelque chose et si, à l'ensemble de mon savoir, il n'y a rien qui corresponde hors de mon savoir, alors je me trouve dépossédé de toute ma vie. Qu'il n'y ait nulle part rien hors de ma représentation, c'est là une pensée que le bon sens naturel jugera folle et risible, qu'aucun homme ne pourrait sérieusement exprimer et qui n'a pas besoin d'être réfutée. Un homme informé, qui en connaît les raisons profondes et qui sait qu'elles ne peuvent être réfutées par le simple raisonnement, sera d'avis que c'est une pensée accablante et destructrice.

Et quelle est donc cette chose située hors de la représentation, cette chose à laquelle j'aspire si ardemment ? [85] Quelle est la force avec laquelle elle s'impose à moi ? Quel est, en mon âme, le centre auquel elle se rattache et auquel elle tient, de sorte qu'on ne saurait l'anéantir sans en même temps anéantir mon âme ?

« Ta destination n'est pas simplement de savoir, mais d'*agir* selon ton savoir. » Voilà ce que dit la voix qui retentit haut et fort au plus profond de mon âme, dès que je reprends mes esprits et suis, ne serait-ce qu'un instant, attentif à moi-même. « Non, ce n'est point pour te contempler et t'observer oisivement ni pour méditer sur de pieux sentiments que tu es là, mais pour l'action. C'est ton action, et ton action seule, qui détermine ta valeur. »

Cette voix me conduit bien hors de la représentation ; elle me conduit hors du simple savoir à quelque chose qui se situe hors de lui et lui est complètement opposé. À quelque chose qui est plus que tout savoir et plus élevé que lui, et qui contient en soi le but final du savoir même. Quand j'agirai, je saurai sans aucun doute que j'agis et comment j'agis ; toutefois ce savoir ne sera pas l'action même, mais seulement le témoin de l'action. Cette voix m'annonce donc précisément ce que je cherchais : quelque chose qui se situe à l'extérieur du savoir et qui est complètement indépendant de lui quant à l'être[53].

Il en est ainsi ; je le sais immédiatement. Mais je me suis autrefois laissé entraîner à spéculer. Les doutes que la spéculation a fait naître en moi dureront secrètement et continueront de m'agiter. À présent que je me suis mis dans cette situation, je ne pourrais obtenir un apaisement complet tant que tout ce que j'admets n'aura pas été justifié devant le tribunal même de la spéculation[54]. Il me faut, en conséquence, me poser les questions suivantes : comment cela se fait-il ? D'où naît cette voix qui, dans mon for intérieur, m'enjoint de sortir de la représentation ?

Il y a en moi une tendance à l'autoactivité absolue et indépendante. Rien ne m'est plus intolérable que d'être en un autre, pour un autre et par un autre. Je veux être et devenir quelque chose pour moi-même et par moi-même. Cette tendance, je la sens, pour peu que je me perçoive moi-même ; elle est inséparablement unie à la conscience que j'ai de moi-même[55]. [86]

Par le penser, je précise pour moi-même le sentiment de cette tendance, et, grâce au concept, je donne pour ainsi dire des yeux à la tendance aveugle. Je dois, conformément à cette tendance, agir comme un être absolument autonome. Voilà comment je comprends et traduis cette tendance. Je dois, *moi*, être autonome. Qui suis-je ? Sujet et objet en un[56] ; partout, je suis à la fois celui qui a conscience et celui dont j'ai conscience, l'intuitionnant et l'intuitionné, le pensant et le pensé. C'est à ce double titre que je dois être par moi-même ce que je suis, que je dois esquisser des concepts absolument par moi-même, produire absolument par moi-même un état situé hors du concept. Mais comment cette dernière chose est-elle possible ? Dans l'absolu, je ne puis rattacher aucun être au néant ; rien ne procède jamais de rien ; mon penser objectif est nécessairement médiateur. Toutefois, un être *rattaché* à un autre être est précisément par là *fondé* par cet autre être et n'est pas un être premier et originaire, le commencement d'une série, mais un être dérivé. *Rattacher*, je le dois nécessairement. Mais rattacher à *un être*, je ne le puis pas.

Or l'acte par lequel je pense et esquisse un concept de fin est d'après sa nature absolument libre — et il produit quelque chose à partir du néant. Si elle doit pouvoir être regardée comme libre et comme produite absolument par moi-même, c'est à un tel acte de penser que je devrais rattacher mon action.

C'est donc de la manière suivante que je pense mon autonomie comme moi. Je m'attribue la faculté d'esquisser un concept, purement et simplement parce que je l'esquisse, d'esquisser *ce* concept, parce que j'esquisse ce concept, en vertu du pouvoir absolu que je possède comme intelligence. Je m'attribue, en outre, la faculté de produire par une action réelle ce concept dans l'extériorité; je m'attribue une force réelle, efficace, la force de produire un être, qui est tout autre chose que la simple faculté des concepts[57]. Ces concepts, que l'on appelle concepts de fins, ne doivent pas être, à l'instar des concepts de la connaissance, des images reproduisant *après coup* un donné, mais plutôt des images *pré*figurant ce qui doit être produit. La force réelle doit résider hors d'eux et subsister par elle-même comme telle; [87] elle ne doit recevoir d'eux que sa détermination, et la connaissance doit la regarder en simple spectatrice. C'est une telle autonomie que je m'attribue effectivement en vertu de cette tendance.

C'est ici, semble-t-il, que se situe le point auquel se rattache la conscience de toute réalité; l'efficacité réelle de mon concept et la force d'agir réelle qu'à la suite de cette efficacité je suis contraint de m'attribuer : voilà ce point[58]. On peut penser ce que l'on veut de la réalité du monde sensible hors de moi; la réalité, je l'ai, je la possède : elle réside en moi et trouve en moi son origine.

Je pense cette force d'agir réelle qui est mienne, mais je ne l'*invente* pas. Cette pensée se fonde sur le sentiment immédiat de ma tendance à l'autoactivité. La pensée ne fait rien d'autre que figurer ce sentiment et le recevoir dans sa propre forme, la forme du penser. Ce procédé semble pouvoir se justifier devant le tribunal de la spéculation.

Eh quoi? Vais-je de nouveau sciemment et intentionnellement m'induire moi-même en erreur? Un tel procédé est absolument indéfendable devant ce sévère tribunal.

Je ressens en moi-même un élan et une aspiration qui me poussent hors de moi. C'est cela qui semble vrai, qui semble l'unique chose vraie dans toute cette affaire. Puisque c'est moi qui ressens cet élan, et puisque ma conscience entière et surtout mon sentiment ne me permettent pas d'aller au-delà de moi-même, comme c'est finalement en moi que je saisis cet élan, alors cet élan m'apparaît en réalité comme fondé en moi-même et m'incitant à une activité fondée en moi-même. Ne se pourrait-il pas cependant que, simplement à mon insu, cet élan soit une force étrangère à moi-même et invisible à mes yeux, et que cette opinion de mon autonomie ne soit qu'une illusion due au fait que mon horizon est borné à moi-même ? Je n'ai aucune raison de l'admettre ; mais je n'en ai pas davantage de le nier. Je suis obligé de confesser que je ne sais tout bonnement rien à ce sujet ni ne puis rien savoir.

Est-ce que je sens donc cette force d'agir réelle, que je m'attribue — d'une façon assez prodigieuse — sans [88] rien savoir d'elle ? Nullement. Elle est le *déterminable* que, d'après la loi bien connue du penser par laquelle naissent toutes les facultés et toutes les forces, je forge et j'ajoute au *déterminé*, à l'action réelle que je forge pareillement.

Est-ce que ce renvoi hors du simple concept à une réalisation supposée de celui-ci est autre chose que le procédé habituel, et bien connu, de tout penser objectif, qui ne veut point être un simple penser mais veut encore signifier quelque chose hors du penser ? Par quelle malhonnêteté ce procédé aurait-il plus de valeur ici qu'ailleurs ? Doit-on dire qu'il est plus signifiant d'ajouter l'effectivité d'un acte de penser à la pensée de cet acte que d'ajouter une table effective à la pensée de cette table ? « Le concept de fin, une détermination particulière des événements en moi, apparaît sous un double aspect : partie comme quelque chose de subjectif, un penser, partie comme quelque chose d'objectif, un agir. » Quels arguments pourrais-je trouver contre cette explication qu'une déduction génétique ne manquerait sûrement pas de confirmer ?

Je dis donc que je sens cet élan. Mais est-ce que je le dis bien moi-même et est-ce que je le pense en le disant? Est-ce que, aussi, je sens effectivement ou est-ce que je pense seulement sentir? Est-ce que d'aventure ce que je nomme sentiment n'est pas seulement placé devant moi par mon penser objectivant et n'est pas seulement le premier et le véritable point par lequel passe toute objectivation? Et est-ce que je pense aussi effectivement ou est-ce que je pense seulement penser? Et est-ce que je pense effectivement penser ou est-ce que je pense seulement penser le penser? Qu'est-ce qui peut empêcher la spéculation de s'interroger ainsi et de poursuivre à l'infini ces interrogations? Que puis-je lui répondre, et où est le point où je pourrais lui intimer l'ordre d'arrêter ses questions? Je sais bien sûr, et je dois concéder à la spéculation, que chaque détermination de la conscience peut être de nouveau réfléchie et qu'une nouvelle conscience de la conscience précédente peut être produite; que par là on déplace toujours la conscience immédiate d'un degré vers le haut, tout en obscurcissant et en rendant douteuse la conscience qui précède, et que, dans cette ascension, l'on n'atteint jamais de degré suprême. [89] Je sais que tout scepticisme se fonde sur ce procédé; je sais que ce système, qui m'a si violemment ébranlé, se fonde sur l'application et la conscience claire de ce procédé.

Je sais que si je ne cherche pas seulement avec ce système à semer le trouble par jeu mais souhaite authentiquement procéder d'après lui, il me faut alors refuser l'obéissance à cette voix qui retentit dans mon for intérieur. Je ne puis vouloir agir, car je ne puis, d'après ce système, savoir si je peux agir; je ne puis pas croire que j'agis effectivement; ce qui m'apparaît comme mon action doit nécessairement me sembler insignifiant et paraître à mes yeux une simple image trompeuse. Tout sérieux et tout intérêt sont donc purement et simplement extirpés de ma vie, qui, tout comme mon penser, se transforme en un simple jeu qui n'émane de rien et n'aboutit à rien.

Dois-je refuser d'obéir à cette voix intérieure? Je ne le veux pas. Je veux me donner de mon propre gré cette destination que la tendance m'assigne; et je veux, en cette résolution, penser qu'elle est réelle et vraie et qu'est réel tout ce qu'elle présuppose. Je veux me tenir au point de vue du penser naturel où cette tendance me transporte et me défaire de tous les songes creux et de toutes les arguties qui ne pourraient que me faire douter de sa vérité.

Je te comprends maintenant, Esprit sublime. J'ai trouvé l'organe avec lequel j'appréhende cette réalité et avec elle vraisemblablement toute autre réalité. Ce n'est pas le savoir qui est cet organe; aucun savoir ne peut se fonder ni se démontrer soi-même; tout savoir présuppose comme fondement quelque chose de plus haut, et cette ascension est sans fin. C'est la croyance[59], cet abandon volontaire à la manière de voir qui se présente naturellement à nous, parce qu'elle est la seule qui nous permette de remplir notre destination, c'est la croyance seule qui apporte l'assentiment au savoir et élève à la certitude et à la conviction ce qui sans elle pourrait n'être qu'une illusion. Elle n'est [90] pas un savoir, mais la résolution de la volonté de donner une valeur au savoir.

Aussi m'en tiendrai-je toujours fermement à cette expression pour marquer non pas une simple différence dans les termes, mais une différence véritable et profonde qui, eu égard à l'ensemble de ma disposition d'esprit, est de la plus grande conséquence. Mon entière conviction n'est que croyance et elle procède de ma disposition d'esprit, non de l'entendement. À présent que je sais cela, je ne me laisserai pas entraîner dans des querelles, n'ayant, je le prévois, rien à y gagner; je ne me laisserai pas induire en erreur par elles, car la source de ma conviction se situe plus haut que toute querelle; je ne m'aviserai pas de vouloir imposer cette conviction à quiconque, en usant d'arguments rationnels, et ne serai pas gêné qu'une telle entreprise échoue. J'ai adopté ma façon de penser d'abord pour moi-même, non pour les autres, et je ne veux également la justifier qu'à mes propres yeux. Celui qui possède ma disposition d'esprit, la sincère bonne volonté, acquerra aussi ma conviction ; mais, sans cette disposition, on ne pourra d'aucune façon la produire en qui que ce soit. À présent que je sais cela, je sais quel est le point d'où doit procéder toute formation de moi-même et des autres : de la volonté, non de l'entendement[60]. Pourvu que la première soit immuable et sincèrement orientée vers le bien, alors le second saisira de lui-même le vrai. Si l'on exerce seulement le second, cependant que l'on néglige la première, alors il n'en résultera rien de plus qu'une habileté à spéculer et à ergoter dans le vide absolu. Je suis capable, maintenant que je sais cela, de jeter à bas tout faux savoir qui pourrait se dresser contre ma croyance. Je sais que toute prétendue vérité, qui n'est apportée que par le seul penser et ne doit pas être fondée sur la croyance, est sûrement fausse et frauduleuse, puisque le pur et simple savoir, arpenté de part en part, conduit exclusivement à reconnaître que nous ne pouvons rien savoir. Je sais qu'un tel faux savoir ne trouve jamais rien d'autre que ce que, par la croyance, il a d'abord placé dans ses prémisses, d'où il inférera peut-être encore des conclusions inexactes. En sachant cela, je possède [91] la pierre de touche de toute vérité et de toute conviction. C'est de la seule conscience morale qu'est issue la vérité. Ce qui contredit aussi bien cette conscience que la possibilité et la résolution de lui donner suite est sûrement faux et ne saurait me convaincre, quand bien même je ne pourrais mettre au jour les sophismes qui l'établissent.

Il en va de même pour tous les hommes qui ont une fois vu la lumière du jour. Même s'ils n'en sont pas conscients, c'est uniquement par la croyance qu'ils saisissent toute réalité existant pour eux. Et cette croyance, qui leur est à tous innée, s'impose à eux en même temps que leur existence. Comment aussi pourrait-il en être autrement ? Si l'on ne peut trouver dans le simple savoir, dans la simple application à voir ou à penser, aucune raison de tenir nos représentations pour plus que de simples images s'imposant toutefois avec nécessité, pourquoi donc les tenons-nous toutes pour plus que cela, et pourquoi plaçons-nous à leur fondement quelque chose de donné indépendamment de toute représentation ? Si nous avons tous la faculté de dépasser notre manière naturelle de voir et tendons à la dépasser, pourquoi donc sommes-nous un si petit nombre à le faire, et pourquoi ceux qui le font vont-ils jusqu'à s'en défendre en manifestant une certaine irritation lorsqu'on les incite à le faire ? Qu'est-ce donc qui les retient dans cette première manière naturelle de voir et les empêche d'aller au-delà ? Ce ne sont pas des arguments rationnels, car il n'en existe pas de cette sorte ; c'est l'*intérêt* pour une réalité qu'ils veulent produire[61]. L'homme bon, simplement pour la produire, l'homme commun et charnel, simplement pour en jouir. Aucun de ceux qui vivent ne peut se séparer de cet intérêt, pas plus que de la croyance qu'il véhicule. Nous sommes tous nés dans la croyance ; celui qui est aveugle suit aveuglément son inclination secrète et irrésistible ; celui qui voit suit en voyant et croit parce qu'il veut croire.

Quelle unité et quelle perfection en soi, quelle dignité dans la nature humaine ! Notre penser n'est pas fondé en lui-même, indépendamment de nos tendances et de nos penchants ; l'homme ne consiste pas en deux éléments qui se développeraient chacun de son côté, il est absolument Un. [92] L'ensemble de notre penser est fondé par notre tendance même ; et tels sont les penchants d'un individu, telle est sa connaissance. Cette tendance ne nous impose une certaine façon de penser qu'aussi longtemps que nous ne découvrons pas la contrainte ; mais la contrainte s'évanouit dès qu'elle est vue, et ce n'est plus alors la tendance qui, par elle-même, forme la façon de penser, mais c'est nous-mêmes qui la formons d'après la tendance.

Mais je dois ouvrir les yeux ; je dois apprendre à me connaître complètement ; je dois apercevoir cette contrainte; voilà ma destination. Je dois en conséquence et je vais nécessairement, dans cette hypothèse, me forger moi-même ma façon de penser. Je me tiens alors là, absolument autonome, parfait et achevé par moi-même. L'esprit le plus intérieur à mon esprit, qui est la source originaire de tout le reste de ma pensée et de ma vie, la source d'où s'écoule tout ce qui peut être en moi, pour moi et par moi, cet esprit n'est pas un esprit étranger mais il est, au sens fort du terme, absolument produit par moi-même. Je suis de part en part ma propre créature. J'aurais pu suivre aveuglément l'inclination de ma nature spirituelle. Je ne voulais pas être nature mais être ma propre œuvre; et je l'ai été, parce que je le voulais. J'aurais pu, par d'infinies subtilités, obscurcir la manière de voir naturelle de mon esprit et jeter la suspicion sur elle. Je me suis abandonné à cette manière de voir avec liberté, parce que je voulais m'abandonner à elle. La façon de penser qui est la mienne, je l'ai choisie entre d'autres façons de penser possibles, avec circonspection, à dessein et de propos délibéré, parce que je l'ai reconnue pour la seule qui soit appropriée à ma dignité et à ma destination. Je me suis moi-même, en toute liberté et en toute conscience, replacé au point de vue auquel ma nature m'avait elle aussi laissé. J'admets la même chose que ce qu'elle énonce. Toutefois je ne l'admets pas parce qu'il faut que je l'admette, mais je le crois parce que je le veux.

La sublime destination de mon entendement m'emplit de respect. Il ne joue plus à créer à vide, pour rien, des images qui ne représentent rien : il m'est imparti [93] pour une grande fin. Sa formation en vue de cette fin m'est confiée; elle est entre mes mains, et c'est de mes mains qu'elle sera exigée. Elle est entre mes mains. Je sais immédiatement — et ma croyance s'en tient sans plus de subtilité à cette affirmation de ma conscience —, je sais que je ne suis pas contraint de laisser mes pensées voleter çà et là, aveuglément et sans but, mais que je suis à même d'éveiller et d'orienter arbitrairement mon attention, de la détourner de cet objet et de la fixer sur un autre; je sais qu'il ne tient qu'à moi de ne pas renoncer à l'étude de cet objet jusqu'à ce que je l'aie totalement pénétré et qu'il en émane la plus parfaite certitude; je sais qu'il n'y a ni nécessité aveugle qui m'impose un certain système de pensée ni hasard vide qui joue avec ma pensée, mais que c'est moi qui pense et que je puis penser à ce que je veux penser. C'est précisément par la réflexion que j'ai encore découvert davantage, que j'ai découvert que je produis, moi seul et par moi-même, l'intégralité de ma manière de penser, comme le point de vue déterminé que j'ai sur la vérité en général, puisqu'il tient à moi ou bien de me priver par des arguties de tout sens de la vérité, ou bien de m'abandonner à celle-ci par une obéissance fidèle. L'intégralité de ma manière de penser, la formation reçue par mon entendement, tout autant que les objets vers lesquels je l'oriente, tout cela dépend totalement de moi. La juste intelligence est un mérite; la déformation de ma faculté de connaître, l'irréflexion, l'obscurité, l'erreur et l'incroyance sont coupables.

Il n'y a qu'un seul point vers lequel il me faut sans relâche orienter toute ma réflexion : ce que je dois faire et comment je puis exécuter ce commandement de la manière la plus appropriée. C'est à ma manière d'agir que doit se rapporter tout mon penser. Il doit pouvoir être considéré comme le moyen, même éloigné, de réaliser cette fin; sinon il est un jeu vide et sans but; il est un gaspillage de force et de temps, et défigure une noble faculté qui m'a été donnée dans une tout autre intention[62]. [94]

Il m'est permis d'espérer, il m'est sûrement permis d'escompter que je ne pratique pas en vain une telle réflexion. La nature, en laquelle j'ai à agir, n'est pas un être étranger qui aurait été réalisé sans tenir compte de moi, un être dans lequel je ne pourrais jamais pénétrer. Elle est formée par les lois de ma propre pensée et doit donc bien nécessairement s'accorder avec elles; elle doit bien m'être partout transparente, reconnaissable et pénétrable jusqu'en son for intérieur. Elle n'exprime partout que des relations et des rapports de moi-même avec moi-même; et il m'est permis d'espérer pouvoir la sonder aussi certainement que je puis espérer me connaître. Je n'ai qu'à chercher ce que je dois chercher, alors je trouverai; qu'à demander ce que je dois demander, et j'obtiendrai une réponse.

I

Cette voix qui retentit dans mon for intérieur, cette voix à laquelle je crois et en vertu de laquelle je crois tout ce que, par ailleurs, je crois, ne m'ordonne pas seulement d'agir en général. C'est là une chose impossible. Toutes ces propositions universelles ne sont formées que par mon attention arbitraire à de nombreux faits et par ma réflexion sur eux, mais n'expriment jamais elles-mêmes un fait. Cette voix de ma conscience m'ordonne, elle, de faire en chaque situation de mon existence ce que j'ai à faire de déterminé dans cette situation et d'éviter ce qui doit être évité dans cette même situation[63]. Elle m'accompagne, pour peu que je l'écoute attentivement, à travers tous les événements de ma vie et elle ne refuse jamais de m'instruire lorsque j'ai à agir. Elle crée immédiatement la conviction et emporte irrésistiblement mon approbation : il m'est impossible de lutter contre elle.

L'écouter, lui obéir sincèrement et sans prévention, sans crainte ni subtilités, voilà mon unique [95] destination; c'est là toute la fin de mon existence. Ma vie cesse d'être un jeu vide, sans vérité et sans signification. Quelque chose doit avoir lieu simplement parce qu'il doit avoir lieu, à savoir ce que la conscience morale exige à présent précisément de moi, de moi qui me trouve dans cette situation. C'est afin que cela ait lieu, et exclusivement à cette fin, que je suis là ; c'est pour le reconnaître que j'ai un entendement, pour le produire que j'ai de la force. C'est par ces seuls commandements de la conscience qu'adviennent la vérité et la réalité dans mes représentations. Je ne puis leur refuser mon attention et mon obéissance sans renoncer à ma destination.

Je ne puis en conséquence refuser de croire à la réalité qu'ils apportent avec eux sans renier également ma destination. Il est absolument vrai, sans plus d'examen ni d'approfondissement, que je dois obéir à cette voix. C'est là la première vérité et le fondement de toute autre vérité et de toute autre certitude. Selon cette manière de penser, tout ce que la possibilité d'une telle obéissance présuppose comme vrai et comme certain devient donc pour moi vrai et certain.

Certains phénomènes flottent devant moi dans l'espace, auxquels je transfère le concept de moi-même. Je me représente ces phénomènes comme des êtres semblables à moi. Une spéculation accomplie m'a certes appris, ou m'apprendra, que ces prétendus êtres raisonnables hors de moi ne sont rien d'autre que des produits de mon propre acte de représenter, que d'après des lois démontrables de mon penser je suis contraint d'exposer hors de moi le concept de moi-même et que d'après ces mêmes lois ce concept ne peut être transféré qu'à certaines intuitions déterminées. Mais la voix de ma conscience me lance cet appel : « Quoi que soient ces êtres en et pour soi, tu dois les traiter comme des êtres existant pour soi, comme des êtres libres, autonomes, tout à fait indépendants de toi. Fais comme s'il était entendu qu'ils peuvent s'assigner des fins tout à fait indépendamment de toi et exclusivement par eux-mêmes. Ne gêne jamais la réalisation de ces fins, mais favorise-la plutôt autant que tes facultés te le permettent. Honore leur liberté : embrasse avec amour leurs fins [96] comme tu embrasses les tiennes[64]. » C'est ainsi que je dois agir, c'est vers cet agir que *doit* être orienté tout mon penser, vers cet agir qu'il *sera* et qu'il *faut* nécessairement qu'il soit orienté, pour peu que j'aie pris la résolution d'obéir à la voix de ma conscience. Je considérerai par suite constamment ces êtres comme des êtres subsistant pour soi qui, indépendamment de moi, existent, arrêtent des fins et les réalisent. Je ne pourrai de ce point de vue les considérer autrement, et toute spéculation s'évanouira à mes yeux comme un rêve vide. Je les *pense* comme des êtres semblables à moi, disais-je à l'instant, mais, à rigoureusement parler, ce n'est pas par la pensée qu'ils me sont d'abord présentés comme tels. C'est la voix de la conscience, c'est le commandement : « Ici limite ta liberté, ici suppose et honore des fins étrangères », c'est cela que traduit avant tout la pensée : « Il y a ici certainement et véritablement, et subsistant pour soi, un être semblable à moi. » Pour voir autrement ces êtres hors de moi, il me faut d'abord, dans la vie, renier la voix de ma conscience et ne pas la prendre en considération dans la spéculation.

J'ai sous les yeux d'autres phénomènes que je ne tiens pas pour des êtres semblables à moi, mais pour des choses dépourvues de raison. La spéculation n'a aucune difficulté à démontrer comment la représentation de telles choses se développe exclusivement à partir de ma faculté de représentation et de ses modalités nécessaires d'action. Mais je me saisis également de ces mêmes choses par le besoin, le désir et la jouissance. Non, ce n'est point par le concept, mais par la faim, la soif, la satiété, que quelque chose devient pour moi de la nourriture ou de la boisson[65]. Je suis bien contraint de croire à la réalité de ce qui menace mon existence sensible ou peut seul la conserver. La conscience morale vient de surcroît pour sanctifier et en même temps limiter cette tendance naturelle[66]. Tu dois te conserver toi-même et ta force sensible ; tu dois exercer ta force sensible, la consolider, car il est tenu compte de cette force dans le plan de la raison. Mais tu ne peux la conserver qu'en usant convenablement d'elle, conformément aux lois intérieures qui régissent ces choses. Et hors de toi, il y a encore beaucoup d'êtres semblables à toi, sur la force desquels il est compté autant que sur la tienne, et [97] dont la force ne peut être conservée autrement que de la manière dont la tienne est conservée. Permets-leur d'user de la part qui leur revient comme il t'est offert d'user de la tienne. Ce qui leur est dû, respecte-le comme leur propriété et ce qui te revient, traite-le comme il convient que tu traites ta propriété. C'est ainsi que je dois agir ; c'est conformément à un tel agir que je dois penser. Je suis par la suite contraint de considérer ces choses comme se trouvant sous leurs propres lois naturelles, indépendantes de moi, bien que devant être reconnues par moi ; je suis en conséquence assurément contraint de leur attribuer une existence indépendante de moi. Je suis contraint de croire à de telles lois ; il est de mon devoir de les rechercher, et cette spéculation vide s'évanouit, comme le brouillard se dissipe avec la chaleur des premiers rayons de soleil.

Bref, il n'existe pour moi absolument aucun être pur et simple, aucun être qui ne me concerne pas et que j'intuitionne seulement parce que j'intuitionne ; c'est seulement par son rapport à moi qu'est ce qui, d'une manière générale, existe pour moi. Mais il n'est partout qu'un seul rapport possible, et tous les autres n'en sont que des variétés, à savoir ma destination d'agir moralement. Mon monde ? C'est l'objet et la sphère de mes devoirs, et absolument rien d'autre. Il n'existe pas pour moi d'autre monde ni d'autres propriétés de mon monde ; ma faculté dans son ensemble, comme toute faculté finie, ne suffit pas à appréhender un autre monde. Tout ce qui existe pour moi ne m'impose son existence et sa réalité que par ce rapport, et je ne l'appréhende que par ce rapport — et pour une autre existence, l'organe me fait totalement défaut.

À la question de savoir s'il existe de fait un monde tel que je me le représente, je ne peux rien répondre de solide, rien qui soit au-dessus de tout soupçon, mais seulement ceci : j'ai certainement et vraiment ces devoirs déterminés qui se présentent à moi comme des devoirs *envers* et *dans* tels et tels objets ; ces devoirs déterminés, je ne puis me les représenter ni les accomplir que dans un monde tel que je me le représente. Même pour celui qui n'aurait jamais pensé à sa propre destination morale, s'il peut exister un tel homme, [98] ou qui, s'il avait pensé en général à cette destination, n'aurait pas le moins du monde caressé le dessein de la remplir un jour ou l'autre dans un avenir indéterminé, même pour un tel homme, le monde sensible qui est le sien et la croyance en sa réalité ne naissent de rien d'autre que de son concept d'un monde moral. Même s'il n'embrasse pas ce monde moral à travers la pensée de ses *devoirs*, il le fait cependant à coup sûr par la réclamation de ses *droits*. Ce qu'il n'exige peut-être pas de lui-même, il l'exige pourtant certainement des autres à son égard. Qu'ils le traitent avec circonspection et réflexion, avec convenance, non pas comme une chose dépourvue de raison, mais comme un être libre et autonome, et alors il se verra assurément contraint, ne serait-ce qu'afin qu'ils puissent satisfaire cette exigence, de les penser eux aussi comme des êtres réfléchis, libres, autonomes et indépendants à l'égard de la simple puissance naturelle. Même si d'aventure il ne se fixe d'autre fin dans l'usage et la jouissance des objets qui l'entourent que celle d'en jouir, du moins réclame-t-il cette jouissance comme un droit dont les autres doivent lui garantir la libre possession ; et c'est en conséquence par un concept moral qu'il embrasse le monde sensible dépourvu de raison. Qui vit avec conscience ne peut renoncer à revendiquer ce respect pour son caractère raisonnable, pour son autonomie et pour sa conservation ; si ce n'est pas à la reconnaissance d'une loi morale intérieure, du moins est-ce à cette revendication que se rattachent dans son âme le sérieux, le reniement du doute et la croyance à une réalité. Celui qui nie sa propre destination morale, ainsi que ton existence et l'existence d'un monde matériel dans une autre intention que celle de savoir simplement de quoi est capable la spéculation, agresse-le seulement par des actes réels, introduis seulement ses principes dans la vie et agis comme s'il n'existait absolument pas ou comme s'il était un morceau de masse grossière ; il ne sera pas long à ne plus goûter la plaisanterie et à s'irriter sérieusement contre toi, à te reprocher sérieusement de le traiter de la sorte, à soutenir que tu ne devais ni n'étais autorisé à agir ainsi envers lui. Il admettra ainsi que tu peux en effet agir sur lui, qu'*il* est, que *tu* es [99] et qu'il existe également *un médium de ton influence sur lui*, et que toi, du moins, tu as des devoirs envers lui.

Ce qui fonde toute conscience d'une réalité existant hors de nous n'est donc pas l'influence de prétendues choses hors de nous, qui ne sont en réalité pour nous et pour lesquelles nous ne sommes que dans la mesure où nous savons déjà quelque chose d'elles ; ce n'est pas plus une activité imageante vide de notre imagination et de notre penser, dont les produits apparaîtraient pour ce qu'ils sont effectivement, à savoir des images vides. Non, c'est la croyance nécessaire en notre liberté, en notre force, en notre agir effectif et en des lois déterminées de l'agir humain, qui fonde la conscience d'une telle réalité existant hors de nous, une conscience qui n'est elle-même qu'une croyance, puisqu'elle se fonde sur une croyance, mais une croyance qui s'ensuit nécessairement de celle sur laquelle elle se fonde. Nous sommes contraints d'admettre qu'en général nous devons agir et que nous devons agir d'une certaine manière ; nous sommes contraints d'admettre une certaine sphère de cet agir : cette sphère est le monde existant effectivement et vraiment tel que nous le rencontrons ; et inversement, ce monde n'est absolument rien d'autre que cette sphère et ne s'étend d'aucune manière au-delà de cette sphère. C'est de ce besoin d'agir que provient la conscience du monde effectif, et non, à l'inverse, de la conscience du monde que provient le besoin d'agir. Celui-ci est le premier, non celle-là, qui en est le dérivé. Nous n'agissons pas parce que nous connaissons, mais nous connaissons parce que nous sommes destinés à agir ; la raison pratique est la racine de toute raison. Les lois de l'agir des êtres raisonnables sont *immédiatement* certaines : leur monde n'est certain que *parce que ces lois sont certaines*. Nous ne pouvons renoncer à ces lois sans que le monde, et nous-mêmes avec lui, soyons engloutis dans le néant absolu. Nous nous arrachons à ce néant, et nous nous maintenons au-dessus de lui exclusivement par notre moralité.

II

[100] Je dois simplement faire une chose afin que cette chose ait lieu, m'abstenir de faire une chose afin que cette chose n'ait pas lieu. Mais puis-je agir sans avoir en vue une fin en dehors de l'agir, sans orienter mon intention vers quelque chose qui ne pourra et ne devra devenir possible que par mon agir et seulement par lui ? Puis-je vouloir sans vouloir quelque chose ? Jamais ! Cela contredirait totalement la nature de mon esprit. À chaque *action* se rattache immédiatement dans mon penser, et selon les simples lois du penser, un *être* situé dans l'avenir, un état auquel l'agir se rapporte comme ce qui est efficient à ce qui est effectué. Seulement, cette fin de mon agir ne doit pas m'être fixée pour soi, par exemple par le besoin naturel, et la manière d'agir être déterminée seulement après que cette fin a été fixée. Je ne dois pas avoir une fin pour en avoir une et je ne dois pas chercher seulement par la suite comment il me faut agir pour atteindre cette fin ; mon action ne doit pas dépendre de la fin, mais je dois simplement agir d'une certaine manière parce que je le dois : voilà ce qui vient en premier. « Cette manière d'agir n'est pas sans conséquence », me dit la voix dans mon for intérieur. Ce qui en résulte devient donc nécessairement une fin pour moi, parce que je

dois exécuter l'action qui en est le moyen, et seulement le moyen. Je veux que quelque chose devienne effectif, parce que je dois agir pour qu'il le devienne; de même que je n'ai pas faim parce que de la nourriture est à ma disposition, mais que quelque chose devient pour moi de la nourriture parce que j'ai faim, de même je n'agis pas comme j'agis parce que quelque chose est pour moi une fin, mais quelque chose devient pour moi une fin parce que je dois agir ainsi. Je n'envisage pas à l'avance le point vers lequel je veux tirer ma ligne, et je ne laisse pas la position de ce point déterminer la direction de la ligne et de l'angle qu'elle fera, mais je trace ma ligne simplement à angle droit, et c'est par là que sont déterminés les points que ma ligne doit rencontrer. La fin ne détermine pas le contenu du commandement, [101] mais, à l'inverse, le contenu immédiatement donné du commandement détermine la fin[67].

Je dis que c'est le commandement d'agir même qui, par lui-même, me fixe une fin. C'est ce même commandement qui, en moi, m'oblige à penser que je devrais agir ainsi et m'oblige à croire que de cet agir doit s'ensuivre quelque chose. C'est lui qui ouvre à mon œil spirituel une fenêtre sur un autre monde, qui est bien là sans doute un *monde*, un *état*, et non un *agir*, mais qui est un monde *autre et meilleur* que celui qui s'offre à mon œil sensible. Il fait que je désire ce monde meilleur, que je l'embrasse de toutes mes tendances, que je le désire ardemment, que je ne vis qu'en lui et ne suis apaisé qu'en lui. Ce commandement me garantit par lui-même que la fin sera certainement atteinte[68]. Cette même disposition d'esprit avec laquelle je dirige, j'arrête toute ma pensée et ma vie sur ce commandement et ne vois rien d'autre hors de lui, amène en même temps avec elle l'inébranlable conviction que la promesse de ce commandement est vraie et certaine et supprime la possibilité même de penser le contraire. Comme je vis dans l'obéissance à ce commandement, je vis en même temps dans l'intuition de sa fin; je vis dans le monde meilleur que cette obéissance me promet.

Même dans la simple contemplation du monde tel qu'il est, abstraction faite du commandement, s'exprime en mon for intérieur le vœu, l'aspiration, non pas la simple aspiration, mais l'exigence absolue d'un monde meilleur. Je jette un regard sur les relations actuelles des hommes avec leurs semblables et avec la nature, sur la faiblesse de leur force, sur la violence de leurs désirs et de leurs passions. Irrésistible, une voix retentit en mon for intérieur : « Il est impossible que cela puisse demeurer ainsi; il faut, oh oui, il faut que tout devienne autre et meilleur[69]. »

Je ne puis tout simplement pas me représenter la situation actuelle de l'humanité comme une situation dans laquelle elle pourrait demeurer; je ne puis absolument pas penser que cette situation est [102] sa destination totale et ultime. Tout ne serait alors que rêve et illusion, et l'on se serait en vain donné la peine de vivre, de participer à ce jeu insignifiant, répétitif et stérile. C'est seulement dans la mesure où il m'est permis de considérer cet état de choses comme un moyen en vue d'un meilleur état, comme un point de passage vers un état plus élevé et plus parfait, qu'il acquiert de la valeur pour moi. Ce n'est pas pour lui-même, mais en vertu de l'état meilleur qu'il prépare, que je puis le supporter, le respecter et accomplir joyeusement en lui ce qu'il me revient d'accomplir. Mon esprit ne saurait s'établir à demeure dans le monde actuel ni y trouver un instant le repos; ce monde le rebute irrésistiblement[70]; rien ne peut endiguer l'écoulement de ma vie entière vers l'avenir et vers le mieux.

Je ne mangerais et ne boirais qu'afin de pouvoir de nouveau avoir faim et soif, et manger, et boire, jusqu'à ce que la tombe ouverte sous mes pieds m'engloutisse et que je devienne moi-même, en terre, le germe d'une nourriture destinée à d'autres êtres? J'engendrerais des êtres semblables à moi afin qu'eux aussi mangent et boivent, et meurent, et puissent laisser derrière eux des êtres semblables à eux, qui feront la même chose que ce que je fais déjà ? À quoi bon ce cercle revenant inlassablement sur lui-même, ce jeu qui reprend toujours de la même manière, en lequel tout devient pour disparaître et ne disparaît que pour pouvoir de nouveau devenir comme il était déjà ? À quoi bon ce monstre s'engloutissant incessamment lui-même afin de pouvoir s'enfanter de nouveau, et s'enfantant lui-même afin de pouvoir de nouveau s'engloutir ?

Jamais ce ne pourra être la destination de mon être ni d'aucun être. Il doit y avoir quelque chose qui *est* là, parce qu'il est devenu, qui à présent *demeure* et ne peut plus devenir une fois qu'il est devenu ; et ce subsistant doit se former dans le changement du périssable et durer en lui, être emporté intact sur les flots du temps [71].

C'est encore avec peine que notre espèce arrache sa subsistance et sa persistance à une nature adverse. La majorité des hommes passent encore leur vie entière courbés sous le poids d'un dur labeur, afin [103] de se procurer de la nourriture et de la procurer à la minorité qui pense pour elle ; des esprits immortels sont contraints de fixer toutes leurs pensées et tous leurs efforts sur le sol qui porte leur nourriture. Il arrive encore souvent que, lorsque le travailleur a achevé son ouvrage et compte être récompensé de sa peine par sa propre persistance et par celle du produit de ses efforts, un vent hostile anéantisse en un instant ce qu'il avait semé, lentement et avec application des années durant, et livre l'homme travailleur et soigneux à une faim et une misère imméritées. Assez souvent encore, des inondations, des tempêtes, des éruptions volcaniques désolent des pays entiers, et des ouvrages qui portent l'empreinte d'un esprit raisonnable sont en même temps que leur maître d'œuvre mêlés au chaos sauvage de la mort et de la destruction. Des maladies précipitent encore prématurément les hommes dans la tombe, des hommes dans la force de l'âge et des enfants dont la vie passe sans porter ses fruits et sans conséquence; des épidémies se propagent encore dans les États florissants, laissent les rares individus qui leur échappent plantés là, orphelins et privés du soutien habituel de leurs compagnons, et font tout ce qui est en leur pouvoir pour rendre à l'état de contrée sauvage la terre que le labeur des hommes s'était appropriée. Voilà où en sont les choses. Elles ne doivent pas toujours demeurer ainsi. Aucune œuvre portant l'empreinte de la raison et entreprise pour étendre le pouvoir de celle-ci ne peut être totalement perdue dans la suite des temps. Au moins les sacrifices que la violence désordonnée de la nature arrache à la raison doivent-ils fatiguer cette violence, la combler et la rendre conciliante. La force, qui a nui au-delà de toute règle, ne doit plus pouvoir sévir de cette façon; elle ne peut être destinée à se renouveler, elle doit avoir été consommée à tout jamais en une seule explosion. Toutes ces explosions de la force grossière, face à laquelle la force humaine est réduite à néant, ces ouragans dévastateurs, ces tremblements de terre, ces éruptions volcaniques ne peuvent être autre chose que l'ultime résistance de la masse inculte à la marche légitime, progressive, finale et dispensatrice de vie à laquelle [104] elle se trouve contrainte malgré ses propres tendances — ce ne sont rien que les derniers soubresauts par lesquels s'achève seulement la formation de notre planète. Cette résistance doit nécessairement devenir peu à peu plus faible et enfin s'épuiser, puisqu'il n'y a, dans cette marche légitime, rien qui soit susceptible de renouveler sa force[72]. Il faut bien que cette formation s'achève et que la demeure qui nous est destinée soit enfin achevée. Il faut que la nature se place peu à peu dans la situation où l'on pourra calculer son évolution régulière et compter avec certitude sur elle, où sa force entretiendra constamment un rapport déterminé avec la puissance destinée à la dominer, à savoir la puissance humaine. Dans la mesure où ce rapport existe déjà et où la formation finale de la nature a déjà solidement pris pied, l'œuvre humaine elle-même doit par sa simple existence, et par les effets qu'elle produit indépendamment des intentions de son auteur, intervenir de nouveau dans la nature et présenter en elle un nouveau principe dispensateur de vie. Les terres cultivées doivent vivifier et adoucir l'atmosphère lourde et hostile des forêts vierges, des contrées désertiques et des marécages. Une mise en culture ordonnée et diversifiée doit propager dans les airs, tout autour d'elle, de nouveaux germes de vie et de fécondation, et le soleil émettre ses rayons les plus vivifiants dans une atmosphère où respire un peuple sain, travailleur et ingénieux. D'abord éveillée sous la pression du besoin, la science pénétrera plus tard, avec plus de prudence et de calme, les lois immuables de la nature, dominera du regard toute la puissance de la nature et apprendra à calculer ses développements possibles; une nouvelle nature se formera dans le concept et collera au plus près à la nature vivante et active pour la suivre pas à pas. Et chaque connaissance que, par la lutte, la raison aura arrachée à la nature, sera conservée dans la suite des temps et deviendra l'assise de nouvelles connaissances pour l'entendement commun de notre espèce. La nature doit ainsi devenir toujours plus transparente, se laisser appréhender jusque dans son intimité la plus secrète; et la force humaine, illuminée et armée par ses découvertes, la dominera sans peine et maintiendra en toute quiétude ses précédentes conquêtes. [105] Progressivement, il deviendra inutile de dépenser plus de travail mécanique qu'il n'en faut au corps humain pour son développement, sa formation et sa santé, et ce travail cessera d'être un fardeau; car l'être raisonnable n'est pas destiné à être un portefaix.

Mais ce n'est pas la nature, c'est la liberté elle-même qui cause dans notre espèce la plupart des désordres, et les plus terribles d'entre eux. L'ennemi le plus cruel de l'homme, c'est l'homme. Des hordes de barbares sans lois errent encore à travers d'immenses contrées désertiques; ils se rencontrent dans le désert et c'est pour eux une fête de s'entre-dévorer ; ou bien, là où la civilisation a enfin réuni sous l'autorité de la loi les hordes sauvages pour en faire des peuples, ceux-ci s'agressent mutuellement avec la puissance que leur ont donnée l'union et la loi. Défiant la fatigue due à l'effort et les pénuries, les armées parcourent tranquillement les forêts et les champs ; elles s'aperçoivent l'une l'autre, et la vue de leur semblable est un mot d'ordre de meurtre. Équipées de ce que l'intelligence a inventé de plus puissant, les flottes de guerre sillonnent l'océan ; les hommes affrontent les tempêtes et les flots pour chercher d'autres hommes sur la surface déserte et inhospitalière ; ils les trouvent et défient la force des éléments pour les exterminer de leurs propres mains. À l'intérieur même des États, où les hommes semblent réunis sous la loi pour l'égalité, c'est encore en grande partie la violence et la ruse qui règnent sous le nom vénérable de loi. Ici, la guerre est menée d'une manière d'autant plus infâme qu'elle ne s'annonce pas comme une guerre et que l'agressé se voit ravi jusqu'au dessein de se défendre contre une violence injuste. Quelques individus coalisés se réjouissent tout haut de l'ignorance, de la bêtise, du vice et de la misère dans lesquels se trouve plongée la grande masse de leurs frères ; ils ne cachent pas qu'ils ont à cœur de les y maintenir et de les faire tomber encore plus bas, afin de les tenir éternellement en esclavage, et jurent la perte de quiconque oserait les éclairer et les améliorer. On ne saurait encore former nulle part le projet d'une quelconque amélioration, [106] sans troubler la quiétude d'une foule de fins égoïstes les plus diverses et les exciter à la guerre, sans unir contre soi, dans une hostilité unanime, les manières de penser les plus différentes et les plus opposées entre elles ; le mal attire chaque individu avec la promesse qui sera pour lui la plus séduisante, et les hommes pervertis, qui sont perpétuellement en conflit les uns avec les autres, concluent un armistice dès que le bien pointe à l'horizon, afin de lui opposer la force unie de leur corruption. Pourtant, il est à peine besoin de leur résistance, car les hommes de bien combattent toujours les uns contre les autres, par malentendu, par erreur, par méfiance, par un secret amour-propre, et souvent d'autant plus violemment que chacun s'efforce plus sérieusement de son côté de faire triompher ce qu'il reconnaît comme le meilleur ; et ils épuisent ainsi, dans le conflit qui les oppose, des forces qui, unies, pourraient à peine contrebalancer le mal. Une fois, c'est l'un qui blâme l'autre de tout précipiter avec une tempétueuse impatience et de ne pouvoir attendre que l'on ait préparé comme il convient un succès valable, tandis que l'autre l'accuse de ne venir à bout de rien, par pusillanimité et par lâcheté, de vouloir en contradiction avec sa conviction affichée tout laisser en l'état, l'heure de l'action ne sonnant jamais pour lui ; et seul Dieu, qui est omniscient, pourrait dire si l'un des deux a raison dans cette querelle, et lequel a raison. Une autre fois, c'est presque chacun qui regarde comme l'affaire la plus importante et la plus pressante, comme le point d'où doivent partir toutes les autres améliorations, ce dont l'accomplissement lui est apparu, *à lui*, de la façon la plus évidente comme nécessaire, et ce pour quoi il a acquis la plus grande habileté ; il somme alors tous les hommes de bien d'unir leurs forces à la sienne, de se subordonner à lui pour la réalisation de sa fin, et il les considère comme des traîtres à la bonne cause s'ils se refusent à le faire, tandis que d'autres réclament la même chose de lui et l'accusent de la même trahison s'il s'y refuse. C'est ainsi que, parmi les hommes, toutes les bonnes intentions s'évanouissent en de vains efforts qui ne laissent derrière eux aucune trace de leur existence. [107] En attendant, le monde va aussi bien ou aussi mal qu'il peut aller et continuera éternellement d'aller sans ces efforts, par le mécanisme aveugle de la nature.

En sera-t-il éternellement ainsi ? Non, jamais de la vie, si l'existence humaine n'est pas tout entière un jeu insignifiant et sans but! Ces tribus sauvages ne peuvent toujours rester sauvages; il n'est pas possible qu'une espèce engendrée avec toutes les dispositions lui permettant de parvenir à l'humanité parfaite soit destinée à ne pas développer ces dispositions et à ne jamais aller au-delà d'un niveau de développement pour lequel suffirait la nature d'un animal perfectionné. Ces sauvages sont destinés à être la souche de générations plus fortes, plus cultivées et plus dignes; on ne saurait sinon penser aucune fin à leur existence ni concevoir la possibilité de cette existence dans un monde disposé rationnellement. Les tribus sauvages peuvent être civilisées, car elles l'ont déjà été, et les peuples les plus civilisés du monde moderne descendent eux-mêmes de sauvages. Quant à savoir maintenant si la culture se développe naturellement et immédiatement à partir de de la société humaine ou si elle doit toujours provenir de l'extérieur, par l'instruction et par l'exemple, et si la source de toute civilisation humaine est à chercher dans une instruction surhumaine, je ne saurais le dire : c'est par la voie qu'ont empruntée les sauvages d'autrefois pour parvenir à présent à la civilisation que, peu à peu, les sauvages d'aujourd'hui acquerront également la civilisation. Ils connaîtront, il est vrai, les dangers et les corruptions caractéristiques de la première civilisation seulement sensible, les mêmes qui accablent actuellement les peuples cultivés; mais ils iront par là rejoindre la plus grande partie de l'humanité et seront susceptibles de prendre part à ses progrès ultérieurs.

La destination de notre espèce est de s'unir en l'unité d'un corps parfaitement transparent à lui-même en toutes ses parties et partout formé de la même manière[73]. [108] La nature et même les passions et les vices des hommes ont depuis le commencement poussé à la réalisation de ce but. Le chemin qui y conduit a été déjà en grande partie couvert, et l'on peut sûrement escompter que ce but, dont la réalisation conditionne les progrès ultérieurs à accomplir en commun, sera atteint en son temps. Que l'on n'interroge pas l'histoire, afin de savoir si dans l'ensemble les hommes sont devenus des êtres plus purement moraux ! Leur libre arbitre a gagné en extension, en compréhension et en puissance, mais il était presque nécessaire, étant donné leur situation, qu'ils appliquent ce libre arbitre presque exclusivement au mal. Et que l'on n'interroge pas non plus l'histoire, afin de savoir si le niveau de la formation esthétique et de la culture intellectuelle, concentrées, en des temps éloignés, dans un petit nombre d'endroits, pourrait avoir surpassé celui du monde moderne ! Il pourrait se faire que l'on obtienne une réponse humiliante ; il pourrait nous sembler qu'à cet égard l'espèce humaine n'a pas, avec l'âge, avancé, mais régressé. Mais qu'on interroge l'histoire, afin de savoir à quelle époque la culture existante s'est le plus largement répandue et a été partagée par le plus grand nombre d'individus, et l'on trouvera sans aucun doute que, depuis le commencement de l'histoire jusqu'à nos jours, les quelques rares lieux de civilisation ont élargi leur surface en cercles concentriques pour saisir d'abord un à un tous les individus, puis les peuples entiers les uns après les autres, et que cette extension progressive se poursuit sous nos yeux. Et ce fut le premier but de l'humanité dans son cours infini. Jusqu'à ce que ce but soit atteint, jusqu'à ce que la culture existante à chaque époque ait été partagée sur l'ensemble des terres habitées du globe et qu'aucune borne ne soit plus mise aux possibilités de communication de notre espèce avec elle-même, il faudra qu'une nation ou un continent attende l'autre sur la voie commune et offre en sacrifice à l'alliance universelle, qui est sa seule raison d'exister, des siècles de stagnation ou de régression apparentes. Quand ce premier but aura été atteint, quand tout ce qui aura été découvert d'utile à un bout de la terre aura été immédiatement appris et communiqué à tous [109], alors l'humanité s'élèvera, sans interruption, sans stagnation ni régression, en usant d'une force commune et en avançant d'un même pas, jusqu'à un degré de culture pour lequel nous manquons de concepts.

Au cœur de ces associations singulières formées par le hasard et que l'on nomme des États, il arrive qu'après seulement quelques temps de stabilité et de calme, la résistance, jusqu'ici excitée par de nouvelles oppressions, se relâche, et que cesse l'effervescence des diverses forces; alors les abus, par leur persistance et par la tolérance générale, prennent en quelque sorte une forme fixe, et les classes dominantes, jouissant sans contestation des privilèges qu'elles ont conquis, n'ont rien d'autre à faire que d'étendre ces privilèges et consolider ces nouveaux acquis. Poussés par leur insatiable avidité, elles étendront ces privilèges de génération en génération et ne diront jamais : « Maintenant, c'est assez! », jusqu'à ce qu'enfin l'oppression atteigne son plus haut degré, devienne totalement insupportable, et que le désespoir restitue aux opprimés la force que leur courage, anéanti depuis déjà des siècles, ne pouvait leur donner. Ils ne tolèreront pas alors un instant de plus parmi eux quiconque ne se contente pas d'être et de rester semblable à tous. Pour se protéger contre la violence réciproque qui pourrait naître entre eux et contre une nouvelle oppression, ils s'imposeront tous les mêmes obligations. Leurs conventions, en lesquelles chacun s'impose à soi-même sa propre décision et non à un subalterne, dont les souffrances ne sauraient jamais l'affecter, et par le destin duquel il ne se sentirait jamais concerné, ces conventions, selon lesquelles personne ne peut compter être *lui-même* celui qui *exerce* l'injustice autorisée, mais où chacun doit craindre d'avoir à la *subir*, ces conventions, qui seules méritent le nom de législation, ce qui est autre chose que ces ordonnances adressées par les maîtres coalisés aux innombrables troupeaux de leurs esclaves, ces conventions seront nécessairement justes et fonderont un véritable État [110], dans lequel chaque individu sera irrésistiblement contraint par le souci de sa propre sécurité à ménager la sécurité de tous les autres sans exception, puisque, par suite de l'arrangement convenu, tout dommage qu'il voudrait infliger à un autre ne toucherait pas cet autre, mais retomberait immanquablement sur lui-même.

Par la création de ce véritable État unanime, par cette solide fondation de la paix intérieure, la guerre extérieure, du moins avec de vrais États, est en même temps rendue impossible. Ne serait-ce que pour satisfaire son propre intérêt, ne serait-ce que pour éviter que se répandent parmi ses propres citoyens des idées d'injustice, de vol et de violence, et pour ne leur laisser d'autre gain possible que celui qu'ils retirent du labeur et de l'application dans la sphère qui leur a été assignée par la loi, chaque État doit faire en sorte que tout préjudice causé à un citoyen de l'État voisin soit aussi rigoureusement interdit, aussi soigneusement entravé, aussi précisément dédommagé et aussi sévèrement puni que s'il avait été porté à l'un de ses propres concitoyens. Cette loi sur la sécurité des voisins est unc loi nécessaire de tout État qui n'est pas un État de brigands. Et par là se trouvent donc complètement supprimés la possibilité pour un État d'accuser à bon droit un autre État et tout cas de légitime défense entre les peuples. Il n'existe entre les États comme tels aucune relation bilatérale immédiate, nécessaire et continue qui pourrait tourner au conflit. Il n'existe en règle générale que des rapports entre des individus citoyens d'un État et des individus citoyens d'un autre État ; c'est uniquement dans la personne de l'un de ses citoyens qu'un État pourrait être blessé ; mais ce préjudice sera réparé sur-le-champ et il sera donné satisfaction à l'État offensé. Entre de tels États, il n'y a pas de rang qui puisse être offensé, d'ambition qui puisse être blessée. Aucun fonctionnaire n'est habilité à s'immiscer dans les affaires intérieures d'un État étranger ni ne peut être tenté de le faire, puisqu'il ne pourrait tirer de cette influence aucun avantage pour sa personne. Qu'une nation tout entière soit résolue à envahir un pays voisin dans l'intention de le piller, cela est impossible, puisque dans un pays dans [111] lequel tous sont égaux, le butin ne pouvant revenir à quelques-uns, mais devant être partagé équitablement entre eux tous, la part de chaque individu ne le dédommagerait jamais des peines de la guerre. Ce n'est que là où le profit est partagé entre le petit nombre des oppresseurs, tandis que les préjudices, la peine, les frais retombent sur l'innombrable armée des esclaves, qu'une guerre de pillage est possible et concevable. Ce n'est pas des États qui leur sont semblables que ces États pourraient avoir à craindre la guerre, mais exclusivement de sauvages ou de barbares, que l'incapacité de s'enrichir par le travail pousserait au vol, ou bien de peuples esclaves qui seraient conduits par leurs maîtres à un vol dont ils ne pourraient, par la suite, nullement jouir eux-mêmes. Contre les premiers, chaque État est, grâce aux arts de la civilisation, déjà à lui seul le plus fort; contre les seconds, l'intérêt commun réclame de tous qu'ils se renforcent par une alliance. Aucun État libre ne peut raisonnablement tolérer à côté de lui des constitutions dont les souverains auraient intérêt à subjuguer les peuples voisins et qui, par leur simple existence, menacent continuellement la tranquillité de leurs voisins. Le souci de leur propre sécurité contraint tous les États libres à transformer tout ce qui les environne en États libres et à étendre ainsi autour d'eux, dans leur propre intérêt, le règne de la civilisation aux sauvages, et celui de la liberté aux peuples esclaves[74]. Bientôt, les peuples formés ou libérés par ces États se trouveront avec leurs voisins encore barbares ou esclaves dans la même situation dans laquelle, il y a peu de temps, les peuples libres se trouvaient encore avec eux, et ils seront contraints de faire pour ces voisins la même chose que ce qui fut fait pour eux. Et il aura ainsi suffi que naissent quelques vrais États libres pour que le domaine de la civilisation et de la liberté et, avec lui, celui de la paix universelle embrassent peu à peu la totalité du globe terrestre!

La droiture dans les relations extérieures des peuples les uns aux autres et la paix universelle entre eux résultent donc nécessairement de l'établissement d'une constitution fondée en droit à l'intérieur et de la consolidation de la paix entre les individus. Cet établissement d'une constitution fondée en droit [112] à l'intérieur et la libération du premier peuple qui devient ainsi authentiquement libre découlent cependant nécessairement de la pression croissante que les classes dominantes exercent sur les classes dominées jusqu'au jour où cette pression devient insupportable, un progrès pour lequel on peut, en toute tranquillité, s'en remettre aux passions et à l'orgueil de ces classes, même lorsqu'elles ont été mises en garde.

Dans cet État, le seul qui soit véritablement un État, se trouveront purement et simplement supprimées toute tentation de faire le mal, et même jusqu'à la possibilité de se résoudre rationnellement à une action mauvaise, tandis que l'on suggérera autant que possible à l'homme d'orienter sa volonté vers le bien.

Il n'existe pas d'homme qui aime le mal parce que c'est le mal. Il n'aime en lui que les avantages et les jouissances qu'il lui promet et que, dans la situation présente de l'humanité, il lui accorde effectivement la plupart du temps. Aussi longtemps que durera cette situation, aussi longtemps que l'on donnera un prix au vice, on pourra difficilement espérer une amélioration radicale de l'ensemble des hommes. Mais dans une constitution civile comme elle doit être, une constitution comme l'exige la raison, telle que le penseur peut aisément la décrire, bien que jusqu'à présent on ne la rencontre nulle part, et telle qu'elle se formera nécessairement chez le premier peuple qui se libérera véritablement, dans une telle constitution, le mal ne présente aucun avantage, mais plutôt le plus sûr inconvénient, et c'est par le simple amour de soi qu'est réprimé l'excès d'amour de soi qui conduit à commettre des actions injustes. D'après l'arrangement infaillible d'un tel État, non seulement il est assurément vain de léser autrui, de l'opprimer, de croître à ses dépens, et de tels actes ne valent pas la peine d'être entrepris, mais encore ils se retournent contre leur auteur, et le malheur que celui-ci voulait infliger à autrui l'atteint immanquablement lui-même. Dans son État, *hors* de son État, sur toute la surface de la Terre, il ne rencontre personne qu'il puisse offenser impunément. Or on ne saurait s'attendre à ce que quelqu'un se résolve au mal sans tenir compte de ce qu'il lui est devenu impossible de l'accomplir et [113] qu'il ne s'ensuivra rien, sinon sa propre perte ; on ne peut s'attendre à ce qu'il se résolve au mal simplement pour se résoudre au mal. L'usage de la liberté pour le mal est supprimé ; l'homme doit se résoudre soit à abandonner totalement cette liberté qui est la sienne et à devenir docilement un rouage passif dans la grande machine du Tout, soit à appliquer sa liberté au bien. C'est donc sur un sol ainsi préparé que le bien prospérera facilement. Une fois qu'il n'y a plus d'intentions égoïstes pour diviser les hommes et ruiner leurs forces dans le combat qui les oppose les uns aux autres, ils n'ont plus qu'à diriger leur force unie contre le seul adversaire commun qui subsiste : la nature résistante et informe. N'étant plus séparés par des fins privées, ils s'unissent en vue de l'unique fin commune, et alors naît un corps que vivifient partout le même esprit et le même amour[75]. Tout ce qui est préjudiciable à l'individu, puisque cela ne peut plus être avantageux à quiconque, est donc préjudiciable au Tout comme à chaque membre individuel de ce Tout et se trouve ressenti avec la même douleur en chacun de ces membres et réparé aussi activement en chacun. Chaque pas en avant que fait un homme, c'est la nature humaine tout entière qui le fait. Là où le petit « soi » étriqué des personnes est déjà anéanti par la constitution politique, chacun aime tous les autres comme soi-même, en tant qu'ils sont chacun une partie intégrante de ce grand Soi qui est l'unique objet de son amour et dont il n'est lui-même qu'une simple partie qui ne peut rien gagner ni rien perdre qu'avec le Tout et en même temps que lui. Là, l'antagonisme du bien et du mal est supprimé, car aucun mal ne peut plus faire son apparition. La querelle qui oppose les bons entre eux, même à propos du bien, s'évanouit à présent qu'il leur est rendu plus facile d'aimer le véritable bien pour lui-même, et non pour eux-mêmes, en tant qu'ils en sont les auteurs, à présent qu'il ne leur reste plus qu'à faire en sorte que le bien advienne, que la vérité soit trouvée, que l'acte utile soit exécuté, sans se soucier de savoir par qui il l'est. Là, chacun est en permanence disposé à joindre et à subordonner sa force à la force de l'autre ; celui qui, d'après le jugement de tous, accomplira le mieux ce qu'il y a de meilleur [114], tous le soutiendront et jouiront d'une même joie de sa réussite[76].

Telle est la fin de notre vie terrestre. C'est la raison qui l'établit pour nous et qui nous garantit qu'elle ne manquera pas d'être atteinte. Ce n'est pas là un but que nous devrions seulement chercher à atteindre, afin d'exercer nos forces sur quelque chose de grand, tandis qu'il nous faudrait renoncer à son effectivité : ce but doit devenir effectif, il faut qu'il le devienne. Il faut que ce but soit atteint dans un temps quelconque, aussi sûrement qu'il existe un monde sensible et une espèce raisonnable dans le temps, dont on ne saurait absolument rien penser de sérieux ni de raisonnable excepté ce but, une espèce dont l'existence n'est concevable que par ce but. Si la vie des hommes ne doit pas tout entière se transformer en un spectacle pour un esprit malin, qui aurait implanté dans ces êtres misérables cet indestructible élan vers l'impérissable à seule fin de se divertir de leurs incessantes torsions pour atteindre ce qui les fuit sans cesse, de leurs tentatives répétées pour attraper au vol ce qui une fois de plus leur échappera, de leur course folle et sans trêve sur la courbe d'un cercle vicieux, et afin de rire de leur manière de prendre au sérieux cette insipide bouffonnerie, si le sage, qui aura bientôt percé à jour ce jeu et sera contrarié d'y tenir son rôle plus longtemps, ne doit pas se défaire de la vie et si l'instant de l'éveil de la raison ne doit pas être l'instant de la mort terrestre, alors il faut que cette fin puisse être atteinte.

Oh oui, elle peut être atteinte *dans la vie* et *par la vie*, car la raison me commande *de vivre*[77] ; elle peut être atteinte, car je suis.

III

Mais, quand cette fin aura été atteinte et que l'humanité sera parvenue à son but, que fera-t-elle ? Il n'y a pas, sur terre, d'état plus élevé que celui-ci. La première génération [115] qui aura atteint cet état ne pourra rien faire de plus que persister en lui et le soutenir le plus vigoureusement possible, avant de mourir et de laisser après elle des descendants qui feront comme elle et laisseront à leur tour des descendants qui feront de même. Mais alors, l'humanité s'immobiliserait dans sa course ; c'est pourquoi son but terrestre ne peut être son but suprême[78]. Ce but terrestre est concevable ; il peut être atteint et il est fini. On peut toujours penser que les générations précédentes ont été le moyen de parvenir à cette ultime génération parfaite, on n'échappera pas pour autant à la question que pose sérieusement la raison : pourquoi, à son tour, cette dernière génération existe-t-elle ? Dès lors qu'une génération humaine existe sur terre, elle ne doit certes pas mener une existence contraire à la raison, mais une existence raisonnable, et doit devenir tout ce qu'elle peut devenir sur terre. Mais après tout, pourquoi cette génération humaine existerait-elle donc, et pourquoi n'est-elle pas aussi bien restée dans le sein du néant ? La raison ne s'explique pas par l'existence, mais l'existence par la raison. Il est impossible qu'une existence qui ne satisfait pas par elle-même la raison et ne résout pas toutes ses questions soit l'être véritable.

Et après ? Les actions commandées par la voix de la conscience, par cette voix dont il ne m'est pas permis de discuter les affirmations mais à laquelle je dois silencieusement obéir, ces actions sont-elles bien aussi le moyen, et l'unique moyen, de réaliser cette fin terrestre de l'humanité ? Il est incontestable que je ne puis rien faire d'autre que de les rapporter à cette fin et qu'il m'est impossible de viser autre chose à travers elle; mais cette intention qui est la mienne sera-t-elle toujours atteinte ? N'est-il besoin de rien d'autre que de vouloir le mieux pour qu'il advienne ? La plupart des bonnes résolutions sont pour ce monde entièrement perdues ! Quant aux autres, il semble qu'elles aillent jusqu'à agir à l'encontre de la fin que l'on se proposait en les prenant. Les passions humaines les plus basses, les vices des hommes et leurs méfaits produisent, en revanche, plus sûrement une amélioration que les efforts de l'homme juste, qui ne veut jamais faire le mal pour que le bien s'ensuive. Et il semble que ce qu'il y a de mieux en ce monde croît et prospère tout à fait indépendamment de toutes les vertus et de tous les vices humains, [116] d'après ses propres lois, par une force invisible et inconnue, de même que les corps célestes parcourent, indépendamment de tout effort humain, la trajectoire qui leur est assignée. Il semble encore que cette force entraîne avec elle dans son propre plan supérieur toutes les intentions humaines, bonnes et mauvaises, et, toute puissante, utilise pour sa propre fin ce qui a été entrepris à d'autres fins.

C'est pourquoi, même si le dessein de notre existence pouvait être d'atteindre ce but terrestre et qu'il ne restât à la raison plus aucune question à poser, cette fin ne serait du moins pas la nôtre mais celle de cette force inconnue. Nous ne savons à aucun instant ce qui favorise cette fin et il ne nous resterait rien d'autre qu'à fournir, par nos actions, une matière quelconque à cette force et à nous en remettre à elle pour qu'elle la façonne conformément à son but. La plus haute sagesse serait de ne pas nous mettre en peine de ce qui n'est pas de notre ressort, de vivre suivant l'humeur du moment et de nous en remettre tranquillement à cette force pour ce qui regarde le résultat. La loi morale dans notre for intérieur serait vide et superflue et elle ne conviendrait absolument pas à un être qui ne serait pas capable de faire plus que cela et ne serait destiné à rien de plus élevé. Afin de nous accorder avec nous-mêmes, il nous faudrait refuser l'obéissance à cette voix de notre conscience et la réprimer comme une divagation absurde et folle.

Non, aussi vrai que que je vis et que je suis, je ne veux pas lui refuser l'obéissance; je veux lui obéir simplement parce qu'elle commande. Que cette résolution soit ce qu'il y a de premier et de plus élevé dans mon esprit, ce sur quoi tout le reste se règle mais qui, lui-même, ne se règle sur rien ni ne dépend de rien; qu'elle soit le principe le plus intime de ma vie spirituelle.

Mais, en tant que je suis un être raisonnable auquel par sa simple résolution est déjà proposée une fin, je ne puis agir purement et simplement pour rien ni sans rien escompter. Si je dois pouvoir reconnaître cette obéissance pour raisonnable [117], si ce ne doit pas être une illusion que j'aurais moi-même forgée ou qui serait venue d'on ne sait où mais bien la raison formatrice de mon être qui me commande l'obéissance, alors il faut pourtant que cette obéissance ait un quelconque résultat et serve à quelque chose. Elle ne sert manifestement pas la fin du monde terrestre; il doit en conséquence y avoir un monde supraterrestre, dont elle sert la fin[79].

Le brouillard qui m'aveuglait se dissipe à mes yeux. Je reçois un nouvel organe, et c'est, en lui, un monde nouveau qui s'ouvre à moi. Il s'ouvre à moi exclusivement par le commandement de la raison et ne se rattache en mon esprit qu'à ce commandement. Ce monde — il me faut bien, moi qui suis limité par ma manière sensible de voir, nommer ainsi ce qui ne saurait être nommé —, ce monde, je l'embrasse uniquement dans la fin que doit avoir mon obéissance, et c'est lui que je comprends sous cette fin. Il n'est absolument rien d'autre que cette fin nécessaire elle-même que ma raison ajoute au commandement.

Comment, sans tenir compte de tout le reste, pourrais-je croire que cette loi est établie pour le monde sensible, et que la fin de l'obéissance qu'elle exige réside tout entière dans ce monde-ci, puisque la seule chose qui importe dans cette obéissance ne sert absolument à rien dans ce monde, et qu'elle n'y saurait jamais devenir cause ni y avoir d'effet ? Dans le monde sensible, qui se prolonge en une chaîne de causes et d'effets matériels et dans lequel ce qui se produit dépend de ce qui s'est précédemment passé, ce qui importe, ce n'est jamais de savoir *comment* ou *dans quelle intention et avec quelle disposition d'esprit* une action est entreprise, mais *seulement quelle est cette action*.

Si le dessein entier de notre existence était de produire un état terrestre de notre espèce, alors il suffirait qu'un mécanisme infaillible détermine notre agir extérieur, et nous n'aurions pas besoin d'être autre chose et plus qu'un rouage bien ajusté à la machine entière. Alors, la liberté ne serait pas seulement vaine, mais elle serait même contraire à la fin poursuivie ; la bonne volonté serait [118] parfaitement superflue. Le monde serait fort maladroitement agencé et, prodigue, irait en zigzag vers son but. Et toi, puissant Esprit du monde, n'aurait-il pas mieux valu que tu nous ôtes cette liberté qu'il te faut avec peine, et au prix de nouveaux arrangements, adapter à tes plans, et que tu nous contraignes directement à agir comme nous le devons pour les servir ? Comme te le dira le moindre des habitants de tes mondes, tu parviendrais ainsi à ton but par le chemin le plus court. Mais je suis libre ; et c'est pourquoi un tel enchaînement de causes et d'effets, en lequel la liberté est absolument superflue et sans fin, ne saurait épuiser mon entière destination. Je dois être libre ; car ce n'est pas l'action produite mécaniquement qui fait notre vraie valeur, mais seule la libre détermination de la volonté qui a lieu exclusivement au nom du commandement et de nulle autre fin. C'est là ce que nous dit la voix intérieure de la conscience. Le lien avec lequel la loi me lie est un lien pour des esprits vivants ; elle dédaigne de régner sur le mécanisme mort et s'adresse seulement à ce qui est vivant et autoactif. Elle réclame cette obéissance ; cette obéissance ne peut être superflue.

C'est alors que le monde éternel se lève plus éclatant face à moi et que la loi fondamentale de son ordre apparaît clairement à mon œil spirituel. En ce monde *la volonté*, inaccessible à tout œil mortel, la volonté, telle qu'elle est dans l'obscurité secrète de mon âme, est purement et simplement le premier terme d'une chaîne de conséquences qui court à travers tout le royaume invisible des esprits — de même que, dans le monde terrestre, *l'action*, c'est-à-dire un certain mouvement de la matière, est le premier terme d'une chaîne matérielle s'écoulant à travers le système entier de la matière. La volonté est l'agent actif et vivant du monde rationnel, tout comme le mouvement est l'agent actif et vivant du monde sensible. Je me trouve au centre de deux mondes directement opposés l'un à l'autre : un monde visible, dans lequel c'est l'action qui décide, un monde invisible et absolument inconcevable, dans lequel c'est la volonté qui [119] décide. Je suis une des forces originaires pour ces deux mondes. C'est ma volonté qui les embrasse tous deux. Cette volonté est déjà elle-même, en soi et pour soi, une partie constitutive du monde suprasensible ; de même que je la mets en mouvement par une résolution quelconque, je mets en mouvement et change quelque chose dans ce monde, mon activité efficace se répand dans le Tout et produit quelque chose de nouveau, d'éternellement durable, qui dès lors existe et n'a plus besoin d'être fait. Cette volonté se déclare dans une action matérielle, cette action appartient au monde sensible et opère en lui ce qu'elle peut opérer.

Ce n'est pas seulement après avoir été arraché aux liens du monde terrestre que j'obtiendrai d'entrer dans le monde supraterrestre; je suis et je vis déjà maintenant en lui, plus authentiquement que dans le monde terrestre; il est, dès à présent, mon unique et mon plus ferme point d'appui, et la vie éternelle dont j'ai déjà depuis longtemps pris possession est l'unique raison pour laquelle je désire poursuivre encore ma vie terrestre. Ce que vous appelez le Ciel ne se trouve pas au-delà de la tombe; il est déjà là, diffus et enveloppant notre nature, et sa lumière se lève dans chaque cœur pur. Ma volonté est mienne, elle est la seule chose qui soit entièrement mienne et qui dépende parfaitement de moi-même; je suis déjà par elle un citoyen du royaume de la liberté et de l'activité autonome de la raison[80]. Ma conscience morale, ce lien par lequel ce monde me tient continuellement et m'attache à lui, me dit à chaque instant quelle est la détermination de ma volonté qui convient à l'ordre de ce royaume — de cette volonté qui est l'unique chose par quoi j'interviens en ce Royaume en m'arrachant à la poussière; et il dépend totalement de moi-même de me donner la détermination qui m'est ainsi commandée. Je me façonne alors moi-même pour ce monde; j'œuvre donc en lui et pour lui, en façonnant l'un de ses membres; je poursuis ma fin en lui, et seulement en lui, sans hésitation ni doute, mais selon une règle ferme — et je suis sûr du résultat, puisqu'en ce monde aucune puissance étrangère ne s'oppose à ma volonté. Que ma volonté, pourvu qu'elle soit effectivement volonté ainsi qu'elle doit l'être, se transforme par ailleurs dans le monde sensible en une action, c'est là exclusivement la loi de ce monde sensible. Je n'ai pas voulu l'action, comme j'ai voulu la volonté; seule cette dernière a été entièrement et purement mon [120] œuvre, et même l'intégralité de ce qui provenait de moi-même. Aucun acte particulier de ma part ne fut encore nécessaire pour rattacher l'action à elle : elle s'y est rattachée d'elle-même, selon la loi du second monde avec lequel je suis en rapport par ma volonté et en lequel cette volonté est, tout comme dans le premier, une force originaire. Il est vrai que, si je considère la volonté qui m'est commandée par la conscience morale comme une action et comme une cause dans le monde sensible, je suis contraint de la rapporter comme moyen à cette fin terrestre de l'humanité : non pas comme s'il me fallait alors embrasser préalablement du regard le plan de l'univers et calculer d'après cette vision compréhensive ce que j'ai à faire ; mais l'agir déterminé, qui m'est immédiatement dicté par la conscience morale, se présente à moi ni plus ni moins comme le seul agir par lequel je puis dans ma situation contribuer à ce que cette fin soit atteinte. Si, une fois l'action accomplie, il me paraît que celle-ci non seulement n'a pas fait avancer la réalisation de cette fin mais lui a même fait obstacle, même dans ce cas, je ne pourrai pas regretter l'action ni douter de moi-même, puisqu'il est vrai qu'en l'exécutant je n'ai fait qu'obéir à ma conscience morale. Quelles que soient aussi les conséquences qu'elle peut avoir pour ce monde, il ne peut rien s'ensuivre pour l'autre monde, sinon le bien. Et même pour le monde sensible, précisément parce que l'action semble être perdue pour la fin de ce monde, ma conscience morale m'ordonne à présent de répéter la même action d'une manière plus appropriée ou bien, puisque cette action semble avoir fait obstacle à la réalisation de cette fin, de supprimer ce qui lui est défavorable et d'anéantir ce qui s'oppose au succès. Je veux, comme je le dois ; et la nouvelle action s'ensuit. Il peut se faire que les conséquences de cette nouvelle action dans le monde sensible ne me semblent pas plus fructueuses que celles de la première ; mais cela ne m'empêche pas de rester confiant dans les conséquences qu'elle aura dans l'autre monde et, pour ce qui est du monde actuel, il m'incombe à présent d'améliorer par une nouvelle activité efficace ce qui a été fait précédemment. Même s'il pouvait sembler que, durant toute ma vie terrestre, je n'ai pas fait avancer d'un cheveu le bien dans ce monde, il ne me serait toutefois pas permis d'abandonner. Après chaque échec, je dois nécessairement croire que la prochaine tentative pourra tout de même réussir. Pour ce monde, toutefois, aucune initiative n'est perdue. Bref [121], je ne promeus pas la fin terrestre exclusivement pour elle-même et comme l'ultime but final, mais parce que ma vraie fin dernière, l'obéissance à la loi, ne m'est pas présentée dans le monde actuel autrement que comme la promotion de cette fin. Je pourrais abandonner cette fin, s'il m'était permis de refuser d'obéir à la loi ou bien si celle-ci pouvait m'être présentée dans cette vie autrement que comme le commandement de faire avancer dans ma situation la réalisation de cette fin. Je l'aurai effectivement abandonnée dans une autre vie en laquelle le commandement me fixera une autre fin, ici-bas complètement inconcevable. Et cette vie je dois *vouloir* la promouvoir, parce que je dois obéir; savoir si elle est *effectivement promue* par l'action qui résulte de ce vouloir conforme à la loi, ce n'est pas mon souci. Je ne suis responsable que de la volonté qui, à vrai dire, ne peut ici-bas viser que la fin terrestre, mais non du résultat. Avant l'action, je ne puis abandonner cette fin; mais l'action, une fois qu'elle a été accomplie, je puis fort bien soit l'abandonner, soit la répéter, soit l'améliorer. Conformément à ma nature la plus intime et à ma fin la plus proche, je ne vis et n'agis donc dès à présent dans ce monde que pour l'autre monde, et l'efficacité de mon action pour cet autre monde est la seule dont je sois totalement certain; en produisant des effets dans le monde sensible, je n'agis qu'au nom de l'autre monde, pour cette raison que je ne puis pas du tout produire d'effets dans cet autre monde, sans au moins *vouloir* en produire dans le premier.

Je veux m'établir dans cette manière totalement nouvelle de voir ma destination, me familiariser avec elle. La vie actuelle ne peut être pensée raisonnablement comme le dessein entier de mon existence et de l'existence d'une espèce humaine en général ; il y a en moi quelque chose et il est exigé de moi quelque chose qui ne trouve pas d'application dans toute cette vie et qui n'est absolument d'aucune utilité pour ce qui peut être produit de plus élevé sur cette terre. [122] L'homme doit en conséquence avoir une fin située au-delà de cette vie. Mais si la vie actuelle, qui lui est tout de même imposée et qui ne peut être exclusivement destinée au développement de la raison, étant donné que la raison, une fois éveillée, nous commande de conserver cette vie et de promouvoir de toutes ses forces sa fin suprême, si cette vie ne doit pas être tout à fait vaine et inutile dans l'ordre de notre existence, alors elle doit au moins se rapporter à une vie future comme un moyen à une fin. Or il n'y a rien dans cette vie actuelle dont les ultimes conséquences ne demeurent pas sur terre, rien qui puisse la rattacher à une vie future, excepté la bonne volonté. Laquelle en retour, suivant la loi fondamentale de ce monde, n'est pas en soi fructueuse. C'est que par la bonne volonté que nous pouvons travailler pour une autre vie et pour le but prochain qui ne nous sera assigné que dans cette autre vie, et il faut que ce soit par elle que nous le puissions. C'est par les conséquences invisibles de cette bonne volonté que nous gagnons en premier lieu un ferme point d'appui dans cette autre vie, à partir duquel nous pouvons progresser en elle.

Que notre bonne volonté doive avoir en soi et pour soi, et par elle-même, des conséquences, nous le savons dès cette vie, car la raison ne peut commander en vain ; mais quelles seront ces conséquences ? Comment est-il même possible qu'une simple volonté puisse produire des effets ? Nous ne pouvons même rien penser à ce sujet, tant que nous sommes encore empêtrés dans ce monde matériel, et la sagesse est de ne pas entreprendre une recherche dont nous pouvons savoir à l'avance qu'elle échouera. Pour ce qui regarde la nature de ces conséquences, la vie actuelle est donc, dans son rapport à une vie future, une vie *dans la croyance.* Dans la vie future, nous posséderons ces conséquences, car nous en procéderons, nous et notre activité efficace, et c'est sur elles que nous bâtirons. Cette autre vie sera donc, relativement aux conséquences [123] de notre bonne volonté dans notre vie actuelle, une vie de *contemplation.* Nous obtiendrons, même dans cette autre vie, une fin prochaine établie pour cette vie, comme nous en avions une dans la vie présente, car nous devons continuer d'être actifs. Mais nous restons des êtres finis et, pour des êtres finis, toute activité est une activité déterminée ; et une action déterminée a un but déterminé. De même que, dans la vie actuelle, le monde que l'on trouve à notre disposition, l'arrangement final de ce monde en vue de l'œuvre qui nous est commandée, l'état de civilisation déjà atteint, la bonté entre les hommes et nos propres forces sensibles se rapportent au but de cette vie, dans la vie future, les conséquences de notre bonne volonté dans le monde actuel se rapporteront au but de cette vie future. Le monde actuel est le commencement de notre existence ; en lui nous sont gratuitement offerts un armement pour la vie et un sol ferme ; la vie future est la continuation de cette existence ; pour elle, il nous faut gagner nous-mêmes un commencement et un point d'appui déterminé.

À présent, la vie actuelle n'apparaît plus comme inutile et vaine ; elle nous est donnée afin, et seulement afin, d'acquérir ce fondement solide dans une vie future, et c'est seulement par la médiation de ce fondement qu'elle se rattache à notre existence éternelle tout entière. Il est fort possible que le but prochain de cette seconde vie soit pour des forces finies tout aussi peu accessible avec certitude et selon une règle que l'est le but de la vie actuelle ; et que là aussi la bonne volonté semble superflue et vaine. Mais elle peut tout aussi peu être perdue dans ce cas que dans l'autre, car elle est ce commandement nécessairement permanent de la raison dont elle est indissociable. Sa nécessaire efficacité renverrait alors dans ce cas à une troisième vie, dans laquelle les conséquences de la bonne volonté issues de la seconde vie seraient visibles ; et cette troisième vie ne serait dans la seconde qu'objet de *croyance*, il est vrai avec une confiance plus ferme et plus inébranlable, dès lors que nous aurions déjà éprouvé dans les faits la véracité de la raison et [124] que nous aurions retrouvé, fidèlement conservés, les fruits donnés par un cœur pur dans une vie déjà accomplie.

De même que, dans la vie actuelle, notre concept d'un but déterminé et, à partir de lui, toute l'intuition du monde sensible qui nous est donné ne naissent que du commandement d'une action déterminée, de même, dans la vie future, est-ce sur un commandement semblable, maintenant pour nous absolument inconcevable, que se fondera le concept d'un but prochain pour cette vie, et sur lui l'intuition d'un monde dans lequel les conséquences de notre bonne volonté dans la vie actuelle nous sont par avance données. Le monde actuel n'existe en général pour nous que par le commandement du devoir ; l'autre monde ne nous apparaîtra pareillement que par un autre commandement du devoir, car il n'y a pas d'autre manière selon laquelle un monde pourrait exister pour un être raisonnable.

Voilà donc ma destination sublime tout entière, mon véritable être. Je suis membre de deux ordres : un ordre purement spirituel, en lequel je règne par la simple volonté pure, et un ordre sensible, dans lequel je produis des effets par mon action. Le but final de la raison réside entièrement dans la pure activité de celle-ci, absolument par elle-même et sans avoir besoin d'un instrument hors d'elle, ce but final consiste dans l'indépendance à l'égard de ce qui n'est pas la raison même dans l'absolue inconditionnalité. La volonté est le principe vivant de la raison, lorsqu'elle est comprise comme pure et indépendante, elle est la raison même. La raison est par elle-même active; cela signifie que la pure volonté, simplement comme telle, agit efficacement et règne. C'est immédiatement et exclusivement dans cet ordre purement spirituel que vit la raison infinie. L'être fini, qui n'est pas le monde rationnel même mais seulement un individu parmi les nombreux membres qui composent ce monde, vit nécessairement en même temps dans un ordre sensible, c'est-à-dire dans un ordre tel qu'il lui présente encore un autre but en dehors de celui de la pure activité rationnelle : une fin matérielle à promouvoir par des instruments et en usant de forces [125] qui sont, certes, sous la dépendance immédiate de la volonté, mais dont l'efficacité est aussi conditionnée par leurs propres lois naturelles. Cependant, aussi sûrement que la raison est raison, la volonté doit agir absolument par elle-même, indépendamment des lois naturelles par lesquelles l'action est déterminée; et c'est pourquoi toute vie sensible du fini annonce une vie supérieure. C'est la volonté qui, seulement par elle-même, introduit le fini en cette vie supérieure et lui en assure la possession — une possession qui, à vrai dire, nous sera de nouveau présentée sur le mode sensible comme un *état*, et en aucun cas comme une simple volonté.

Ces deux ordres, l'ordre purement spirituel et l'ordre sensible qui peut consister en une série indénombrable de vies particulières, ces deux ordres sont en moi dès le premier instant où se développe une raison active et suivent un cours parallèle. Le second ordre n'est qu'un phénomène pour moi et pour ceux qui se trouvent, avec moi, dans la même vie ; seul le premier ordre fournit au second une signification, une finalité et une valeur. Je suis immortel, impérissable, éternel, dès que je prends la résolution d'obéir à la loi de la raison ; je n'ai pas d'abord à le *devenir*. Le monde suprasensible n'est pas un monde futur, il est présent ; il ne peut être plus présent en un point de l'existence sensible qu'il ne l'est en un autre, ni être plus présent au terme d'une existence qui serait aussi longue qu'une myriade de vies qu'il ne l'est en cet instant. Les autres déterminations de mon existence *sensible* sont à venir, mais elles sont aussi peu la vraie vie que l'est la détermination actuelle. Par cette décision j'embrasse l'éternité, je me défais de cette vie dans ce bas monde comme de toutes les autres vies sensibles qui peuvent encore m'attendre, et je me place bien au-dessus d'elles. Je deviens moi-même l'unique source de tout mon être et de mes manifestations ; et j'ai dès à présent la vie en moi-même, sans être conditionné par quelque chose hors de moi. C'est moi-même, et non quelque chose d'étranger à moi, qui adapte à l'ordre de ce monde ma volonté, qui est cette source de la vraie vie et de l'éternité.

Mais aussi, seule ma volonté est cette source ; c'est seulement du [126] fait que je reconnais cette volonté comme le siège authentique de la bonté morale et l'élève effectivement à cette bonté que j'acquiers la certitude et la possession de ce monde suprasensible.

Sans avoir en vue un quelconque but concevable et visible, sans chercher si, de ma volonté, s'ensuivra autre chose que le vouloir même, je dois vouloir conformément à la loi. Ma volonté est là, séparée dc tout ce qui n'est pas elle-même, étant simplement par elle-même et pour elle-même son propre monde ; non seulement pour qu'elle soit absolument *première* et qu'il n'y ait pas *avant* elle d'autre terme qui vienne s'engrener en elle et la détermine, mais aussi pour qu'il ne résulte d'elle en *second* lieu rien de pensable et de concevable, et que son efficacité ne tombe pas par là sous une loi étrangère. S'il résultait d'elle un second terme, et de celui-ci un troisième terme et ainsi de suite, dans un monde sensible pour nous pensable et opposé au monde spirituel, alors sa force serait brisée par la résistance des membres autonomes d'un tel monde, qui devraient être mis en mouvement ; la nature de l'efficacité ne correspondrait plus tout à fait au concept de fin exprimé par le vouloir, et la volonté ne demeurerait pas libre, mais elle serait en partie limitée par les lois spécifiques de la sphère hétérogène de son activité efficace. C'est ainsi qu'il me faut effectivement regarder la volonté dans le monde actuel et sensible, le seul qui me soit connu. Je suis, il est vrai, contraint de croire — c'est-à-dire d'agir comme si je pensais — que ma langue, ma main, mon pied peuvent être mis en mouvement par mon vouloir. Mais, quant à savoir comment un simple souffle, une pression de l'intelligence sur elle-même, comme l'est la volonté, pourrait être principe d'un mouvement dans la lourde masse terrestre, non seulement je ne puis rien penser à ce propos, mais cette simple affirmation est devant le tribunal de l'entendement examinateur une pure et simple absurdité ; et dans ce domaine le mouvement de la matière, même en moi-même, doit nécessairement être exclusivement expliqué à partir des seules forces internes de la simple matière.

Je ne puis toutefois considérer ma volonté comme je viens de la décrire qu'en m'apercevant en moi-même [127] que ma volonté n'est pas simplement le principe actif le plus élevé pour ce monde, ce que sans doute elle pourrait être sans la moindre liberté véritable par la simple influence du système du monde pris dans son ensemble, à peu près comme nous devons nécessairement nous représenter la force formatrice dans la nature, mais qu'elle dédaigne absolument toute fin terrestre et en général toute fin située hors d'elle, et se donne elle-même comme fin dernière, pour elle-même. Mais c'est exclusivement en considérant ainsi ma volonté que je suis rapporté à un ordre suprasensible, dans lequel la volonté est cause purement par elle-même, sans aucun instrument situé hors d'elle, dans une sphère semblable à elle, une sphère purement spirituelle, qu'elle pénètre de part en part. Que le vouloir conforme à la loi est exigé purement pour lui-même — une connaissance que je ne trouve dans mon for intérieur que comme un fait et qui ne peut parvenir à moi par aucune autre voie —, tel était le premier membre de ma pensée. Que cette exigence est conforme à la raison, qu'elle constitue la source et la règle de tout ce qui, excepté elle, est conforme à la raison, qu'elle ne se règle sur rien, mais que tout le reste doit nécessairement se régler sur elle et dépendre d'elle — une conviction à laquelle je ne puis jamais parvenir du dehors mais seulement intérieurement, par l'inébranlable approbation que, librement, je donne à cette exigence —, voilà quel était le second membre de ma pensée. Et c'est uniquement à partir de ces deux membres que j'en viens à la croyance en un monde suprasensible et éternel. Si je supprime les deux premiers membres, alors il ne peut être question du dernier, c'est-à-dire de cette croyance. S'il en était justement ainsi que beaucoup le disent, qui supposent que cela va naturellement de soi, sans plus de preuves, et qui vantent cette opinion comme le plus haut sommet de la sagesse pour la vie, si toute vertu humaine ne devait jamais avoir en vue qu'une fin extérieure déterminée et être d'abord assurée de pouvoir atteindre ce but avant de pouvoir agir et d'être vertu, si en conséquence la raison ne contenait nullement en elle-même un principe et une règle de son activité, mais devait obtenir cette règle d'abord de l'extérieur par l'examen du monde qui lui est étranger, s'il en était ainsi, alors [128] la fin dernière de notre existence serait ici-bas; la nature humaine se réduirait tout entière à notre destination terrestre et serait totalement explicable à partir d'elle ; et il n'y aurait aucun motif rationnel de conduire nos pensées au-delà de la vie actuelle.

Mais tout penseur qui, pour un motif historique quelconque ou par une quelconque manie de la nouveauté et de l'extraordinaire, peut admettre ces deux premiers membres de ma réflexion, et pourvu qu'il puisse correctement en tirer les conséquences, parle et enseigne dans les termes mêmes qui furent à l'instant les miens. Ce qu'il nous expose alors, c'est la manière de penser propre à une vie qui lui est étrangère, et non celle de sa propre vie. Tout cela flotte sous ses yeux, vide et dépourvu de signification, car le sens par lequel on en saisit la réalité lui fait défaut. Il est un aveugle qui, sur la base de quelques propositions sur les couleurs vraies mais apprises historiquement, a construit une théorie des couleurs de part en part exacte, bien qu'il n'y ait pour lui pas la moindre couleur. Il peut dire comment cela *doit nécessairement être* sous certaines conditions, mais pour lui il n'en *est* pas ainsi, car il n'est pas soumis à ces conditions. On n'acquiert le sens avec lequel on peut saisir la vie éternelle qu'en abandonnant effectivement le sensible et ses fins et en le sacrifiant à la loi, qui fait appel exclusivement à notre volonté et non à nos actions, en l'abandonnant avec la ferme conviction que cette façon de procéder est conforme à la raison, et même la seule qui lui soit conforme. Ce n'est que par cette renonciation au terrestre que la croyance en l'Éternel surgit en notre âme et s'y trouve isolée comme l'unique point d'appui sur lequel nous pouvons encore nous tenir après avoir abandonné tout le reste, comme l'unique principe vivifiant qui soulève encore notre poitrine et enflamme notre vie. D'après le langage imagé d'un saint enseignement, il est vrai qu'il nous faut d'abord mourir au monde et être régénéré, pour pouvoir entrer dans le royaume de Dieu[81].

---

[129] Je vois, oh! je vois à présent clairement, de toute évidence, la raison de ma négligence et de mon aveuglement passés concernant les choses spirituelles. Encombrée de fins terrestres, égarée en ces fins auxquelles elle accorde toutes ses pensées et tous ses efforts, n'étant mise en branle et poussée que par le concept d'un résultat qui doit effectivement advenir hors de nous, par le désir de ce résultat et par le plaisir que nous y prenons, insensible et morte pour la pure impulsion de la raison, qui se donne par elle-même une loi et nous propose une fin purement spirituelle, l'âme immortelle reste fixée au sol, les ailes liées. Notre philosophie devient l'histoire de notre propre cœur et de notre propre vie, et nous pensons l'homme en général et sa destination comme nous nous trouvons nous-mêmes. N'étant poussés par rien d'autre que par le désir de ce qui peut devenir effectif en ce monde, il n'y a pour nous aucune vraie liberté, aucune liberté qui ait absolument et de part en part en elle-même le fondement de sa détermination. Notre liberté est, tout au plus, celle de la plante se formant elle-même. Elle ne lui est pas supérieure selon l'essence, produisant seulement un résultat plus artificiel : non pas seulement une matière avec des racines, des feuilles, des fleurs, mais une âme avec des tendances, des pensées, des actions. Nous ne pouvons absolument rien percevoir de la vraie liberté car nous ne la possédons pas ; lorsqu'il en est question, nous appauvrissons le sens des mots pour leur faire dire ce que nous souhaitons entendre ou bien nous coupons court au discours en fustigeant son absurdité. En même temps que la connaissance de la liberté, nous perdons

le sens pour saisir un autre monde. Tout cela flotte devant nous comme des paroles qui ne nous sont aucunement adressées, comme une ombre terne, sans couleur ni signification, que nous ne pouvons prendre ni retenir par aucun bout. Nous laissons tout en place, sans y participer le moins du monde. À moins qu'un zèle puissant ne nous pousse à examiner cela sérieusement, et nous voyons alors clairement et pouvons démontrer que toutes ces idées sont des illusions insoutenables et inconsistantes que l'homme sensé rejette avec dédain ; et d'après les présupposés dont nous sommes partis et qui ont été puisés dans notre propre expérience la plus intime, nous avons parfaitement [130] raison et nous ne pouvons être ni réfutés ni instruits tant que nous demeurons ce que nous sommes. Les doctrines admirables sur la liberté, le devoir et la vie éternelle, qui exercent une autorité particulière au sein de notre peuple, se transforment pour nous en des fables extravagantes, semblables à celle du Tartare et des Champs-Élysées. Et nous ne dévoilons précisément pas le cœur véritable de notre pensée lorsqu'il nous paraît à propos de maintenir par ces images la plèbe dans l'honnêteté extérieure. Ou bien, si nous sommes moins réfléchis, voire encore enchaînés par les liens de l'autorité, alors nous tombons nous-mêmes au rang de la vraie plèbe en croyant à ce qui, *ainsi entendu*, ne serait que des fables ineptes et en trouvant, dans ces indications purement spirituelles, la promesse que nous poursuivrons durant toute l'éternité la misérable existence que nous menons ici-bas.

Pour tout dire en un mot : c'est seulement par un amendement fondamental de ma volonté que mon existence et ma destination s'éclaireront à mes yeux d'une lumière nouvelle ; sans cet amendement, aussi loin que je puisse pousser ma réflexion et quelque remarquables que soient les dons de mon esprit, il n'y aura en moi et autour de moi que de pures ténèbres. Seul l'amendement du cœur conduit à la vraie sagesse. Que donc ma vie tout entière s'écoule sans relâche en direction de cette unique fin !

IV

Ma volonté conforme à la loi, simplement comme telle en elle-même et par elle-même, doit avoir des conséquences, sûrement et sans souffrir aucune exception; toute détermination de ma volonté conforme au devoir, quand bien même il ne s'ensuivrait aucun acte, doit agir efficacement dans un autre monde que je ne puis concevoir et dans lequel rien ne doit agir avec efficacité sinon cette détermination de la volonté conforme au devoir. Qu'est-ce donc que je pense en pensant cela, qu'est-ce que je suppose?

Manifestement une loi, une règle qui vaut absolument sans aucune exception, et d'après laquelle la volonté conforme au devoir [131] doit avoir des conséquences; de même que, dans le monde terrestre qui m'entoure, j'admets une loi d'après laquelle, si de ma main j'imprime à cette boule, avec telle force déterminée, un mouvement dans une direction déterminée, elle se déplacera nécessairement dans telle direction avec une quantité de vitesse déterminée, heurtera peut-être avec cette quantité de force une autre boule, qui elle-même se déplacera avec une vitesse déterminée, et ainsi de suite à l'infini; de même qu'ici je connais et j'embrasse déjà dans la simple direction et le simple mouvement de ma main toutes les directions et tous les mouvements qui s'ensuivent, avec autant d'assurance que s'ils existaient déjà présentement et si je les percevais, de même j'embrasse dans ma volonté conforme au devoir, comme si elles étaient déjà présentes, une série de conséquences nécessaires qui ne manqueront pas de se produire dans le monde spirituel; avec la seule différence que je ne puis les déterminer comme je le fais avec les conséquences qui se produisent dans le monde matériel — ce qui veut dire que je sais exclusivement *qu*'elles auront lieu, mais non *comment* elles auront lieu. Et précisément, ce faisant, je pense une loi du monde spirituel dans lequel ma pure volonté est une des forces motrices exactement comme ma main est une des forces motrices dans le monde matériel. Cette ferme assurance et la pensée de cette loi d'un monde spirituel sont une seule et même chose ; non pas deux pensées, dont l'une serait médiatisée par l'autre, mais tout à fait la même pensée ; de même que la certitude avec laquelle je compte sur un mouvement déterminé et la pensée d'une loi mécanique de la nature sont la même chose. Le concept de *loi* exprime seulement que la raison se pose fermement et inébranlablement sur un principe, et il signifie l'impossibilité absolue d'admettre le contraire.

J'admets une telle loi du monde spirituel que ne fournit ni ma volonté, ni la volonté d'un quelconque être fini, ni la volonté de tous les êtres finis pris ensemble, mais à laquelle ma volonté et la volonté de tous les êtres finis sont elles-mêmes soumises. Pas plus que moi, aucun être fini, qui pour cette raison même est d'une manière ou d'une autre un être sensible, ne peut même concevoir [132] comment une simple pure volonté peut avoir des conséquences, ni quelle peut être la nature de ces conséquences, puisque l'essentiel de sa finitude consiste précisément en ce qu'il ne peut le concevoir ; qu'il a certes entièrement en son pouvoir la simple volonté comme telle, mais regarde les conséquences de celle-ci nécessairement à travers sa sensibilité comme des états donnés ; comment donc pourrais-je, moi ou un quelconque être fini, me proposer comme concept de fin ce que nous tous ne pouvons absolument pas penser ni concevoir, et comment pourrais-je par là le rendre effectif ? Je ne puis pas dire que dans le monde matériel ma main, ou n'importe quel corps compris dans ce monde matériel et déterminé universellement par la loi fondamentale universelle de la gravité, fournisse la loi naturelle du mouvement ; ce corps est lui-même soumis à cette loi naturelle, et il ne peut mouvoir un autre corps que conformément à cette loi, dans la mesure où, suivant cette loi, il prend part à la force motrice universelle dans la nature. La volonté finie fournit tout aussi peu la loi du monde suprasensible, qu'aucun esprit fini n'embrasse; toutes les volontés finies sont plutôt soumises à la volonté de ce monde et ne peuvent produire quelque chose en lui que dans la mesure où cette loi existe déjà et pour autant que, d'après la loi fondamentale de ce monde dont relèvent les volontés finies, elles se soumettent elles-mêmes, par leur conformité au devoir, aux conditions imposées par cette loi et entrent dans sa sphère d'action. Je dis : « par leur conformité au devoir », c'est-à-dire par le seul lien qui les lie à ce monde, le seul nerf qui, partant de ce monde, descende jusqu'à elles et l'unique organe par lequel elles puissent en retour agir dans ce monde. Comme la force d'attraction universelle qui tient tous les corps, les réunissant les uns aux autres en les unissant à elle, comme cette force d'attraction dont la supposition rend seule possible le mouvement du particulier, cette loi suprasensible réunit, tient en elle et ordonne sous elle tous les êtres raisonnables finis. Ma volonté et la volonté de tous les êtres finis peuvent être considérées d'un double point de vue : partie comme simple *vouloir*, comme un acte intérieur sur soi-même — et dans cette mesure la volonté est en elle-même accomplie et achevée par le simple acte; partie comme *quelque chose*, comme *un fait*. Ce fait, elle [133] l'est d'abord pour moi dans la mesure où je la considère comme achevée; mais elle doit le devenir également hors de moi. Dans le *monde sensible*, elle doit devenir le principe moteur, par exemple de ma main, dont le mouvement entraînera à nouveau d'autres mouvements, et dans le *monde suprasensible* le principe d'une série de conséquences spirituelles dont je n'ai aucun concept. Sous le premier aspect, comme simple acte, elle se trouve entièrement en mon pouvoir. Qu'elle devienne en général un fait, et qu'elle le devienne comme premier principe, cela ne dépend pas de moi, mais d'une loi sous laquelle je me trouve moi-même, de la loi naturelle dans le monde sensible, d'une loi surnaturelle dans le monde suprasensible.

Qu'est-ce donc que cette loi du monde spirituel, que je pense ici? Je souhaite, en effet, seulement m'expliquer et analyser ce concept qui se trouve maintenant là, solide et formé, auquel je ne puis ni ne suis autorisé à ajouter quoi que ce soit. À l'inverse de ce qui est dans mon monde sensible comme dans n'importe quel monde sensible possible, il ne s'agit manifestement pas d'une loi telle qu'elle présupposerait autre chose qu'une simple volonté, à savoir un *être subsistant et au repos*, un être qui déploierait peut-être une force interne sous l'impulsion d'une volonté. Car — et c'est bien là le contenu de ma croyance — ma volonté doit agir efficacement absolument par elle-même, sans qu'aucun instrument en affaiblisse l'expression, dans une sphère qui lui est pleinement homogène, elle doit agir comme raison sur la raison, comme être spirituel sur un être spirituel, dans une sphère à laquelle elle ne fournit pourtant pas la loi de la vie, de l'activité, de la continuité, mais qui a cette loi en elle-même ; elle doit donc agir sur une raison *autoactive*. Mais la raison autoactive est volonté. La loi du monde suprasensible serait en conséquence *une volonté*.

Une volonté qui agit efficacement purement et simplement comme volonté, par elle-même et absolument sans aucun instrument ni aucune matière sensible sur laquelle exercer son influence, une volonté qui est absolument par elle-même en même temps *acte* et *produit*, dont le vouloir est un advenir, le commander un poser ; en laquelle est, par conséquent, présentée l'exigence de la raison d'être absolument libre et autoactive. Une volonté qui en elle-même est loi, qui ne se détermine pas selon des caprices et des coups de tête après avoir préalablement réfléchi, hésité, chancelé [134], mais est éternellement et invariablement déterminée et sur laquelle on peut sûrement et infailliblement compter, de même que le mortel compte avec certitude sur les lois de son monde. Une volonté en laquelle la volonté conforme à la loi des êtres finis a des conséquences inévitables — mais aussi cette unique volonté qui est la leur puisque, pour tout ce qui est autre que celle-ci, elle demeure immobile et que tout ce qui diffère de cette unique volonté est à ses yeux tout simplement inexistant.

Cette volonté sublime ne va donc pas de son côté, en suivant sa propre voie, isolée du reste du monde rationnel. Il y a entre elle et tous les êtres raisonnables finis un lien spirituel, et elle est elle-même ce lien spirituel du monde rationnel. Je veux purement et résolument mon devoir, et Elle veut alors que, du moins dans le monde spirituel, je réussisse. Chaque décision de la volonté conforme à la loi, prise par un être fini, entre en elle et — pour employer notre manière de parler — la meut et la détermine, non d'après un contentement momentané, mais d'après la loi éternelle de son être. Avec une surprenante clarté se présente maintenant à mon âme la pensée qui était jusqu'alors pour moi encore enveloppée d'obscurité, la pensée que ma volonté, simplement comme telle et par elle-même, a des conséquences. Elle a des conséquences car elle est immanquablement et immédiatement perçue par une autre volonté qui lui est apparentée, qui est elle-même acte et l'unique principe de vie du monde spirituel. C'est *en elle* et seulement *par elle* qu'elle a sa première conséquence sur le reste du monde spirituel qui n'est pourtant rien d'autre qu'un produit de cette volonté infinie.

Ainsi j'« influe » — le mortel ne peut que se servir des mots dont il dispose dans sa langue — sur cette volonté ; et, dans mon for intérieur, la voix de la conscience, qui en chaque situation m'enseigne ce que j'ai à faire dans cette vie, est ce par quoi cette volonté influe en retour sur moi. Cette voix est l'oracle provenant du monde éternel, seulement rendu sensible par ce qui m'entoure et traduit dans ma langue par la perception que j'en ai, l'oracle qui m'annonce comment je dois pour ma part me conformer à l'ordre du monde spirituel ou bien à la volonté infinie, qui est elle-même l'ordre de ce [135] monde spirituel. Je n'embrasse ni ne pénètre du regard cet ordre spirituel et je n'en ai pas besoin ; je suis seulement un maillon de sa chaîne et je puis tout aussi peu juger du Tout que dans un chant un son détaché pourrait juger de l'harmonie de l'ensemble. Mais ce que moi-même je dois être dans cette harmonie des esprits, il faut que je le sache ; car moi seul puis me former à cette fin, et cela m'est révélé par une voix qui résonne pour moi depuis ce monde spirituel. Je me trouve ainsi en rapport avec l'Un *qui est présent* et je prends part à son être. Il n'y a pour moi rien qui soit véritablement réel, durable et impérissable outre ces deux éléments : la voix de ma conscience et ma libre obéissance[82]. Par la première, le monde spirituel se penche vers moi et m'embrasse comme l'un de ses membres ; par la seconde, je m'élève moi-même jusqu'à ce monde, le saisis et agis effectivement en lui. Mais c'est cette volonté infinie qui sert de médiation entre lui et moi ; car elle est elle-même la source originaire de ce monde comme de moi-même. Voilà l'unique Vrai et l'unique Impérissable vers lequel mon âme se meut depuis son fond le plus intime ; tout le reste est simple phénomène, disparaît et revient sous une nouvelle apparence.

Cette volonté m'unit à elle-même ; elle m'unit encore à tous les êtres finis semblables à moi et sert de médiation universelle entre nous tous. Voici le grand mystère du monde invisible et sa loi fondamentale, dans la mesure où il est un *monde* ou un *système de plusieurs volontés individuelles : cette union et cette action réciproque immédiate de plusieurs volontés indépendantes et autonomes* ; un mystère qui s'expose clairement aux yeux de chacun dès la vie présente sans même que quiconque le remarque et daigne s'en étonner. La voix de la conscience qui impose à chacun son devoir particulier est le rayon de lumière par lequel nous émanons de l'Infini et sommes posés comme des êtres isolés et particuliers ; elle [136] trace les limites de notre personnalité ; elle est donc notre élément constitutif originaire, le fondement et la matière de toute vie que nous vivons. La liberté absolue de la volonté, que nous faisons pareillement descendre avec nous du haut de l'infini dans le monde du temps, est le principe de cette vie qui est nôtre. J'agis. Une fois supposée l'intuition sensible par laquelle seule je deviens une intelligence personnelle, il est très facile de concevoir comment je dois nécessairement avoir connaissance de cet agir qui est le mien ; je le sais parce que c'est moi-même qui agis ; on peut concevoir comment, par la médiation de cette intuition sensible, mon *agir* spirituel m'apparaît comme un *acte dans un monde sensible* et comment, réciproquement par cette même sensibilisation, le commandement purement spirituel du devoir m'apparaît comme *le commandement d'un tel acte* ; on peut concevoir comment un monde existant m'apparaît comme condition de cet acte et en partie comme la conséquence et le produit de cet acte. Je demeure en cela toujours seulement *en moi-même* et dans mon propre domaine ; tout ce qui pour moi existe, se développe purement et exclusivement à partir de moi-même ; je n'intuitionne partout que moi-même et aucun véritable être étranger hors de moi. Mais dans ce monde qui est mien, j'admets en même temps des actions effectives d'autres êtres qui doivent être indépendants de moi et autonomes, exactement comme je suis moi-même indépendant et autonome. On peut concevoir comment ces êtres peuvent, quant à eux, avoir connaissance des actions qui proviennent d'eux-mêmes ; ils en ont connaissance de la même manière que j'ai connaissance des miennes. Mais on ne saurait en aucun cas concevoir comment je pourrais, *moi*, avoir connaissance de leurs actions, pas plus qu'on ne saurait concevoir comment ils pourraient, *eux*, avoir connaissance de mon existence et de mes dires — bien que j'en admette la possibilité. Puisqu'on ne saurait ici absolument pas appliquer le principe d'après lequel c'est à partir de nous-mêmes que se développent la conscience de notre soi comme celle de nos actions effectives et de leurs conditions sensibles — c'est-à-dire selon lequel toute intelligence doit indiscutablement savoir ce qu'elle fait —, la question se pose de savoir comment ces êtres tombent dans mon monde et moi dans le leur. À présent que nous savons que les esprits libres sont les seules réalités et qu'il faut abandonner l'idée d'un monde sensible autonome par lequel ils s'influenceraient réciproquement, la question est : comment des esprits libres ont-ils connaissance d'esprits libres ? [137] Si, malgré tout, tu me dis : « Je perçois les êtres raisonnables semblables à moi par les changements qu'ils produisent dans le monde sensible », alors je te demanderai à mon tour : « Comment peux-tu donc percevoir ces changements eux-mêmes ? » Je conçois fort bien comment tu perçois des changements effectués par le simple mécanisme de la nature ; car la loi de ce mécanisme n'est autre que la loi de ton propre penser, d'après laquelle tu poursuis pour toi-même le développement du monde une fois posé. Cependant, les changements dont nous parlons ici ne doivent pas être effectués par le mécanisme de la nature, mais par une volonté sublime et libre placée au-dessus de toute nature, et c'est exclusivement dans la mesure où tu les considères comme tels que tu conclus de ces changements à des êtres libres semblables à toi. Quelle serait donc la loi en toi d'après laquelle tu pourrais développer, à partir de toi, les déterminations d'autres volontés absolument indépendantes de toi-même ? En bref, cette connaissance mutuelle, cette action réciproque des êtres libres, qui a lieu dès à présent dans ce monde, est totalement inconcevable d'après les lois de la nature et du penser et ne peut être expliquée que par l'Un, en lequel ils sont liés et d'après lequel ils sont pour soi séparés, par la volonté infinie qui les maintient et les porte tous dans sa sphère. Ce n'est pas immédiatement de toi à moi et de moi à toi que s'épanche la connaissance que nous avons l'un de l'autre ; pour nous, nous sommes séparés par une insurmontable ligne de partage. C'est seulement par notre source spirituelle commune que nous savons quelque chose l'un de l'autre. « Respecte ici l'image de la liberté sur la terre, respecte ici une œuvre qui porte son empreinte », me crie intérieurement la voix de cette volonté, qui ne s'adresse à moi que dans la mesure où elle m'impose des devoirs ; et cela seul est le principe au travers duquel je te reconnais, toi et ton œuvre, puisque la conscience morale me commande de le respecter[83].

D'où proviennent alors nos sentiments, notre intuition sensible, les lois de notre pensée discursive, tout ce sur quoi se fonde le monde sensible que nous voyons [138] et dans lequel nous croyons nous influencer réciproquement ? S'agissant des deux dernières, de l'intuition et des lois de la pensée, répondre que ce sont là les lois de la raison, en et pour soi, reviendrait à ne donner aucune réponse satisfaisante. Il est vrai que pour nous qui sommes captifs du domaine de ces lois, il est même impossible d'en penser d'autres ou de penser une raison qui soit soumise à d'autres lois. Mais seule la loi pratique, la loi du monde suprasensible, cette volonté sublime, est l'authentique loi de la raison. Et si l'on voulait bien laisser un instant cette question en suspens, la question se poserait encore de savoir d'où vient que nous soyons tous d'accord sur des *sentiments*, qui sont pourtant quelque chose de positif, d'immédiat et d'inexplicable. C'est cependant de cet accord sur le sentiment, sur l'intuition et sur les lois du penser que dépend le fait que nous voyons tous le même monde sensible.

« C'est là une limitation inconcevable qui accorde entre eux les êtres raisonnables finis appartenant à notre genre ; et c'est précisément parce que ceux-ci sont limités d'une manière concordante qu'ils forment un genre Un. » Voilà ce que répond la philosophie du pur et simple savoir et elle doit s'en tenir là comme à son point le plus élevé. Mais qu'est-ce qui pourrait limiter la raison sinon *ce qui est soi-même raison* ? Et qu'est-ce qui pourrait limiter toute raison finie sinon la raison infinie ? Cet accord de nous tous sur le monde sensible qui, comme sphère de notre devoir, doit être placé au fondement et est, pour ainsi dire, préalablement donné, cet accord qui, tout bien considéré, est tout aussi inconcevable que notre accord sur les produits de notre liberté mutuelle, cet accord est le résultat de la volonté Une, éternelle et infinie. Notre croyance en cet accord, que je considérais ci-dessus comme croyance en notre devoir, est à proprement parler croyance en cette Volonté, en Sa Raison et en Sa Fidélité. Quel est donc pourtant le Vrai, authentique et pur, que nous admettons dans le monde sensible et auquel nous croyons ? Rien d'autre, sinon qu'à partir de notre exécution fidèle et impartiale du devoir se développe pour toute l'éternité une vie favorisant notre liberté et notre moralité. Si cela a lieu, alors notre monde possède de la vérité, la seule qui soit possible pour les êtres finis ; il faut que cela ait lieu, car [139] ce monde est le résultat de la volonté éternelle en nous ; mais cette volonté ne peut, conformément aux lois de son être, avoir d'autre but final avec les êtres finis que le but que nous avons indiqué.

Cette volonté éternelle est donc bien créatrice du monde[84], mais comme elle seule peut l'être et de la seule façon dont il est besoin d'une création : *dans la raison finie.* Ceux qui, à partir d'une matière éternelle et inerte, lui font construire un monde qui, par la suite, ne pourrait être qu'inerte et sans vie comme le sont les ustensiles fabriqués par la main de l'homme, au lieu d'être le mouvement continu et éternel d'un développement de soi par soi-même, ceux qui se plaisent à penser le surgissement de quelque chose de matériel à partir du néant, ceux-là ne connaissent ni le monde ni la volonté. S'il n'y a que la matière qui doive être quelque chose, alors il n'y a partout que le néant et il n'y aura partout de toute éternité que le néant. Seule la raison est ; la raison infinie en soi, la raison finie en elle et par elle. C'est seulement dans nos esprits que la volonté crée un monde ; ou du moins qu'elle crée ce *à partir de quoi nous le développons* et ce *par quoi* nous le développons : l'appel au devoir ainsi que des sentiments concordants, l'intuition et les lois du penser. C'est par *sa* lumière que nous voyons la lumière et tout ce qui nous apparaît en elle. Dans nos esprits, elle forme incessamment ce monde et intervient en lui, en intervenant dans notre esprit par l'appel du devoir dès qu'un autre être libre change quelque chose dans ce monde. Dans nos esprits, elle *maintient* ce monde, et par là notre existence finie, la seule dont nous soyons capables, en faisant naître continûment d'autres états à partir de nos états. Une fois que, conformément à sa fin supérieure, elle nous aura suffisamment éprouvés en vue de notre destination prochaine, et que nous nous serons formés pour cette destination, elle anéantira pour nous ce monde par ce que nous appelons la mort et nous introduira dans un monde nouveau, qui est le produit de notre agir conforme au devoir en ce monde. Toute notre vie est sa vie. Nous sommes entre ses mains, nous demeurons entre ses mains, et personne ne peut nous en arracher. Nous sommes éternels, parce qu'Elle l'est.

Volonté sublime et vivante, qui n'a pas de nom, et qu'aucun concept n'embrasse, il m'est bien permis d'élever mon esprit jusqu'à [140] toi; car toi et moi ne sommes pas séparés. Ta voix résonne en moi, la mienne retentit de nouveau en toi; et toutes mes pensées, pour peu qu'elles soient vraies et bonnes, sont pensées en toi. En toi, l'incompréhensible, je deviens compréhensible à moi-même et le monde devient pour moi parfaitement compréhensible; toutes les énigmes de mon existence sont résolues, et l'harmonie la plus parfaite naît dans mon esprit.

C'est la simplicité enfantine, dévouée, qui te saisit le mieux. Tu es pour elle celle qui connaît les cœurs, qui perce à jour son intimité, le témoin omniprésent de ses intentions, le seul qui sache ce qu'elle pense sincèrement et le seul qui la connaisse, fût-elle méconnue du monde entier. Tu es pour elle le Père, qui lui veut toujours du bien et fera toujours tout aller au mieux pour elle. Elle s'en remet totalement, corps et âme, à tes bonnes résolutions. « Agis avec moi comme tu veux » dit-elle, « je sais que ce sera bien, aussi certainement que c'est *toi* qui le fais. » L'entendement fureteur, qui a seulement entendu parler de toi et ne t'a jamais vue, veut nous apprendre à connaître ton essence en soi et nous propose une créature contrefaite qu'il donne pour ton image, que l'homme de bon sens trouve risible et que l'homme sage et bon trouve odieuse et exécrable.

Devant toi je voile mon visage et mets la main sur la bouche. Aussi sûrement que je ne puis devenir toi, je ne puis jamais voir comment tu es pour toi-même, ni comment tu t'apparais à toi-même. Même après être passé par des milliers de vies spirituelles, je te concevrai aussi peu que je te conçois maintenant, dans cet habitacle terrestre. Ce que je conçois se transforme, par le simple fait de le concevoir, en quelque chose de fini et ne se laisse jamais transformer en quelque chose d'infini, même par une élévation et un accroissement infinis. Tu n'es pas différente du fini selon le degré mais par ta nature. Par cet accroissement, les hommes te transforment seulement en un homme toujours plus grand, mais jamais en Dieu, en l'Infini, qui n'est susceptible d'aucun degré. Je ne possède que cette conscience discursive et progressive et je ne puis m'en représenter aucune autre. Comment me serait-il permis de te l'attribuer ? En son concept, la personnalité présuppose des limites. Comment pourrais-je t'appliquer ce concept de personnalité sans t'attribuer ces limites[85] ? [141]

Je ne veux point tenter ce qui m'est interdit par ma nature d'être fini et ne me servirait à rien. Comment tu es en toi-même, je ne veux point le savoir. Mais les rapports et les relations que tu entretiens avec moi, qui suis un être fini, et avec tous les êtres finis, je les ai clairement sous les yeux : que je devienne ce que je dois être ! Et ils m'apparaissent dans une plus vive clarté que la conscience de ma propre existence. Tu *produis* en moi la connaissance de mon devoir, de ma destination dans la série des êtres raisonnables ; *comment* ? Cela je ne le sais pas ni n'ai besoin de le savoir.

Tu sais et connais ce que je pense et veux ; *comment* tu peux le savoir — par quel acte tu réalises cette conscience —, je n'y entends rien. Je sais fort bien que le concept d'un acte, et d'un acte déterminé, de la conscience ne concerne que moi et non toi, qui es l'Infini. Tu *veux* — car tu veux — que ma libre obéissance ait des conséquences dans toute l'éternité ; l'acte de ta volonté, je ne le conçois pas et sais seulement qu'il n'est pas semblable au mien. Tu *agis*, et ta volonté même est acte ; mais la modalité de ton agir est directement opposée à toutes celles que je puis penser. Tu *vis et es*, car tu sais, tu veux et agis, partout présent à la raison finie ; mais l'éternité ne me suffirait pas pour parvenir à penser un être tel que toi *tu* es.

Dans l'intuition de ces rapports que tu as avec moi, qui suis un être fini, je veux être calme et bienheureux. Je ne sais immédiatement que ce que je dois. Cela je veux le faire d'une manière impartiale, joyeusement et sans ergoter ; car c'est ta voix qui me l'ordonne ; c'est le décret du plan spirituel du monde à mon égard ; et la force avec laquelle j'exécute cet ordre, c'est ta force. Ce qui m'est commandé par cette voix, ce que j'exécute par cette force, est dans ce plan certainement et vraiment bon. Je suis serein à l'égard de tout ce qui advient dans le monde — car tous ces événements sont dans *ton* monde. Rien nc peut m'induire en erreur, ou me déconcerter, ou me rendre craintif [142], aussi certainement que tu vis et que je vois ta vie. Car en toi et à travers toi, ô Infini, même mon monde actuel m'apparaît sous un autre jour. La nature et les conséquences qui sont les siennes dans les destinées et les actions effectives des êtres libres se transforment face à toi en des mots vides et insignifiants. Il n'y a plus aucune nature ; toi seul, tu es. Il ne me semble plus que la fin dernière du monde actuel est de produire cet état de paix universelle entre les hommes et leur règne inconditionnel sur le mécanisme naturel simplement afin qu'il en soit ainsi, mais plutôt afin qu'il soit produit par les hommes eux-mêmes, et puisqu'il est porté au compte de tous, afin qu'il soit produit par tous, comme par une grande communauté, Une, libre et morale. « Rien de neuf et de mieux pour un individu, sinon ce qui advient par sa volonté conforme au devoir » : c'est là la loi fondamentale du grand royaume moral, dont la vie actuelle constitue une partie. C'est pourquoi la bonne volonté de l'individu est si souvent perdue pour ce monde, à savoir parce qu'elle n'est encore que la volonté d'un individu et que la volonté de la majorité ne s'accorde pas avec elle ; et ses conséquences tombent simplement dans un monde à venir. C'est pourquoi même les passions et les vices des hommes paraissent apporter leur concours à la réalisation du mieux — mais *non en soi et pour soi.* En ce sens, le bien ne peut jamais provenir du mal, mais les passions et les vices contrebalancent les vices opposés et finalement anéantissent par leur démesure ces vices opposés en même temps qu'ils s'anéantissent eux-mêmes. L'oppression n'aurait jamais pris le dessus si la lâcheté, l'infâmie et la méfiance réciproque des hommes ne lui avaient frayé la voie. Elle augmentera jusqu'à ce qu'elle extirpe la lâcheté et la servilité, et que le désespoir ressuscite le courage perdu. Alors les deux vices opposés se seront mutuellement anéantis et ce qu'il y a de plus noble dans tous les rapports humains, la liberté durable, aura résulté d'eux.

Les actions des êtres libres n'ont, à strictement parler, [143] de conséquence que sur d'autres êtres libres ; car c'est en ceux-ci et pour eux seuls qu'il y a un monde ; et ce sur quoi tous s'accordent, c'est précisément le monde. Mais ils n'ont de conséquence en eux que par la volonté infinie, médiatrice de toute individualité. Or, un appel, une annonce de cette volonté à notre égard est toujours une sommation de nous acquitter d'un devoir déterminé. Donc même ce que, dans le monde, nous appelons le mal, c'est-à-dire la conséquence du mauvais usage de la liberté, n'est que par *elle*; et, pour tous ceux pour qui elle est, cette conséquence n'est que parce que des devoirs leur sont imposés. S'il n'était pas dans le plan éternel de notre formation morale et de la formation de toute notre espèce que précisément tels devoirs dussent nous être imposés, alors ils ne nous seraient pas imposés et ce par quoi ils nous sont imposés, et ce que nous appelons le mal, ne se produirait pas. Dans cette mesure, tout ce qui *advient* est bien et tout à fait approprié. Il n'est qu'un unique monde possible, un monde entièrement bon. Tout ce qui se produit dans ce monde sert à l'amendement et à la formation des hommes et, ainsi, à l'accomplissement de leur but terrestre. C'est ce plan supérieur du monde que nous appelons nature, lorsque nous disons : « La nature conduit les hommes au labeur par la rareté, à une constitution juridique par le désagrément du désordre universel, à la paix éternelle et définitive par le tourment de leurs guerres incessantes. » Ta volonté, Infini, ta providence seule, est cette nature supérieure[86]. Cela aussi, c'est la simplicité sans art qui le saisit le mieux, lorsqu'elle reconnaît cette vie pour une institution d'épreuve et de formation, pour une école préparant à l'éternité, lorsque dans tous les événements qui l'affectent, les plus futiles comme les plus importants, elle voit les dispositions providentielles par lesquelles tu dois la conduire au bien, lorsqu'elle croit fermement que pour ceux qui aiment leur devoir et te connaissent, les choses doivent toujours aller au mieux.

Oh, il est vrai que je me suis trouvé dans les ténèbres durant tous les jours de ma vie passée; il est vrai que j'ai [144] accumulé erreur sur erreur et me suis tenu pour sage. C'est seulement à présent que je comprends tout à fait la doctrine qui, dans ta bouche, ô Esprit prodigieux, me déconcertait tellement, bien que mon entendement n'eût rien à lui opposer. Car c'est seulement maintenant que je l'embrasse du regard dans toute son étendue, dans sa raison la plus profonde et dans toutes ses conséquences.

L'homme n'est pas un produit du monde sensible et le but final de son existence ne peut pas être atteint en celui-ci. Sa destination va au-delà du temps, de l'espace et de tout ce qui est sensible. Ce qu'il est et ce à quoi il doit se disposer, il doit le savoir. Comme sa destination est sublime, il faut aussi que sa pensée puisse s'élever absolument au-dessus de toutes les limites de la sensibilité. Il faut qu'il le fasse; là où habite son être, là aussi réside nécessairement sa pensée; et la manière de voir vraiment la plus humaine, la seule qui convienne à l'homme et par laquelle est exposée la totalité de sa faculté de penser, est celle par laquelle il s'élève au-dessus de ces limites et par laquelle tout sensible se transforme pour lui en un pur et simple néant, en un simple reflet, dans des yeux mortels, du non-sensible qui seul subsiste.

Beaucoup, sans avoir recours à un penser artificiel mais exclusivement par leur grand cœur et par leur instinct purement moral, se sont élevés jusqu'à cette manière de voir parce que, d'une manière générale, ils vivaient selon leur seule conviction et en écoutant leur cœur. Ils niaient par leur conduite l'effectivité et la réalité du monde sensible et ne laissaient compter pour rien dans la détermination de leurs résolutions et des mesures qu'ils prenaient cela même qui, pour la faculté de penser, n'existe pas — bien qu'à vrai dire ils ne se fussent pas clairement représentés par la pensée que cela n'existait pas. Ceux qui étaient autorisés à dire : « Notre droit de cité est au Ciel, nous n'avons ici aucune place fixe, mais cherchons notre place à venir[87] »; ceux dont le principe fondamental était de mourir au monde, de naître de nouveau et de pénétrer dès ici-bas dans une autre vie, ceux-là n'accordaient sans aucun doute pas la moindre valeur à tout ce qui est sensible et, pour me servir d'une expression d'école, étaient des idéalistes transcendantaux pratiques.

[145] D'autres, qui, outre la manière d'agir sensible qui nous est à tous innée, se sont également renforcés

dans leur sensibilité par leur penser, se sont empêtrés en elle et se sont pour ainsi dire soudés à elle ; ils ne peuvent s'élever durablement et complètement au-dessus de la sensibilité qu'en poursuivant leur activité de penser et en la menant à son terme. D'ailleurs, même s'ils avaient l'intention morale la plus pure, ils seraient toujours tirés vers le bas par leur entendement, et tout leur être demeurerait une insoluble et incessante contradiction. Pour ceux-ci, cette philosophie, que je comprends seulement à présent de bout en bout, devient la première force qui dépouille l'âme de son cocon et déploie les ailes grâce auxquelles elle s'élève tout d'abord au-dessus d'elle-même, avant de jeter un dernier regard sur l'enveloppe délaissée, pour ensuite vivre et régner dans des sphères supérieures.

Bénie soit l'heure où je me suis résolu à réfléchir sur moi-même et sur ma destination. Toutes mes questions sont résolues ; je sais ce que je puis savoir et je ne me soucie pas de ce que je ne puis savoir. Je suis apaisé ; et mon esprit, en lequel règnent une clarté et un accord parfaits, commence une existence nouvelle et splendide.

Je ne conçois pas ma destination dans son intégralité ; ce que je dois devenir et ce que je deviendrai, tout cela dépasse ma pensée. Une partie de cette destination m'est à moi-même cachée et n'est visible qu'à un seul, au Père des esprits auquel elle est confiée. Je sais seulement qu'elle m'est assurée et qu'elle est aussi éternelle et splendide que Lui. Mais cette part de ma destination qui m'est confiée, je la connais, je la connais de bout en bout, et elle est la racine de toutes mes autres connaissances. Je sais avec certitude à chaque instant de ma vie ce que je dois faire : et c'est là toute ma destination dans la mesure où celle-ci dépend de moi. Je ne dois pas m'en écarter, car mon savoir ne va pas au-delà ; je ne dois pas vouloir aller au-delà ; je dois me tenir fermement dans cet unique point central et m'y enraciner. C'est vers lui que doivent se porter toute ma pensée, tous mes efforts comme toutes mes facultés, et toute mon existence doit s'y rattacher.

Je dois perfectionner mon entendement et acquérir des connaissances, autant que je le puis; mais en ayant seulement pour projet de ménager une plus grande place au devoir en moi et d'étendre sa sphère [146] d'action; je dois demander beaucoup, afin que l'on puisse exiger beaucoup de moi-même. Je dois exercer à tous égards ma force et mon habileté, mais exclusivement afin que le devoir ait en moi un instrument utile et approprié; car, jusqu'à ce que le commandement sorte de toute ma personne pour entrer dans le monde extérieur, j'en suis responsable devant ma conscience. Je dois présenter en moi l'humanité dans toute sa plénitude, aussi loin que je le puis, mais non pour l'humanité elle-même, car celle-ci n'a en elle-même pas la moindre valeur, mais plutôt pour présenter dans l'humanité, et en sa plus haute perfection, la vertu qui est seule à avoir une valeur en soi. Je ne dois me considérer corps et âme, et en toute ma personne, que comme un instrument du devoir et ne dois me soucier que de l'accomplir, et de *pouvoir* l'accomplir, pour autant que cela tient à moi. Mais dès que le commandement — pourvu que ce soit bien au commandement que j'obéisse, et que j'aie bien conscience de la pure et unique intention de lui obéir —, dès que le commandement sort de ma personne pour entrer dans le monde, je n'ai plus à m'en soucier car, à partir de cet instant, il est pris en main par la volonté éternelle. Ce serait m'infliger à moi-même une vaine torture que de continuer de me faire du souci; ce serait de l'incroyance et un manque de confiance en cette volonté éternelle. Il ne doit pas me venir à l'esprit de vouloir gouverner le monde à sa place, de vouloir écouter la voix de ma sagacité bornée au lieu de sa voix qui résonne en ma conscience et de remplacer son plan, qui s'étend au Tout, par le plan partiel d'un individu à courte vue. Je sais que, ce faisant, je tomberai nécessairement hors de son ordre et de l'ordre de tous les êtres spirituels.

[147] De même que par mon calme et ma soumission je rends honneur à cette disposition providentielle supérieure, je dois dans mes actions rendre honneur à la liberté des autres êtres hors de moi. La question n'est pas de savoir ce qu'ils doivent, *eux*, faire d'après mes concepts, mais de savoir ce qu'il m'est, à *moi*, permis de faire afin de les inciter à le faire. Je ne puis immédiatement agir sur leur conviction et leur volonté que dans la mesure où l'ordre social et leur propre approbation le permettent ; en aucun cas je ne puis, sans agir sur leur conviction et leur volonté, agir sur leurs forces et sur leurs rapports. Ils assument seuls la responsabilité de ce qu'ils font là où je ne puis rien modifier, où je ne suis pas autorisé à le faire, et la volonté éternelle guidera tout pour le mieux. Il m'importe plus d'honorer leur liberté que d'empêcher ou de supprimer ce qui me semble mauvais dans l'usage qu'ils en font.

Je m'élève à ce point de vue et je suis une créature nouvelle, la totalité de mon rapport au monde existant est transformée. Les fils par lesquels mon âme était jusqu'à présent attachée à ce monde et par la traction desquels elle suivait tous les mouvements qui se produisaient en lui, ces fils sont coupés pour l'éternité, et je me tiens libre, paisible et immobile, étant à moi-même mon propre monde. Ce n'est plus par le cœur, mais seulement par les yeux que je saisis les objets et que je suis rattaché à eux ; cet œil même se transfigure dans la liberté et son regard perce à travers l'erreur et la difformité jusqu'au vrai et au beau, de même que sur la surface immobile des eaux les formes se reflètent, pures, dans une lumière plus douce.

Mon esprit est pour toujours fermé à la confusion et au désarroi, à l'incertitude, au doute et à l'inquiétude ; mon cœur est fermé à l'affliction, au regret et au désir. Je ne veux savoir qu'une chose : ce que je dois faire; et cela, je le sais toujours infailliblement. Sur tout le reste, je ne sais rien, et je sais que je ne sais rien; je m'enracine fermement dans cette ignorance qui est la mienne et je me retiens d'avoir des opinions, de faire des suppositions, de me quereller avec moi-même à propos de [148] ce dont je ne sais rien. Aucun événement au monde ne peut m'émouvoir en provoquant ma joie ou ma douleur; froid et impassible, je regarde tous ces événements de haut, car je sais que je ne puis en interpréter aucun ni comprendre leur connexion avec la seule chose qui m'importe. Tout ce qui a lieu appartient au plan du monde éternel et, autant que je sache, *est* bon en lui; ce qui, dans ce plan, est pur profit ou ce qui est seulement le moyen d'éviter un mal présent, ce dont, par conséquent, je dois plus ou moins me réjouir, je ne le sais pas. Dans son monde, tout prospère; cela me suffit, et je me tiens dans cette croyance aussi fermement qu'un roc; mais ce qui dans ce monde est seulement germe, ce qui est fleur, ce qui est le fruit même, je ne le sais pas.

Seul peut m'importer le progrès de la raison et de la moralité dans le royaume des êtres raisonnables — et cela exclusivement pour lui-même, pour ce progrès même. Que j'en sois *moi* l'instrument ou qu'un *autre* le soit; que ce soit *mon* acte qui réussisse ou qui soit entravé, ou bien que ce soit celui d'un autre, cela m'est complètement égal. Je ne me considère partout que comme l'un des instruments de la fin de la raison, je ne me respecte, ne m'aime et ne m'intéresse à moi-même que dans cette mesure; je ne souhaite la réussite de mon acte que pour autant qu'il vise cette fin. Je considère par conséquent tous les événements du monde de la même manière, c'est-à-dire seulement eu égard à cette unique fin, qu'ils émanent de moi ou des autres, qu'ils se rapportent immédiatement à moi ou à d'autres. Ma poitrine est fermée à la contrariété que pourraient me causer les offenses et les blessures personnelles, à l'immodestie que pourraient susciter mes mérites personnels, car l'ensemble de ma personnalité a pour moi disparu et a été engloutie dans l'intuition du but.

La vérité peut bien sembler devoir être totalement réduite au silence et la vertu anéantie, comme si la déraison et le vice avaient mis en œuvre toutes leurs forces et s'étaient obstinées à se faire passer pour la raison et pour la vraie sagesse ; il peut bien se faire que le monde devienne pire qu'il n'a jamais été, [149] alors que tous les hommes de bien espéraient que le genre humain s'améliore ; il se peut que l'œuvre si bien et si heureusement commencée, sur laquelle les hommes bien intentionnés posaient un regard plein d'une joyeuse espérance, se métamorphose soudainement et d'une manière imprévisible en ce qu'il y a de plus ignoble : cela ne me fera pas perdre contenance, pas plus que je ne pourrais, par ailleurs, me laisser abuser par l'apparence que les lumières soudainement croissent et prospèrent, que l'autonomie et la liberté se propagent avec énergie, que, parmi les hommes, l'équité, la douceur des mœurs, l'esprit pacifique et conciliant aillent croissant, car cela ne saurait me rendre négligent et aussi assuré que si à présent tout avait réussi. C'est ainsi que les choses m'apparaissent ; ou plutôt c'est ainsi qu'elles *sont*, c'est effectivement ainsi qu'elles sont pour moi ; et je sais dans les deux cas, comme en général dans tous les cas possibles, ce que j'ai encore à présent à faire. Pour ce qui concerne tout le reste, je suis parfaitement tranquillisé, car je ne sais rien à son propos. Ces événements si tristes pour moi peuvent être dans le plan de l'Éternel le plus proche moyen d'obtenir un très bon résultat ; cette lutte du mal contre le bien peut être son dernier combat significatif, et il peut lui être permis cette fois-ci de rassembler toutes ses forces afin de les perdre et de mettre en lumière toute son impuissance. Les phénomènes dont je me réjouis peuvent reposer sur des fondements très suspects ; ce que j'ai pris pour un progrès des lumières n'est peut-être que de la ratiocination et de l'aversion pour toutes les idées ; ce que j'ai pris pour de l'autonomie n'est peut-être que concupiscence et licence ; ce que j'ai pris pour de la douceur et pour un esprit pacifique n'est peut-être que de la lassitude et de la mollesse. Je n'en sais à vrai dire rien, mais il pourrait en être ainsi, et j'aurais alors aussi peu de raison de m'attrister dans ce premier cas que de me réjouir dans le second. Mais ce que je sais, c'est que je me trouve dans le monde de la plus haute sagesse et du bien suprême, qui en pénètrent intégralement le plan du regard et l'exécutent infailliblement ; et c'est dans cette conviction que je trouve la paix et que je suis bienheureux.

Qu'il existe des êtres libres, destinés à la raison et à la moralité, qui combattent la raison, qui mettent en œuvre leurs forces pour la promotion de la déraison et du vice, cela ne peut pas plus me décontenancer et faire que je m'abandonne à l'empire de l'indignation et [150] de l'exaspération. L'absurdité qui consisterait à haïr le bien parce que c'est le bien, et à promouvoir le mal par pur amour du mal comme tel, qui seule pourrait provoquer ma légitime colère, cette absurdité, je ne l'attribue à aucun de ceux qui portent un visage humain ; car je sais que cette absurdité ne se trouve pas dans la nature humaine. Je sais que pour tous ceux qui agissent de la sorte, dans la mesure où ils agissent de la sorte, il n'est pas du tout question de bien ou de mal, mais exclusivement d'un agrément ou d'un désagrément ; qu'ils n'obéissent nullement à eux-mêmes mais à la puissance de la nature et que ce n'est pas eux mais la nature en eux qui de toutes ses forces cherche l'agréable et fuit le désagréable, sans se soucier de savoir si, par ailleurs, cela est bien ou mal. Je sais qu'une fois qu'ils sont ce qu'ils sont, ils ne peuvent pas le moins du monde agir autrement qu'ils ne le font, et je suis loin de m'indigner contre la nécessité et d'en vouloir à une nature aveugle et dépourvue de volonté. Il est vrai que leur faute et leur indignité résident dans le fait qu'ils sont ce qu'ils sont et qu'au lieu d'être libres et d'exister pour soi ils s'abandonnent au flot de la nature aveugle.

Cela seul pourrait exciter mon indignation ; mais je tombe ici dans l'absolument incompréhensible. Je ne puis leur imputer leur manque de liberté sans supposer qu'ils sont libres de se rendre libres. Je veux m'irriter contre eux et ne trouve aucun objet à ma colère. Ce qu'ils sont vraiment ne mérite pas cette colère ; ce qui la mériterait, ils ne le sont pas, et encore ils ne la mériteraient pas s'ils l'étaient. Mon irritation porterait sur un néant manifeste. Il faut certes que je les traite toujours et que je leur parle comme s'ils étaient ce que — je le sais fort bien — ils ne sont pas ; je dois toujours présupposer en leur présence la seule chose par laquelle je puis en venir à me tenir en face d'eux et par laquelle je puis avoir affaire avec eux. Le devoir me commande, si je veux agir, d'avoir d'eux un concept que contredit l'observation. Et il peut en effet se faire que je me tourne vers eux avec une noble indignation, comme s'ils [151] étaient libres, afin de les enflammer contre eux-mêmes par cette indignation, que je ne puis pas moi-même raisonnablement éprouver en mon for intérieur. C'est, en moi, seulement l'homme social agissant qui s'emporte contre la déraison et le vice, non l'homme de contemplation qui repose sur lui-même et est achevé en lui-même.

Si les souffrances corporelles, la douleur et la maladie doivent me toucher, je ne pourrai pas éviter de les *sentir*, car ce sont des événements de ma nature, et je suis et reste ici-bas nature ; mais elles ne doivent pas m'*attrister*. Elles ne touchent aussi que la nature à laquelle je suis lié d'une prodigieuse manière, non moi-même qui suis un être sublime au-delà de toute nature. La fin certaine de toute douleur, et de toute réceptivité à la douleur, est la mort ; et parmi tout ce que l'homme naturel a soin de tenir pour un mal, la mort est pour moi un moindre mal. Je ne mourrai absolument pas pour *moi*, mais seulement pour *les autres* — pour les survivants, au commerce desquels je serai arraché ; pour moi-même, l'heure de la mort est l'heure de la naissance à une vie nouvelle et glorieuse[88].

Maintenant que mon cœur s'est ainsi fermé à tout désir terrestre et que le périssable ne me tient réellement plus à cœur, l'univers s'offre transfiguré à ma vue. La masse pesante et morte, qui ne faisait qu'occuper l'espace, a disparu et, à sa place, coule, déferle et bruit le flot éternel de la vie, de la force et de l'action, le flot de la vie originaire, de Ta vie, ô Infini, car toute vie est Ta vie, et seul l'œil religieux pénètre dans le royaume de la vraie beauté.

Je te suis apparenté, et ce que je vois tout autour de moi m'est apparenté; tout est vivifié et inspiré, chaque être porte sur moi le clair regard d'un esprit et me parle avec les accents d'une voix spirituelle. Disjoint et partagé entre les êtres les plus divers, je me vois moi-même dans toutes les formes hors de moi, et mon propre être irradie d'elles vers moi, comme le soleil levant se renvoie à lui-même sa lumière en la brisant et en la faisant varier dans d'innombrables perles de rosée. [152]

Ta vie, telle que l'être fini peut l'appréhender, est un vouloir se formant et se développant lui-même absolument par lui-même; cette vie — rendue sensible aux yeux des mortels de diverses manières — s'infuse à travers moi dans toute l'immense nature. Elle se répand ici à grands flots, comme une matière se créant et se formant elle-même, à travers mes veines et mes muscles, et dépose hors de moi sa richesse dans les arbres, dans les plantes, dans l'herbe. La vie formatrice coule en un flux, *un* et continu, goutte à goutte, dans toutes les formes, et partout où mon regard peut la suivre; différente en chaque point de l'univers, elle se montre à moi comme cette force même par laquelle, dans une secrète obscurité, elle forme mon propre corps. Là, elle déferle librement, et bondit, et danse, comme un mouvement se formant lui-même dans l'animal, et se présente dans chaque nouveau corps comme un autre monde propre et existant pour soi; c'est la même force qui, invisible à moi-même, s'agite et se meut dans mes propres membres. Tout ce qui s'agite suit cette traction universelle, cet unique principe de tout mouvement, qui conduit sans cesse la secousse harmonique d'une extrémité à l'autre de l'univers. L'animal la suit sans liberté ; moi, d'où émane le mouvement dans le monde visible sans être pour autant fondé en moi, je la suis avec liberté.

Mais pure et sainte, et aussi proche de ton propre être qu'on peut l'être aux yeux d'un mortel, cette vie qui est tienne s'écoule comme le lien qui enlace les uns aux autres les esprits, comme l'air et l'éther d'un monde rationnel Un ; impensable et inconcevable, et pourtant exposée là, manifeste, aux yeux de l'esprit. Entraînée dans ce fleuve de lumière et conduite par lui, la pensée flotte, sans entrave, demeurant la même d'âme en âme et revient plus pure et transfigurée de la poitrine de nos semblables. C'est par ce mystère que l'individu se trouve lui-même, se comprend et ne s'aime lui-même que dans un autre ; et chaque esprit n'émane que d'autres esprits et il n'y a pas d'homme, mais seulement une humanité, pas de pensée individuelle, d'amour individuel et de haine individuelle, mais seulement une pensée, un amour et une haine des uns par les autres et des uns dans les autres. C'est par ce mystère que [153] l'affinité des esprits dans le monde invisible se répand à flots jusque dans leur nature corporelle et se présente dans les deux sexes qui, alors même que tout lien spirituel pourrait être rompu, sont, comme êtres naturels, contraints de s'aimer ; c'est par lui que cette affinité s'écoule dans la tendresse des parents et des enfants, des frères et des sœurs, tout comme si les âmes naissaient, à l'instar des corps, d'un même sang et que les esprits étaient les rameaux et les fleurs d'un même tronc ; c'est par lui qu'elle embrasse en des cercles plus ou moins larges l'intégralité du monde susceptible d'éprouver une sensation. Même leur haine a pour fondement leur soif d'amour, et il ne naîtrait aucune inimitié si l'amour n'avait été refusé.

Cette vie, cette agitation éternelle dans toutes les veines de la nature sensible et spirituelle, je les vois à travers ce qui semble aux autres une masse morte; et je vois cette vie monter, croître continuellement et se transfigurer en son expression plus spirituelle. L'univers n'est plus pour moi le cercle revenant sur lui-même, ce jeu incessant et répétitif, ce monstre qui se dévore lui-même, afin de s'enfanter de nouveau tel qu'il était déjà; il est, sous mon regard, spiritualisé et porte l'empreinte même de l'esprit : le progrès constant vers le perfectionnement, selon une droite ligne qui va à l'infini.

Le soleil se lève et se couche, les étoiles disparaissent et reviennent, et toutes les sphères dansent une ronde; mais elles ne reviennent jamais comme elles ont disparu et même dans les sources lumineuses de la vie, il y a vie et perfectionnement. Chaque heure qu'elles amènent, chaque jour et chaque soir sombrent en accordant au monde la grâce d'une nouvelle prospérité; une nouvelle vie et un nouvel amour s'échappent goutte à goutte des sphères, comme les gouttes de rosée tombent des nuages et embrassent la nature, comme la nuit glacée enveloppe la Terre.

Toute mort dans la nature est naissance, et c'est justement dans l'agonie qu'est rendue visible l'élévation de la vie. Il n'y a pas dans la nature de principe qui tue, car la nature n'est que vie; ce n'est pas la mort qui tue, mais la vie plus vivante qui commence, cachée derrière la vieille vie, et se développe. La mort et la naissance ne sont que [154] la lutte de la vie avec elle-même, pour s'exposer toujours plus transfigurée et plus semblable à elle-même. Et ma mort pourrait être autre chose — ma mort à moi, qui ne suis nullement une simple présentation et une simple reproduction de la vie, mais qui porte en moi-même la vie originaire, la seule qui soit vraie et essentielle ? Il n'est pas du tout pensable que la nature puisse anéantir une vie qui ne provient pas d'elle; cette nature qui n'est pas cause que je vis, mais qui ne vit elle-même qu'à cause de moi.

Mais même ma vie naturelle, même cette simple présentation aux yeux de l'être fini de la vie intime et invisible, elle ne peut pas l'anéantir, car il lui faudrait sinon pouvoir s'anéantir elle-même; elle qui n'existe que pour moi et à cause de moi, et qui n'est pas si je ne suis pas. C'est précisément parce qu'elle me tue qu'elle doit à nouveau me vivifier; c'est seulement devant ma vie supérieure, qui se développe en elle, que ma vie actuelle peut disparaître; et ce que le mortel appelle la mort est le phénomène visible d'une seconde vivification. Si aucun être raisonnable ne mourait sur cette terre après avoir vu la lumière du jour, alors il n'existerait aucune raison d'espérer en un ciel nouveau et en une terre nouvelle : l'unique dessein possible de cette nature, celui de présenter et de conserver la raison, serait ici-bas déjà réalisé et le cercle en serait achevé. Mais l'acte par lequel elle tue un être libre et autonome est un acte qui va au-delà de lui-même, il est l'acte solennel par lequel, au vu et au su de la raison, elle dépasse la sphère entière qu'elle clôt par la mort; le phénomène de la mort est le fil conducteur qui permet à mon œil spirituel de glisser au-delà, vers une nouvelle vie personnelle et vers une nature qui sera pour moi.

Chacun de mes semblables qui quitte le lien terrestre et qui ne peut être regardé par mon esprit comme anéanti — car il est mon semblable — entraîne ma pensée avec lui dans l'au-delà; il *est* encore, et une place lui revient de droit. Tandis qu'ici-bas nous portons son deuil, comme nous le porterions s'il pouvait se faire que dans le royaume oppressant de l'inconscience on porte le deuil d'un homme qui se serait arraché à ce royaume pour s'élever jusqu'à la lumière du soleil, on se réjouit [155] dans l'au-delà de la venue de l'homme au monde nouveau, tout comme nous, citoyens de la terre, nous accueillons dans la joie la naissance des nôtres. Lorsqu'un jour je suivrai mon semblable dans l'autre monde, il n'y aura pour moi que de la joie, car la tristesse restera derrière moi, dans la sphère que je quitterai.

Le monde qu'à l'instant j'admirais encore disparaît à mes yeux et est englouti. Dans l'abondance de vie, d'ordre et de richesse que je vois en lui, il n'est pourtant que le voile qui me dissimule un monde infiniment plus parfait et le germe à partir duquel ce monde doit se développer. Ma croyance passe derrière ce voile, réchauffe et vivifie ce germe. Elle ne voit rien de déterminé, mais attend plus qu'elle ne peut appréhender ici-bas et qu'elle ne pourra jamais appréhender dans le temps.

Ainsi je vis, ainsi je suis et ainsi je suis immuable, ferme et parfait pour toute l'éternité ; car cet être n'est pas un être reçu de l'extérieur ; c'est mon propre être, le seul qui soit vrai, mon essence.

NOTES

1. *Das Denken*; nous avons, d'une manière générale, conservé cette forme substantivée propre à l'allemand à chaque fois qu'il s'agissait de désigner non pas une faculté, mais une activité spontanée de l'esprit.

2. Toute passivité est en effet non-activité. « La passivité ne peut être en conséquence déterminée que par son rapport à l'activité » (OCPP-PP, 50). Le propre du réalisme dogmatique est de poser au fondement de cette relation de l'activité et de la passivité une « activité indépendante » comme raison réelle de la passivité. Dans la mesure où, selon cette manière de voir, la passivité est posée comme une qualité opposée à la réalité, comme une négation (*omnis determinatio est negatio*) et non comme « un simple quantum de moindre activité », cette raison ne peut se trouver dans le moi, dans son activité absolument spontanée, mais hors de lui, dans la nature comme non-moi (elle n'est pas une raison idéale, posée par le moi, mais réelle). Un tel système, dans lequel « le non-moi est la raison réelle de tout, est absolument ce qu'il est parce qu'il est », est « le spinozisme matériel » (« un fatalisme ») (OCPP-PP, 60-62). « Matériel », car il n'est pas envisagé du point de vue de la forme de la réflexion qui l'établit, mais du point de vue de son contenu, qui est l'idée d'une détermination des représentations du moi par l'enchaînement nécessaire des causes et des effets dans une nature dominée par le mécanisme universel.

Si, au contraire, la passivité était pensée comme une diminution seulement quantitative de l'activité, une moindre activité, et rapportée comme telle à la totalité de l'activité du moi comme un accident à la substance dont il est une modification, le non-moi ne serait qu'une « raison idéale » de la passivité, et « il n'y aurait pas de réalité en dehors de la représentation ». Un tel système serait « un idéalisme dogmatique ». Dans la mesure où la Doctrine de la science « ne peut renier l'être absolu du moi », le conflit entre le réalisme et l'idéalisme dogmatique « devra être tranché en faveur du second » (OCPP-PP, 62) ; et tel sera, en effet, ici, le résultat du dialogue entre le Moi et l'Esprit dans la section consacrée au Savoir.

Il s'agit, toutefois, de mettre en lumière qu'un tel système idéaliste est « incomplet » (OCPP-PP, 56 et 62) en ceci que, s'il montre clairement que l'existence d'une chose en soi (dont part le réalisme qualitatif) dépend de la possibilité pour le moi de poser une passivité en lui (comme une moindre activité), il ne peut donner aucune raison de la limitation de la réalité dans le moi (c'est-à-dire de l'affection par laquelle se constitue une représentation), et ouvre ainsi la voie au scepticisme. Aussi la Doctrine de la science, en sa partie théorique, ne pourra-t-elle aller plus loin que l'idéalisme critique de Kant. Celui-ci expose la contradiction de la raison finie avec elle-même (OCPP-PP, 62), en tant qu'elle est contrainte d'admettre que ni la pure activité du moi ne peut être fondement de la réalité du non-moi (thèse idéaliste) ni la pure activité du non-moi être fondement de la passivité du moi (thèse réaliste). Elle se contentera seulement de reconnaître que la question du fondement de la relation entre le moi et le non-moi ne peut être traitée qu'au-delà des limites du savoir théorique, dans sa partie pratique (OCPP-PP, 76) c'est-à-dire dans la section de *La Destination* consacrée à la Croyance.

Le point de vue développé dans ce Livre I par la conscience commune (l'élévation au point de vue philosophique n'aura lieu que dans le Savoir) n'est ni celui du réalisme dogmatique ni celui de l'idéalisme dogmatique, mais leur synthèse dans la pensée de la nature comme tout organique.

3. La pensée d'une telle force formatrice, d'une force interne de la nature appliquée à soi-même, se déterminant soi-même par soi-même, est le résultat de la faculté de juger réfléchissante, c'est-à-dire de la démarche opposée à celle de la faculté de juger subsumante. Cf. Kant, *Critique de la faculté de juger*, traduction par A. J.-L. Delamarre, J.-R. Ladmiral, M. B. de Launay et J.-M. Vaysse, Bibliothèque de la Pléiade, Gallimard, vol. II, p. 863-864 et 963 : « On peut regarder la faculté de juger soit comme un simple pouvoir de *réfléchir*, d'après un certain principe, sur une représentation donnée, en vue d'obtenir un concept possible par là, soit comme un pouvoir de *déterminer* un concept se trouvant au fondement au moyen d'une représentation empirique donnée. Dans le premier cas il s'agit de la *faculté de juger réfléchissante*, et dans le second cas de la *faculté de juger déterminante* » ; « La faculté de juger est en général le pouvoir de penser le particulier comme contenu sous l'universel. Si l'universel (la règle, le principe, la loi) est donné, alors la faculté de juger, qui subsume le particulier sous l'universel, *est déterminante* [...]. Mais si seul le particulier est donné, pour lequel la faculté de juger doit trouver l'universel, alors la faculté de juger est simplement *réfléchissante*. »

La faculté de juger subsumante conçoit la nature « sans aucune intervention de la liberté ni de la réflexion, par le simple mécanisme de la faculté de connaître » transposant aux objets son propre procédé discursif et médiatisé, c'est-à-dire « la loi de la succession de ses réflexions et de leur détermination l'une par l'autre ». La nature consiste alors, selon cette manière de penser, dans une série de causes et d'effets en laquelle chaque terme reçoit son activité (un quantum de force) d'un autre terme, extérieur à lui, et dirige à son tour son activité sur un troisième terme, qui lui est extérieur.

La pensée d'une autodétermination de la nature est simplement l'opposé de cette conception ; une pensée qui survient dès lors qu'une réflexion est suscitée par l'impossibilité de penser, en se référant à un tel mécanisme, « la force qui parcourt la série entière des causes et des effets, et qui sert de médiation pour penser l'activité de chaque terme dans la série et l'impression qu'il reçoit ». Cette force originaire ne pouvant elle-même être pensée comme un terme dans une série, la faculté de juger (réfléchissante), qui se donne pour seule loi de « renverser » et d'« inverser » la manière de penser subsumante, la pense comme l'opposé d'une activité déterminée par une autre activité : comme une activité s'autodéterminant (Éth, 107-109).

Pris dans toute sa rigueur, en opposition au mécanisme de la nature, le concept d'une telle autodétermination est celui de l'absolue liberté d'un être qui pose en soi toute la réalité, c'est-à-dire qui est substance (qui est un moi). Toutefois, cette force formatrice est naturelle, elle définit ce que *Le Système de l'éthique* désignait comme une tendance à la formation des êtres naturels autant au sens actif qu'au sens passif, c'est-à-dire autant comme une tendance à « former » qu'à « se laisser former » (Éth, 116). C'est pourquoi sa déterminité est seulement en partie en elle-même, et en partie hors d'elle. Le concept d'une telle force est « un moyen terme » entre le concept de causalité (sur lequel se fonde le réalisme dogmatique) et le concept de substantialité (sur lequel se fonde l'idéalisme dogmatique), entre « la nature comme simple mécanisme » et « la liberté comme opposé direct de tout mécanisme » (Éth, 111).

Si le point de vue développé par la conscience commune dans le Doute va au-delà du simple spinozisme matériel (cf. note 1), il ne s'élève cependant pas jusqu'au concept de la vraie liberté et de la vraie substantialité, qui consiste dans la pure activité spirituelle du moi. En opposant, comme il le fait ici, ce point de vue de la force naturelle à celui de l'idéalisme pratique, en le réfutant par un idéalisme critique (dans la section consacrée au Savoir), Fichte récuse l'orientation de la philosophie de la nature schellingienne (cf. notre introduction), qui prétend accomplir les visées de la philosophie trancendantale kantienne et fichtéenne en reconnaissant dans le concept d'un pur principe de formation (spirituelle) de la nature non pas seulement un concept de la réflexion, mais la description et la reconnaissance de la teneur concrète de l'événement naturel même, et fait de la vie organique (par-delà l'opposition de la nature et de la liberté) le phénomène même du suprasensible. À cette conception du suprasensible comme force formatrice Fichte opposera dans le Livre III de *La Destination* la pensée du suprasensible comme principe de la réalisation d'un monde rationnel des esprits, et, subordonnant l'organique à l'éthique, ne reconnaîtra l'existence d'une tendance naturelle à la formation que comme ce qui rend possible l'application de ce principe dans une action morale effective.

4. Chaque force est précisément telle qu'elle est dans la mesure où, en dehors d'elle, il existe une nature (un ensemble de forces) qui limite sa tendance à être tout. Elle consiste par conséquent dans la partie d'un tout à travers lequel la force formatrice se trouve répandue (existe en chacune de ses parties) et qui lui-même n'est autre que « l'action réciproque de la somme de toutes les parties » (Éth, 110). Par là s'éclaire un peu plus la synthèse de la causalité (de la détermination par autre chose que soi) et de la substantialité (de l'autodétermination) dans la pensée de la nature comme force formatrice (cf. note 2) : la nature est un tout organique, c'est-à-dire un tout tel qu'« à chacune de ses parties il faut assigner une détermination par soi-même » (substantialité), de sorte toutefois que cette détermination qui lui est propre « soit à son tour le résultat » (causalité) « de la détermination de toutes les parties par elles-mêmes » (Éth, 111).

5. Dans la mesure où, tout compte fait, il n'existe pour Fichte véritablement que deux systèmes philosophiques véritablement conséquents, à savoir le criticisme, qui reconnaît l'autoposition absolue du moi dans la conscience de soi originaire comme premier principe, et le spinozisme, qui dépasse ce principe en niant totalement la conscience pure donnée dans la conscience empirique et en faisant du moi de chacun une simple modification d'un unique sujet pur pensé comme substance (OCPP-PP, 23-24), dans cette mesure (et malgré ce qui le distingue d'un simple réalisme dogmatique ; cf. note 2), le système décrit ici s'apparente au spinozisme.

6. Dans la mesure où le philosophe réfléchit sur la forme pure de la relation du moi et du non-moi dans le concept de causalité et sur la manière dont s'opère dans cette relation le passage d'un terme à l'autre, il trouve que cette forme réside dans « un acte de poser » (de l'activité dans le non-moi) « par un non-poser » (de l'activité dans le moi), c'est-à-dire dans « un transfert » de l'activité du moi dans le non-moi. L'activité indépendante du non-moi, établie comme raison réelle de la passivité du moi, est donc posée par une activité indépendante du moi (OCPP-PP, 66-67). Cette reconnaissance de l'activité indépendante du moi dans la position de l'activité du non-moi fonde « un idéalisme dogmatique » pour lequel « toute réalité du non-moi n'est qu'une réalité transférée hors du moi », c'est-à-dire apparente (OCPP-PP, 73).

Le système leibnizien de l'harmonie préétablie des substances individuelles, auquel Fichte ramène à présent la philosophie de la nature comme totalité vivante, constitue un tel idéalisme, dans la mesure où, niant l'existence réelle d'une limitation du moi indépendante d'un acte du moi (OCPP-PP, 81) et refusant toute influence réelle des monades, c'est-à-dire des substances, les unes sur les autres, il attribue au moi pensé comme substance « la faculté d'exclure arbitrairement de soi un quantum moindre de réalité » (OCPP-PP, 56), en expliquant cette limitation à partir du seul déploiement de la force naturelle et individuelle d'autoconstitution propre à chaque substance au sein d'une totalité organique des forces. Un tel idéalisme a pour conséquence, tout comme le spinozisme matériel (cf. notes 1 et 5), la négation de la liberté et de la moralité, pour autant que celles-ci supposent une action réelle du moi sur le non-moi et visent l'harmonie des esprits comme une tâche et une exigence infinies.

7. Cf. Leibniz, *Monadologie*, § 7 : « Il n'y a pas moyen aussi d'expliquer comment une Monade puisse être altérée ou changée dans son intérieur par quelque autre créature ; [...] Les Monades n'ont point de fenêtres, par lesquelles quelque chose y puisse entrer ou sortir. »

8. Cf. Leibniz, *Ibid.*, §§ 37 à 40 : « [...] et il faut que la raison suffisante ou dernière soit hors de la suite ou *série* de ce détail des contingences, quelque infini qu'il pourrait être ». « Et c'est ainsi que la dernière raison des choses doit être dans une substance nécessaire, dans laquelle le détail des changements ne soit qu'éminemment, comme dans la source : et c'est ce que nous appelons *Dieu.* »

9. Cf. Leibniz, *Ibid.*, § 54 (dans la mesure où le possible possède, selon Leibniz, en lui-même une tendance propre à l'existence, c'est-à-dire au déploiement de la diversité qu'il recèle, et a ainsi « droit de prétendre à l'existence à mesure de la perfection qu'il enveloppe »).

10. Cf. Leibniz, *Ibid.*, §§ 56-57 : « Cette *liaison* ou cet accommodement de toutes les choses créées à chacune et de chacune à toutes les autres fait que chaque substance simple a des rapports qui expriment tous les autres, et qu'elle est par conséquent un miroir vivant perpétuel de l'univers. » « Et, comme une même ville regardée de différents côtés paraît tout autre et est comme multipliée perspectivement, il arrive de même que, par la multitude infinie des substances simples, il y a comme autant de différents univers, qui ne sont pourtant que les perspectives d'un seul selon les différents points de vue de chaque Monade. »

11. Cf. Leibniz, *Ibid.*, §§ 22 et 61 : « [...] tout présent état d'une substance simple est naturellement une suite de son état précédent, tellement que le présent y est gros de l'avenir. » « [...] celui qui voit tout pourrait lire dans chaque [corps] [que représente chaque monade créée] ce qui se fait partout et même ce qui s'est fait ou se fera ».

12. Dans la mesure où leur conflit concerne le premier principe (qui ne peut être déduit de rien d'autre), « aucun des deux systèmes ne peut directement réfuter l'autre ». Le système dogmatique ne peut être réfuté par le système de la liberté puisqu'il transforme le fait de la conscience par lequel nous nous tenons pour libres en une apparence et une illusion produites (comme tout ce qui se présente dans notre conscience) par la seule nécessité naturelle. Le système de la liberté ne peut être réfuté par le dogmatisme puisqu'il rejette purement et simplement l'indépendance de la nature (comme mécanisme ou comme tout organique) que présuppose le dogmatique. La raison ne fournit aucun argument décisif en faveur de l'un ou de l'autre. Ils ne peuvent être adoptés que par une décision libre dépendante d'un penchant et d'un intérêt personnels. Celui qui n'est devenu ce qu'il est que par le monde extérieur ne peut abandonner la croyance dans l'indépendance de la nature, car « il ne

se trouve lui-même que dans la représentation des choses ». Celui qui, en revanche, s'est rendu indépendant des choses « croit par penchant en son autonomie et s'en saisit avec émotion ». « Ce que l'on choisit comme philosophie dépend ainsi de l'homme que l'on est, car un système philosophique n'est pas un instrument mort que l'on pourrait prendre ou rejeter selon son bon plaisir, mais est animé par l'esprit de l'homme qui le possède » (OCPP-1re Intro 250-253).

13. Bien que le sentiment soit seulement un état, quelque chose de seulement subjectif, il semble cependant être lié entièrement à l'objet; il « ne peut être senti sans être rapporté à l'objet » (NM, 120). La question qui constitue le caractère propre de la Doctrine de la science, comme théorie du savoir, est d'en chercher la raison, d'établir la connexion entre sentiment et objet, de rendre compte du passage de ce qui est seulement subjectif à quelque chose d'objectif. Si elle oppose donc d'abord le sentiment à l'acte d'intuitionner par quoi l'objet est posé hors du moi, et qui ne parvient pas comme tel à la conscience, c'est en vue de démontrer leur synthèse comme condition de possibilité de toute conscience.

Dans la seconde introduction à l'exposé de *La Doctrine de la science Nova Methodo*, Fichte présente la question : « Comment en arrivons-nous à admettre qu'aux représentations en nous corresponde quelque chose hors de nous ? » comme une reformulation de la tâche assignée par Kant à la philosophie et consistant dans l'explication de la possibilité des jugements synthétiques *a priori* (NM, 51). Cf. Kant, *Critique de la raison pure*, Introduction (1re édition), § VI, « Problème général de la raison pure ». Les jugements synthétiques *a priori* définissent l'acte de connaissance par lequel, dans une proposition qui ne se contente pas d'exposer ce qui est déjà contenu dans un concept mais y ajoute une représentation nouvelle — comme dans les jugements mathématiques et ceux de la physique mathématique —, je lie une notion et un donné, un concept et une intuition, sans cependant m'appuyer sur l'expérience. La question de la possibilité de tels jugements est, pour Kant, celle de l'essence de la connaissance en totalité, c'est-à-dire de la possibilité même de l'expérience.

14. Il s'agit ici d'opérer (au-delà de leur synthèse dans l'immédiateté de l'expérience, et afin de préparer la reconnaissance de cette synthèse) la dissociation de l'élément réel qu'est le sentiment, fait originaire indéductible, mais insuffisant à expliquer à lui seul toute la conscience de l'élément idéal, réflexif, qui lui est nécessairement lié. Au sentiment, qui pose la simple déterminité du moi, en lequel l'activité du moi est limitée, s'ajoute en effet, comme sa condition même, la conscience de soi immédiate, une activité illimitée du moi, seulement liée dans l'observation de la déterminité du sentiment.

En incitant le Moi à s'élever jusqu'à la conscience de ce savoir du savoir, l'Esprit invite le Moi à produire en lui-même le « voir » même de la Doctrine de la science, à faire sienne la clarté même de son regard. La question kantienne de la possibilité de l'expérience (cf. note 13) est, en ce sens, une question « métaphysique », puisque le fondement de la possibilité de l'expérience ne peut que résider hors de celle-ci, et ne peut être trouvé qu'à condition de dépasser le simple fait de la conscience (NM, 53). Cette métaphysique se distingue cependant de la métaphysique dogmatique en ceci qu'elle ne prétend pas créer de nouveaux objets, « ne peut entraîner aucun savoir matériel nouveau et particulier qui ne serait possible que grâce à elle, mais n'est que le savoir universel parvenu au savoir de soi-même, à la réflexion, à la clarté et à la domination sur soi-même » (1801 23). Elle ne révèle aucun être en soi, mais fait seulement connaître comment nous devons nécessairement nous penser dès lors que nous nous pensons nous-mêmes sous une certaine condition, ici comme ayant des représentations auxquelles nous faisons correspondre des choses hors de nous.

15. La Doctrine de la science démontre, en effet, que l'affection, étant une affection du moi, est toujours accompagnée de l'activité idéale, de l'intuition, de la conscience, et qu'il n'existe en conséquence quelque chose pour le moi que dans la mesure où il observe et reproduit son affection (NM, 88-89). En d'autres termes : le sentiment est « un simple acte de poser la déterminité du moi ».

Ce constat sert ici à écarter le préjugé de l'existence extérieure d'un objet comme chose en soi, mais la liberté, l'activité pratique autofondée, qui est le fondement existentiel de toute conscience, n'est pas encore connue comme le véritable objet de l'activité idéale. La section consacrée ici au Savoir, dans la mesure où elle ignore ce fondement, ne peut être considérée comme l'exposé complet de la Doctrine de la science; ne pouvant résoudre le problème de la vérité, elle laisse sans réponse la question même de la philosophie, approfondit le doute sur la réalité et demeure impuissante à convaincre. L'idéalisme absolu auquel conclut la présente section n'exprime donc que partiellement le point de vue de l'idéalisme transcendantal, qui consiste également et surtout dans un réalisme, en reconnaissant notre propre être dans son aspect pratique comme la réalité à poser au fondement de la représentation et comme la vérité à laquelle celle-ci doit être confrontée.

16. Si la Doctrine de la science déduit de la nécessité pour l'activité idéale, qui définit une activité illimitée du moi (cf. note 14), d'être retenue et fixée et de ne pas être entraînée dans son essentielle mobilité, l'exigence d'admettre quelque chose de positif et d'indivisible en tant que réalité, ce positif, c'est-à-dire les propriétés fondamentales du déterminable pour la détermination de l'activité idéale, n'est bien donné que par le seul sentiment immédiat (par exemple le rouge, le bleu, le doux, l'amer) (NM, 106), qui est « factuellement ce qui est premier et originaire » (NM, 109).

17. Dans ces sentiments, par lesquels sont fournies les propriétés fondamentales indécomposables, l'état de l'esprit n'est qu'« unité et identité, non-multiplicité, en un même état » (NM, 106). Il y a bien là « divisibilité selon l'intensité » : quelque chose peut être ressenti plus ou moins rouge, mais je ne puis pas dire où le rouge cesse d'être rouge (NM, 107). Les divers sentiments sont « entièrement

opposés, et n'ont rien de commun, étant dépourvus de toute transition de l'un à l'autre : chacun n'est jamais qu'un état déterminé du moi » (NM, 110).

La question primordiale du passage du subjectif à l'objectif (cf. note 13) est donc celle du passage de l'unité *qualitative*, indécomposable, du réel donné par le sentiment, par quoi est menacée l'identité du moi réduit à une diversité d'états opposés, à l'unité *quantitative* d'une diversité de sentiments dans la conscience. La réponse à cette question, que Fichte considère comme conditionnant la question kantienne de l'unité du divers dans la conscience, consiste dans la présupposition d'une « quantitabilité » du moi, c'est-à-dire d'un système de tous les sentiments *a priori*, d'un système de la sensibilité en général, qui n'est rien de déterminé, mais un pur déterminable, en relation avec lequel est senti tout ce qu'il y a de particulier sans être lui-même senti immédiatement (NM, 111). Ce système est ce qui fournit la médiation par laquelle deux sentiments distincts sont rattachés ensemble et peuvent être comparés entre eux. Il s'agit, là encore, de mettre en relief le rôle de l'intuition, c'est-à-dire de l'activité idéale comme puissance d'arrachement au sentiment et d'autonomisation du moi, dans le mouvement même par lequel elle rapporte librement la détermination du moi à sa propre déterminabilité. « Par là, conclut Fichte, est enlevé tout prétexte au dogmatisme : même les sentiments ne peuvent pas entrer en nous de l'extérieur », car « ils ne seraient rien pour nous s'ils n'étaient pas en nous » (NM, 111).

18. Outre ce que Fichte appelait en 1795 « les déterminations internes des choses » (OCPP-Précis, 232) (le fait d'être amer ou doux, dur ou lisse, etc.), à savoir les prédicats du sentiment, qui, ne se laissant pas communiquer par concepts, sont inaccessibles à la faculté théorique du moi, « il n'échoit aux objets aucun autre prédicat, si ce n'est d'être matière dans l'espace » (NM, 159). Or « c'est seulement par l'espace qu'elles occupent que les choses sont distinguées » (OCPP-Précis, 232), car seul cet espace est ce qui leur est attribué en propre sans l'être au moi. Par conséquent, « tout acte de représenter objectif », par quoi le moi s'arrache à l'état subjectif du sentiment pour poser un objet hors de soi, « consiste à remplir l'espace » (NM, 160). Dans « le représenter objectif », en lequel chaque sentiment se rapporte, et me rapporte, à de la matière, qui est un *quantum* et remplit un espace, l'intensité et l'extension sont nécessairement synthétiquement réunies.

Dans la mesure où, ici, le Moi du dialogue ne dépasse pas la déterminité du sentiment, comme donné factuel, c'est-à-dire pour autant qu'il demeure au niveau de la conscience commune et reste inconscient de son propre acte d'intuitionner comme position dans l'espace d'un objet déterminé par les prédicats du sentiment, le passage de l'indivisibilité du sentiment (comparable à un point mathématique sans extension) à l'extension de l'objet dans l'espace, qui se trouve pourtant toujours immédiatement liée au sentiment, demeure inintelligible.

19. Bien que « l'affirmation d'une détermination spatiale absolue, non relative, c'est-à-dire indéterminée, soit contradictoire »

(NM, 161) (puisque toute détermination spatiale n'est déterminée que par l'emplacement d'un autre objet), on ne peut cependant y renoncer, la détermination du premier objet étant elle-même absolue. Cette première détermination absolue est celle du corps propre. Le Moi, n'exprimant encore pourtant ici que le seul enseignement de l'expérience, accomplit un progrès dans la voie de la Doctrine de la science en reconnaissant que toutes les déterminations spatiales doivent partir du moi, que celui-ci ne doit pas être dans ces déterminations seulement déterminé, mais également déterminant, c'est-à-dire doit être lui-même dans l'espace ce qui détermine toutes les représentations dans l'espace, et s'être par conséquent lui-même donné dans l'espace comme corps matériel (NM, 162).

L'enseignement de l'expérience ne suffit cependant pas à comprendre comment le moi devient nécessairement matière dans l'espace et ne vaut pas comme preuve. Encore asservi au préjugé dogmatique d'une détermination de la conscience par un être en soi extérieur, le Moi ne pense pas ici encore la conscience comme activité, c'est-à-dire comme passage du déterminable au déterminé; il ne pose pas un déterminable comme condition de toute détermination particulière; ce déterminable est, pour la Doctrine de la science, notre corps comme la somme exhaustive de toutes les modifications possibles du moi quant à la forme, comme le système de « l'affectibilité » et de la « modificabilité » du moi, par rapport auquel les sentiments eux-mêmes sont possibles (NM, 133).

Une fois de plus, il s'agit d'inciter le Moi à prendre conscience de son acte d'intuitionner, puisque seule la présupposition selon laquelle nos sentiments sont intuitionnés explique ce système de la sensibilité, qui en retour étaye cette présupposition. Un sentiment (une modification de mon état subjectif de A en B) ne peut être intuitionné que comme un passage à la déterminité (à un état déterminé), c'est-à-dire présuppose un déterminable (quelque chose susceptible d'être déterminé), en l'occurrence une modificabilité (une capacité d'être déterminé). Dans la mesure où cette modificabilité doit être quelque chose pour nous et est visée par une intuition, elle est quelque chose d'étendu dans l'espace : notre corps (NM, 134). Ainsi, tandis que le moi sentant en général ne se présente en aucun sentiment particulier, ni en A ni en B, chaque sentiment étant quelque chose de déterminé, il apparaît objectivement comme ce qui perdure à travers tous les changements, seulement dans la mesure où il prend place dans l'intuition et est impliqué dans le mouvement réflexif de la conscience qui fait exister chacune de nos déterminations pour nous.

La Doctrine de la science reconnaît ainsi cette objectivité du moi dans l'intuition (notre corps) comme le fondement de tous les phénomènes pour le moi, la base de toute objectivité. Il ne faut toutefois pas penser que, par cette intuition de la modificabilité, par cette auto-intuition du moi en laquelle il se découvre comme objet, le moi apparaît en tant que tel. Cette objectivité ne définit aucun être en soi mais seulement le résultat nécessaire de l'acte d'intuitionner, de l'activité idéale du moi, pour autant qu'elle conditionne la possibilité même du sentiment auquel se rattache toujours (cf. note 15) la représentation d'un objet.

20. Dans l'acte par lequel il pose un objet et étend dans l'espace la détermination fournie par le sentiment, le moi agit avec une spontanéité absolue. En posant ce produit de son activité, il se perd lui-même dans l'acte de position de celui-ci, de sorte que « ce produit est intuitionné sans qu'il y ait conscience de l'acte d'intuitionner » (OCPP-Précis, 210). Le moi n'est jamais immédiatement conscient de son action.

Par cet étonnement, le Moi se prépare donc à accéder au point de vue proprement philosophique qui consiste à réfléchir la réflexion du moi ayant lieu dans l'intuition, à découvrir le pouvoir productif et objectivant de cette réflexion, c'est-à-dire précisément à comprendre qu'il n'y a d'objet pour nous que dans la mesure où, par cette réflexion sur sa propre détermination, le moi pose un objet et que cette position d'un objet par l'acte d'intuitionner demeure inconsciente pour la conscience commune qui ignore son propre faire nécessaire.

Dans la mesure où ce faire est lui-même visé par l'intuition, il revêt le caractère de l'objet qui est de flotter (*schweben*; cf. notre introduction) devant l'activité idéale. Cette objectivité n'est cependant rien d'effectif, puisque l'intuition n'interprète pas ici une sensation déterminée, mais sa propre activité comme un faire en général indéterminé; elle consiste dans ce que Kant appelait un « schème », elle est la représentation d'un procédé (le schème de l'imagination est, pour Kant, la représentation du procédé de l'imagination pour procurer son image à un concept). L'autoactivité interne dans l'intuition est elle-même intuitionnée comme une ligne que je tire (mon faire est pour moi, qui l'observe, un acte de tirer une ligne). L'acte de tirer une ligne est l'image par laquelle je me représente le procédé de mon autoactivité interne, sa transposition sensible. Mais il n'est pas ici question d'une autoactivité qui se réalise, d'un faire en particulier, mais d'un faire ou d'une agilité, *en général* : du pouvoir, de la faculté indéterminée et déterminable de l'autoactivité interne (le propre de l'intuition est, en effet, d'interpréter la déterminité qu'il réfléchit comme procédant d'un passage du déterminable au déterminé, et de poser ainsi l'objectivité de ce déterminable en même temps qu'il pose l'objectivité d'une raison extérieure de détermination de ce déterminable, de sorte que l'une n'est jamais sans l'autre; en intuitionnant l'acte d'intuition, le philosophe pose donc nécessairement l'objectivité d'un pouvoir déterminable de l'autoactivité interne). Le schème de ce déterminable, c'est-à-dire la représentation du faire en général (son objectivation dans l'intuition de l'intuition, son image) est « la possibilité de tirer des lignes dans toutes les directions possibles : l'espace » (NM, 153).

21. Dans la mesure où il flotte simplement devant l'activité idéale, l'objet déterminé par un prédicat du sentiment a bien un espace mais n'a pas encore une *place* dans l'espace, et il apparaît comme un déterminable qui peut être posé dans tel espace ou non.

L'espace absolu, qui est vide (n'étant que la condition subjective de l'objet) dans la mesure où il est un déterminable (cf. note 20), apparaît comme quelque chose qui peut être réuni à l'objet ou non. Tous deux, l'objet et l'espace, sont le déterminable en toute représentation, de sorte que la synthèse de l'intuition déterminée avec l'endroit déterminé, l'acte de poser l'objet déterminé dans un espace relatif, par quoi s'opère le passage du déterminable au déterminé qui a lieu en toute conscience, doit être posé comme pouvant se produire ou non; il est affaire de liberté. Cette synthèse de l'espace avec l'objet est la matière. Or, il résulte de la liberté de l'intelligence, qui consiste à poser l'objet déterminé en un endroit déterminé, que la matière, et avec elle l'espace, doivent être divisibles à l'infini, même si cette division ne peut être accomplie, sans quoi la liberté absolue serait entravée, contrainte de penser une partie déterminée de la matière en une partie déterminée de l'espace (NM, 157). La divisibilité à l'infini de l'espace a donc sa raison d'être dans la liberté absolue de l'intelligence qui doit être posée au fondement de la synthèse de l'espace et de l'objet.

22. La raison en est que « l'espace et l'objet sont originairement et nécessairement réunis dans la conscience » (NM, 155); il n'y a pas plus d'espace sans objet que d'objet sans espace. Cette réunion est la matière. « Je peux ainsi diviser la matière, la composer, mais je ne peux pas en faire abstraction, l'évacuer; je ne peux ni l'augmenter ni la diminuer. Où que nous dirigions notre pensée nous trouvons partout de l'espace parce que nous pensons partout de la matière » (NM, 155).

La Doctrine de la science explique cette synthèse originaire par un acte libre de l'intelligence (cf. note 21), de sorte que si la conscience commune (ici le Moi) trouve toujours de la matière, la raison n'en est pas dans l'existence d'une matière donnée, qui doive être présupposée pour rendre compte de la genèse pour nous d'un monde des corps, mais dans la proposition générale selon laquelle toute conscience procède d'un libre passage du déterminable au déterminé, et réalise en conséquence toujours la réunion d'une intuition déterminée à un espace déterminé.

23. L'Esprit prépare ainsi la reconnaissance du caractère *a priori* de l'espace. Selon *La Doctrine de la science Nova Methodo*, le caractère *a priori* de l'espace peut avoir deux significations. Soit l'espace apparaît comme quelque chose de donné, qui précède et conditionne toute expérience. C'est là la thèse kantienne. Soit, par opposition au sentiment et à ses prédicats (qui sont le seul donné indéductible), il apparaît comme quelque chose de nécessaire du fait des lois de la raison, et donc comme produit. C'est la thèse défendue par Fichte dans la première version de la *Doctrine de la science* et par Beck. Or les deux thèses sont également vraies (NM, 154). Jacob Sigismund Beck (1761-1840) est l'auteur d'un *Abrégé explicatif des écrits de M. le professeur Kant*, dont le volume III, *Le Seul Point de vue possible à partir duquel la philosophie critique doit être jugée* (1796), fut considéré par Fichte comme la meilleure préparation à la lecture de sa propre philosophie. (Cf. notre recension de cet ouvrage dans le volume III de l'*Encyclopédie philosophique* aux PUF.)

Sur ce point, Fichte critique l'exposé de la doctrine de l'espace proposé par Kant dans son Esthétique transcendantale. Si cet exposé tourne court, c'est parce que le « système d'artifices et d'échafaudages » en quoi consiste la *Critique de la raison pure* entend tout démontrer par concepts et ne peut, en conséquence, qu'« insérer accessoirement » une doctrine qui, en elle-même, n'a pas affaire à des concepts, mais uniquement à des intuitions (NM, 156).

La Doctrine de la science comme théorie de l'intuition et de son pouvoir productif démontre que l'espace, en tant qu'il est un déterminable, n'est posé dans l'acte d'intuitionner que dans la mesure où le moi se pose comme effectuant le passage au déterminé (et donc dépend de la liberté — c'est-à-dire est produit), mais que cela même le moi ne le peut que dans la mesure où, dans la réflexion sur le passage, il pose le déterminable (l'espace) comme donné, comme déjà trouvé là (et donc comme indépendant de la liberté) (NM, 152). La thèse kantienne de l'espace comme donné *a priori* s'explique ainsi à partir de l'agir nécessaire de la raison.

Dès lors qu'il y a intuition, l'espace est intuitionné. L'expression kantienne d'après laquelle l'espace est « forme de l'intuition externe » signifie, pour Fichte, non pas que l'espace forme, mais qu'il est « formé dans l'intuition » (NM, 154). L'espace n'est donc un donné *a priori* que dans la mesure où un tel donné est présupposé par l'activité idéale, et les objets ne prennent pas place *a posteriori* en lui, mais sont formés en même temps que lui et rapportés librement à lui (et lui à eux) dans l'acte même d'intuitionner. Le fondement *nouménal* des représentations sensibles réside dans l'agir libre du moi. La doctrine de l'espace constitue donc, au sein de la Doctrine de la science, un moment central pour l'achèvement et la radicalisation du criticisme, dans la mesure où elle permet d'écarter définitivement l'hypothèse dommageable d'une fondation des représentations sensibles dans un *être nouménal* (Cf. notre introduction).

24. C'est là une autre formulation de la question qui constitue le caractère propre de la Doctrine de la science : « Comment ce qui est affaire de sentiment peut-il devenir objet d'une intuition ? » (NM, 120).

La réponse à cette question consiste dans la description de la manière dont on en vient à l'objet, ou encore de la manière dont le non-moi est élaboré. Le fondement de cette sortie hors du moi est en lui. Il réside dans l'activité du moi, dans l'acte par lequel en se posant comme autoactif il s'oppose quelque chose qui est au repos, qui ne se pose pas soi-même et est déterminé comme un simple être (NM, 77). Cet acte d'opposer est « ce sur quoi repose le mécanisme entier de l'esprit humain » (NM, 81). La réponse à la question fondamentale de la possibilité d'une liaison de quelque chose au moi, de toute synthèse, suppose donc l'intuition par le philosophe de l'autoposition du moi (pour autant que cette autoposition entraîne nécessairement la position d'un non-moi), c'est-à-dire l'intuition intellectuelle (NM, 79) (cf. note 38), qui fait ici encore défaut au Moi.

25. En effet, la vue, comme sensibilité à distance, semble avoir affaire à une réalité flottante hors du moi, et s'apparente ainsi à l'intuition.

26. Le cercle dans lequel l'esprit fini se trouve limité, qu'il peut élargir à l'infini, mais dont il ne peut pas sortir, consiste dans « la nécessité pour lui de poser quelque chose d'absolu hors de soi et de reconnaître par ailleurs que ce quelque chose d'absolu n'existe que pour lui » (OCPP-PP, 146). La finitude des êtres raisonnables consiste en ce qu'ils doivent expliquer, c'est-à-dire chercher quelque chose derrière ce qu'ils posent en eux comme extérieur à eux, qui ne soit pas dépendant d'eux. La conscience de cette loi caractérise l'idéalisme transcendantal tant par rapport à l'idéalisme dogmatique et transcendant, qui ramène tout ce qui est à sa représentation, que par rapport au réalisme dogmatique et transcendant, qui croit que les choses peuvent exister sans nos représentations (NM, 116). Le premier des deux systèmes dogmatiques néglige cette loi (et le cercle de l'esprit fini), le second prétend s'en affranchir ; la Doctrine de la science se situe précisément entre ces deux systèmes : elle est un idéalisme critique, c'est-à-dire « un idéalisme-réel ou un réalisme-idéel » (OCPP-PP, 146).

C'est de la limitation du moi dans le sentiment et de la réflexion de cette limitation par l'activité idéale que procède la position d'un objet flottant hors de soi. Si le moi n'était pas limité, s'il était uniquement activité, il ne serait rien de plus qu'une autoaffection, il n'y aurait pas d'activité idéale, et la conscience serait « l'inconcevable conscience de soi du Dieu pensé » (NM, 108), en laquelle l'être-réfléchissant (l'activité centripète) et l'être-réfléchi (l'activité centrifuge), la conscience et son objet, ne peuvent être distingués (OCPP-PP, 142). L'activité idéale ne pouvant être limitée, il faut la limitation du sentiment (la finitude de l'être) pour que l'activité idéale se détache de l'activité réelle (ainsi limitée) et reste seule. Cet agir isolé est l'acte d'intuitionner. La conscience de soi du Dieu pensé est inconcevable dans la mesure où un tel Dieu, n'étant jamais passif, ne pourrait réfléchir son agir.

27. Cette inconscience de l'acte d'intuitionner (c'est-à-dire d'opposer un non-moi au moi), cette perte du moi dans l'objet de l'intuition est, d'après Fichte, ce que veut dire Kant lorsqu'il qualifie l'intuition d'aveugle (NM, 124).

28. S'il n'y a pas de sentir sans intuitionner, si le sentiment et l'objet de l'intuition sont réunis dans un même moment indivis (ce qu'exprime, par exemple, l'énoncé : le sucre est doux), les déterminations par lesquelles l'objet est considéré comme exerçant une influence sur nous ne se présentent cependant qu'une fois que l'objet est là, flottant devant le sujet intuitionnant comme « un incompréhensible "quelque chose" sans relation à nous », « qui n'est ni image ni chose, mais les deux à la fois, indépendamment de nous, comme une matière originaire pour les deux, qui par la suite sera séparée entre les deux » (NM, 125).

29. Rien ne peut être donné au moi, « le moi n'a pas d'organe auquel le donné pourrait être rattaché ». Le monde entier se trouvant dans notre sphère générale, on ne peut poser quelque chose d'extérieur au moi qu'à condition de poser le moi, à l'intérieur de cette sphère, comme une sphère plus petite. Ce qui a lieu par la dissociation de l'activité réelle, limitée du moi, et de l'activité idéale, en laquelle le moi se sent uniquement actif; par là, « le pâtir du moi est rejeté au-dehors, et l'objet est rendu possible » (NM, 124).

30. Synthétiser signifie composer des opposés dans un même acte (NM, 84). Le pouvoir de procéder synthétiquement reconnu par la Doctrine de la science au moi ne consiste nullement dans la capacité de relier extérieurement des termes séparés, mais dans le pouvoir génétique d'engendrer un divers dans l'unité de la conscience, de diviser la conscience en moi et non-moi (c'est-à-dire de produire l'objet en l'opposant au moi dans l'unité de l'acte même d'autoposition du moi). Ce pouvoir, que la première version de la Doctrine de la science désignait comme « capacité d'être quantité » (OCPP-PP, 29), est le pouvoir productif de l'intuition en laquelle le moi, se sentant actif (comme activité idéale), s'oppose un non-moi pour rendre raison de la limitation de son activité dans le sentiment (NM, 124).

31. Par là est clairement dégagée l'activité idéale comme réflexion sur la conscience effective, réelle, en tant que cette réflexion constitue le fondement du passage à l'objectivité.

32. Le processus par lequel le moi, à partir de sa limitation dans le sentiment, conclut à l'existence de quelque chose qui limite hors de lui est « un processus immédiat », de sorte que « l'acte d'intuitionner ne parvient pas comme tel à la conscience » et que, de ce fait, « pour le sens commun, l'objet est présent de façon immédiate » (NM, 125).

33. « Le fondement de l'activité idéale réside dans le réel qu'elle a devant elle » [...], « il n'y a dans ce qui intuitionne qu'une reproduction, qu'une copie » (NM, 88). L'activité idéale n'est elle-même un passage au déterminé, un mouvement, que dans la mesure où elle réfléchit le passage au déterminé qui s'accomplit dans et par l'activité réelle du moi. C'est pourquoi elle est dite spontanée, et non pas libre : elle est un processus immédiat qui s'accomplit dès lors qu'il y a affection, devenir déterminé du moi, sinon ce passage du moi au déterminé ne serait pas pour le moi. Seule la réflexion sur cette activité idéale par quoi elle est à son tour objet de l'activité idéale, requiert la liberté, et sans cet acte de liberté l'activité idéale ne se saurait pas elle-même et ne serait rien, et le moi n'intuitionnerait rien, ne pourrait pas s'opposer un non-moi (NM, 121). C'est seulement à cette condition que l'observation de l'élément réel par l'activité idéale est auto-intuition du moi. La liberté est ainsi « le fondement de tout acte de philosopher comme de tout être » (NM, 90).

La question est alors de savoir dans quelle mesure l'activité idéale, essentiellement liée, peut consister dans un faire véritable, dans la production de quelque chose de nouveau, qui n'existe que par cette activité. Le caractère de la liberté « ne peut échoir à l'activité idéale que dans la mesure où le moi s'attribue cette activité, et cela ne se produit que par opposition à un état non libre », c'est-à-dire « par arrachement à l'état de passivité du sentiment » (NM, 121). S'il n'y avait pas de sentiment, de limitation de l'activité réelle, il n'y aurait pas d'intuition. La Doctrine de la science demeure jusque dans sa démonstration de la genèse du monde des corps à partir de l'activité idéale une philosophie du moi fini.

34. C'est-à-dire en l'opposant au sentiment.

35. Le réalisme de la Doctrine de la science consiste dans la démonstration que « la conscience des natures finies est inexplicable, si l'on n'admet pas l'existence, indépendante d'elles, d'une force qui leur est totalement opposée, et dont elles dépendent pour ce qui concerne leur existence empirique ». Mais cet opposé n'est pas lui-même senti, n'est pas connu par l'être fini; c'est le moi qui se sent comme limité et conclut à l'opposé seulement comme fondement de la limitation. L'existence d'une telle force, comme le positif dans les choses, est « seulement saisie par l'être fini dans le sentiment » (OCPP-PP, 145). On doit donc tout aussi bien dire que « l'opposé ne possède pas de force qui se transmette au moi », qu'originairement il n'échoit aucune force au non-moi, qui est seulement la limitation dans le moi, et qu'en conséquence « la raison pour laquelle le moi pose quelque chose réside en lui » (NM, 115). La force opposée et indépendante du moi en son être et sa détermination est dépendante de l'activité idéale du moi, de son pouvoir théorique, elle est pour le moi seulement dans la mesure où elle est posée par lui.

36. Le moi se sent limité et s'arrache alors à cette limitation dans l'intuition « où il se sent uniquement actif » (NM, 124). Ce qui était alors senti « ne reste pas quelque chose de senti », mais est rejeté hors du moi, « devient quelque chose d'intuitionné, qui est vu » (NM, 125) : un objet. Toutefois, « l'acte de sentir et l'arrachement au sentiment se produisent en un seul et même moment indivis ». « Sentiment et intuition sont réunis synthétiquement au même moment et dans le même état; l'un n'est pas sans l'autre » (NM, 124).

37. C'est de la conscience de l'agir propre au moi, par opposition à la limitation de l'agir, à la passivité inhérente au sentiment, que procède la position d'un non-moi. Intuition interne et intuition externe sont en action réciproque dans la position de l'objet.

38. Le postulat dont part la Doctrine de la science (qui était exprimé dans sa première version par le terme de *Thathandlung*, OCPP-PP, 20) est qu'« il faut agir intérieurement et observer cette action ». Celui qui présente la philosophie à un tiers (comme le fait ici l'Esprit) doit le solliciter à effectuer cet agir, et donc énoncer ce postulat (NM, 68). Le premier principe (si diversement commenté et discuté) de la Doctrine de la science est donc un postulat analogue à celui dont part l'enseignement de la géométrie, qui réclame que l'on décrive l'espace; et « qui comprend ce premier principe se place dans l'ambiance philosophique » (NM, 68).

Plus précisément, ce postulat consiste dans l'exigence d'intuitionner l'auto-intuition immédiate par le moi de son propre agir qui est au fondement de l'intuition et qui n'apparaît pas comme telle dans l'intuition en laquelle le moi oublie sa propre activité pour se perdre dans l'objet. Il réside dans une incitation à accomplir au niveau de la conscience philosophique ce retour de l'activité du moi sur lui-même qui s'accomplit en toute conscience comme sa condition de possibilité inaperçue. Le fondement ainsi atteint n'est pas extérieur à la conscience, à laquelle le philosophe n'ajoute rien, de sorte que l'explication de la conscience consiste au fond dans une auto-explication et que le philosophe n'enseigne à la conscience commune que son propre procédé.

Or le moi ne prend conscience de son agir qu'en agissant, de sorte que la conscience de ce qui agit et la conscience de l'agir ne font qu'un (NM, 70). Le moi n'est pas une âme, une substance (NM, 69), qui, ayant une existence indépendante de ses actions, doive être avant de pouvoir être pensée de telle ou telle manière. Le moi n'est que ce retour de l'activité sur elle-même qui ne se laisse pas définir, mais repose sur une intuition immédiate et consiste en ce que je suis immédiatement conscient de moi-même (NM, 69). Le moi n'est ici pas seulement sujet (comme l'est le Dieu de Spinoza, qui, ne réfléchissant pas son activité, n'est jamais conscient de soi, pose sans se poser soi-même et n'est donc pas pour lui-même ; la conscience serait alors aussi incompréhensible que l'est la conscience de ce Dieu pensé (cf. note 26)) ; il n'est pas non plus seulement objet (car on serait alors contraint, pour expliquer la conscience de cet objet, de chercher un sujet hors de lui, et encore un sujet de la conscience de cette conscience, et ainsi de suite à l'infini), mais il est identité sans médiation du sujet et de l'objet, sujet-objet (NM, 70-71) ; ce que la première version de la Doctrine de la science exprimait par la proposition : « Le moi pose originairement son propre être » (OCPP-PP, 22).

Cette intuition immédiate originaire du moi (au sens où l'intuition est en même temps une intuition que le moi a, comme sujet, et une intuition qui vise le moi, comme objet) est le fondement de notre savoir, la source de toute représentation. À partir d'elle s'explique la distinction du moi et du non-moi dans l'acte d'intuitionner, puisque cette distinction repose sur la réflexion de l'activité idéale par le moi se sachant comme un agir opposé à un pâtir. Une telle intuition, dans la mesure où elle n'est pas orientée vers un étant matériel mais vers un agir, n'est pas sensible mais intellectuelle (NM, 71). En ce sens, Kant a beau rejeter l'intuition intellectuelle, s'il affirme que les représentations nécessaires sont des produits de l'agir de l'être raisonnable et non de son pâtir, il lui faut bien avoir cette intuition de l'activité, cette intuition pure du moi (NM, 71), et la Doctrine de la science ajoute à la philosophie kantienne la réflexion sur cette intuition, c'est-à-dire la connaissance de son propre fondement systématique.

39. La première version de la Doctrine de la science oppose la réflexion naturelle à « la réflexion artificielle, transcendantale et phi-

losophique ». La première ne peut remonter qu'à l'entendement, au *Verstehen* (littéralement : porter le changeant à la fixité, à la subsistance), qui est le pouvoir de l'effectif (c'est-à-dire exprime seulement notre rapport à quelque chose qui, provenant de l'extérieur sans notre intervention, doit être seulement perçu par nous) et dégage en celui-ci quelque chose de donné de fait à la réflexion sans prendre conscience du pouvoir qui l'a produit. La seconde prend conscience du pouvoir de production par lequel les choses surgissent dans l'entendement (OCPP-PP, 113).

Ce pouvoir actif de production du moi dans l'intuition est l'imagination. C'est par elle qu'advient la réalité, qui n'*est* (reçoit le caractère de l'être) que dans l'entendement, où elle est fixée et conservée (OCPP-PP, 112). En général, « l'imagination ne pose », en effet, « aucune limite fixe, ne possède elle-même aucun point d'appui fixe », mais « flotte entre la détermination et la non-détermination, entre le fini et l'infini. » Ce flottement, cette instabilité de la limite est même ce que produit l'imagination dans et par son mouvement (OCPP-PP, 101).

La limitation du moi dans la conscience réelle n'est en effet possible qu'à condition que « l'activité du moi, abandonnée à elle-même en soi et pour soi, se dépasse dans l'illimité, c'est-à-dire à l'infini. Si elle ne devait pas s'étendre à l'infini, on ne pourrait conclure de sa limitation qu'un choc (non posé par le moi) s'est effectué sur elle » (OCPP-PP, 99). En d'autres termes, il faut que l'activité du moi s'étende au-delà de la résistance qui lui est opposée par le choc, ne soit pas niée par lui; il faut que le moi se pose en même temps et contradictoirement comme fini et comme infini. Ce pouvoir de repousser la limite à l'infini (de s'arracher à la passivité du choc en esquissant librement la limite par autodétermination du moi), de sorte que demeure seulement la déterminabilité du moi par un objet indéterminé, est le pouvoir de l'imagination. Grâce à l'imagination, le non-moi est un produit du moi se déterminant lui-même et nullement quelque chose d'absolu et de posé en dehors du moi (inversement, la réflexion du moi sur lui-même se découvre comme n'étant possible qu'à condition qu'il se limite lui-même par un opposé). Ce pouvoir de l'imagination est le pouvoir qu'a le moi de se poser comme actif dans l'intuition et, en conséquence, de s'opposer en celle-ci quelque chose de passif, il est le pouvoir de poser l'intuitionné par opposition à l'intuitionnant (OCPP-PP, 110).

40. Intuitionner est, en effet, « une activité qui n'est pas possible sans une passivité et une passivité qui n'est pas possible sans une activité » (OCPP-PP, 109). En d'autres termes : « Pas d'intuition sans sentiment et pas de sentiment sans intuition; tous deux sont réunis synthétiquement et déterminables l'un par l'autre » (NM, 122).

41. Dans les philosophies antérieures, y compris le système kantien, « le moi est un miroir, or le miroir ne voit pas »; c'est pour cette raison que, « dans ces philosophies, l'acte d'intuitionner, de voir, reste inexpliqué ». « Le moi de la Doctrine de la science n'est pas un

miroir, il est un œil. » « L'œil est un miroir qui se réfléchit soi-même », son essence est d'être « une image pour soi, et être-une-image-pour-soi est l'essence de l'intelligence ». Tout ce qui est intuitionnable ne l'est que médiatement à partir de cette intuition immédiate par le moi de son propre agir : « Tout ce que nous voyons, nous le voyons en nous ; nous ne voyons que nous, et seulement pour autant que nous agissons » (NM, 95-96).

L'intuition intellectuelle du philosophe, comme intuition immédiate de cette intuition immédiate de l'agir, consiste à voir le voir de l'œil.

42. C'est-à-dire depuis l'expérience de l'intuition intellectuelle.

43. Cette sollicitation (élaborer le concept du moi et observer comment l'on procède ce faisant) est le postulat qui constitue le premier principe de la philosophie. En suivant cette sollicitation, on trouvera que le concept du moi ne se forme que par une activité qui revient sur soi, et que cette activité ne donne naissance à aucun autre concept. La conscience qui est alors la nôtre dans cette observation est « l'intuition originaire du moi » (NM, 73), l'unique conscience immédiate qui doit être présupposée pour l'explication de toute autre conscience possible.

44. En désignant l'égoïté comme l'Un inconcevable, Fichte anticipe la manière dont l'exposé de la Doctrine de la science de 1801-1802 exprimera l'identité fondamentale du sujet et de l'objet dans l'intuition intellectuelle.

La tâche qui incombe au moi, selon cette nouvelle version de la Doctrine de la science, n'est pas, en effet, de considérer qu'il sait l'objet et comprend alors sa conscience « comme un Subjectif et l'objet comme un Objectif », mais « de saisir de la façon la plus intimement vivante, dans l'intuition intellectuelle, que l'un et l'autre sont Un et qu'ils sont une compénétration de soi », à la suite de laquelle seulement, le cas échéant, il pourra les différencier l'un de l'autre (1801, 34). Tout savoir commence alors avec cette « confluence et fusion d'un séparé en unité » qui est la forme absolue du savoir (1801, 36). Le savoir ne peut pas plus partir de la conscience des éléments (du Subjectif et de l'Objectif, que le moi composerait pour progresser jusqu'à l'unité) que de l'unité (qu'il scinderait en parties quelconques), car l'unité originaire est une unité des séparés, et le savoir, en soi-même organique, flotte à l'intérieur des deux (1801, 36-37) ; il est « une fusion de la diversité en unité et une diffluence de l'unité en diversité » (1801, 24) ; le pouvoir de composer les deux, dans et par ce flottement, est le pouvoir de l'imagination.

45. « S'il n'y a pas de moi pour le moi » [ce qui a lieu par l'intuition intellectuelle], « il n'y a pas alors de non-moi ni de conscience. Mais l'intuition et le concept du moi ne sont pas possibles sans modification de son sentiment. Un changement de sentiment est donc condition de la conscience de soi » (NM, 139). Le moi est certes par nature uniquement actif, mais nous ne devenons conscients de l'activité que par limitation, autrement dit par sentiment.

46. L'agilité de l'agir interne ne peut être intuitionnée que comme une ligne que je tire (cf. note 20). L'intuition ne pose pas, en effet, le non-moi comme quelque chose qui détruit l'activité, qui la supprime, mais comme une grandeur négative, de sorte qu'à chaque moment l'intuition contient simultanément résistance opposée à l'agir et agir, que l'agir du moi s'étend continuellement à l'infini au-delà de la résistance, ne recule pas, mais progresse constamment, la résistance cédant toujours du terrain sans jamais disparaître. L'autoaffection, par cette extension de l'agir au-delà de la résistance, d'un simple point se développe en une ligne (NM, 100).

47. La sensation est d'abord, comme telle, la limitation d'une activité réelle et pratique (c'est-à-dire libre) ; et c'est en réfléchissant sur cette limitation que l'intelligence (l'activité idéale ou l'intuition) conclut à quelque chose qui n'existe pas par elle.

48. La liberté de l'intelligence réside dans la synthèse d'un objet, déterminé par des prédicats du sentiment, avec un endroit dans l'espace, déterminé par spontanéité absolue (cf. note 21).

49. L'acte de penser est objectif dans la mesure où il se rapporte à mon état dans le sentiment, c'est-à-dire pour autant que d'un sentiment déterminé résulte une intuition déterminée, que l'intuition est une interprétation du sentiment (sinon l'objet est fictif). La vérité réside dans l'harmonie avec nous-mêmes (NM, 148). Or la détermination spatiale est un acte de penser objectif, « elle doit donc expliquer un état qui m'est propre, et toute détermination spatiale doit partir de moi » (NM, 162).

50. Si toutes les déterminations spatiales partent de moi, je dois être moi-même dans l'espace en tant que déterminant toutes les représentations dans l'espace. Tout mon acte d'intuitionner l'objet reçoit sa direction et se trouve déterminé par mon « être-dans-l'espace », qui m'appartient comme quelque chose de senti : mon corps.

Dans la mesure où *La Doctrine de la Science Nova Methodo* (à l'inverse de ce qui a lieu ici) ne sépare pas l'exposé de la doctrine du savoir théorique de son fondement pratique, ce *devenir matière* du moi est rapporté à l'effort du moi, à son activité causale. La matière dans l'espace qu'est censé être le moi et les parties de cette matière sont en son pouvoir. Cette matière est le corps propre en tant qu'il est articulé (et non dans la mesure où il est organisé) (NM, 163), c'est-à-dire la sphère (fixée par l'entendement) de toutes les actions possibles du moi, à laquelle le moi rattache la persistance et l'identité de sa personnalité (FDN, 73-74).

51. Dans la mesure où le Moi (qui exprime encore ici le point de vue de la réflexion commune, naturelle) prend conscience du résultat atteint dans la réflexion philosophique (à savoir que les choses ne surgissent dans l'entendement que par l'imagination), il est enclin à ne voir en toute chose qu'une illusion; et cette dernière façon, sceptique et idéaliste, de considérer les choses n'est pas moins fausse que la façon de voir réaliste dogmatique, qui était originairement la sienne (OCPP-PP, 113).

Est ici visé le scepticisme de Maimon, qui enseigne la même chose que la Doctrine de la science, c'est-à-dire la production de l'objet par l'imagination, mais nomme illusion ce procédé de l'esprit humain. La Doctrine de la science suit un autre chemin en montrant que « c'est sur cette action de l'imagination que se fonde la possibilité de notre conscience, de notre vie, de notre être pour nous, c'est-à-dire de notre être en tant que moi », et qu'admettre qu'elle trompe revient « à douter de son propre être » (OCPP-PP, 108).

52. On peut bien reconnaître l'exactitude formelle de la Doctrine de la science (du point de vue théorique), elle demeure vide, si l'on ne rapporte pas la possibilité de l'intelligence à l'existence d'un pouvoir pratique en l'homme comme à sa condition. L'effort originaire du moi vers une causalité en général est ce par quoi l'extériorité acquiert une consistance et constitue le fondement, ici encore inaperçu, de toute représentation.

53. La Doctrine de la science ne part pas d'une évidence théorique, mais d'un intérêt pratique : de la volonté d'être autonome et de se tenir pour tel; or un tel acte de se tenir pour tel est une croyance. Elle part donc sciemment d'une croyance. Cette croyance consiste dans la décision de tenir pour une vérité inexplicable, et pour unique vérité, le fait absolu et originaire du vouloir comme l'unique manifestation que le moi s'attribue originairement (Éth, 30-31). En tant qu'il se trouve lui-même comme tel (qu'il est originairement objectif), le moi ne consiste pas dans une simple intuition de soi-même (comme l'est l'activité idéale sur laquelle se fonde la possibilité d'un savoir théorique), mais comme « un agir réel sur soi-même », comme « une autodétermination réelle de soi-même par soi-même » (c'est-à-dire un vouloir) (Éth, 27).

54. La spéculation n'est, pour Fichte, que l'effet de notre orgueil, de notre prétention à « contempler directement en elle-même la région qui dépasse l'individualité », de sorte qu'il nous faut continuer de philosopher pour connaître notre nudité et trouver notre salut en étant reconduit par la spéculation même à la croyance en l'expérience. « Une humanité qui n'aurait pas goûté de ce fruit défendu pourrait se passer de toute philosophie » (Lettre à Jacobi du 30 août 1795).

55. Si l'on fait abstraction de l'action réciproque avec quelque chose hors de lui en laquelle le moi doit se trouver pour se déterminer à un vouloir réel (puisque tout vouloir postule un objet hors de nous), il reste comme essence du moi, comme son être pur, « une tendance absolue à l'absolu, une indéterminabilité absolue par quoi que ce soit d'extérieur à soi, une tendance à se déterminer absolument soi-même sans aucune impulsion extérieure » (Éth, 33).

Considérée relativement à sa manifestation réelle qui n'est possible que sous la condition d'un objet donné, cette tendance à l'autoactivité (*Selbsttätigkeit*) est la faculté de cette manifestation; mais, considérée comme quelque chose de réel constituant l'essence du moi, elle n'est pas du tout une faculté, car « une faculté n'est rien de réel », mais seulement ce qui est posé par l'activité idéale avant la réalité effective (Éth, 33). Elle définit alors la force active originaire du moi, qui est le fondement réel de la moralité.

Cet être originaire du moi, que la libre activité philosophique saisit comme un objet isolé dans un état d'abstraction, est également objet d'une conscience originaire et commune (non philosophique) (Éth, 35). Cette conscience originaire commune consiste dans l'intuition par l'intelligence de son propre agir libre, dans l'auto-intuition de l'intelligence comme faculté d'une causalité par le simple concept (selon la définition kantienne de la liberté : comme faculté de commencer absolument un état). L'intuition intellectuelle que le philosophe transcendantal exige de tout homme appelé à le comprendre est la simple forme de cette intuition (appelée intellectuelle dans la mesure où l'intelligence y est immédiatement, comme telle, objet d'une intuition) qui se présente originairement et réellement en tout homme sans la liberté de l'abstraction philosophique.

Dans cette conscience originaire, la tendance n'est plus pensée de manière seulement objective (comme c'était le cas par l'abstraction philosophique), mais également subjectivement; elle est objet d'une réflexion dans l'intuition. Or, dans cette intuition, dans cette conscience par le moi de son caractère absolu, l'intuitionnant (intelligent) pose la tendance à l'activité absolue comme soi-même, comme identique à soi-même, c'est-à-dire à l'être intelligent. Conformément à la nature même de l'acte d'intuitionner, l'intuitionné est toujours visé comme quelque chose qui existe indépendamment de l'intuition (et c'est bien le cas de la tendance, qui peut être isolée dans l'abstraction philosophique). Or, dans la mesure où, ici, l'intuitionné forme avec l'intuitionnant une même essence, l'intelligence ne se contente pas simplement de contempler l'intuitionné, mais « *devient* elle-même pour soi la force réelle et absolue du concept » (Éth, 37) ; « L'absoluité de l'agir réel devient l'essence d'une intelligence, se place sous la domination du concept, devient proprement liberté : absoluité de l'absoluité, faculté absolue de se faire soi-même absolue » (Éth, 36). La tendance qui constitue comme telle une force aveugle est l'objet d'un choix conscient; le moi originairement entraîné vers l'absoluité choisit son absoluité.

Dans la mesure où le moi réfléchissant sur lui-même pose ce qui se trouve dans son objectivité (la tendance à l'absolu) comme soi-même aussi bien en tant qu'il est réfléchissant, c'est-à-dire subjectif, la tendance s'exerce également sur le subjectif, c'est-à-dire sur le moi entier, qui consiste dans la réunion de l'objectif et du subjectif, et se trouve par conséquent indissolublement liée à l'intuition du moi comme sujet-objet (Éth, 46).

56. L'égoïté consiste dans « l'unité absolue du subjectif et de l'objectif ». Elle n'est ni le subjectif ni l'objectif mais une identité qui ne peut jamais être pensée comme telle et constitue seulement une tâche pour une pensée, l'expression « égoïté » ne servant jamais qu'à désigner « la place vide de cette identité » (Éth, 45). Le moi ne peut donc se penser lui-même qu'en opérant la distinction du subjectif et de l'objectif, en pensant les deux termes l'un après l'autre et comme tour à tour dépendant l'un de l'autre, de sorte qu'il ne puisse être

aucun des deux (étant aussi bien l'autre), mais seulement « l'Un impensable » en quoi consiste leur identité (Éth, 46).

Ce n'est que par la détermination réciproque du subjectif et de l'objectif que l'on peut approcher la détermination du tout, du moi entier (l'Un impensable). Au moyen de la réflexion, la force active tombe sous la domination de l'intelligence, et inversement, la possibilité de la réflexion dépend de l'existence de fait d'une force active. L'objectif (la tendance à l'absolu) déterminé par le subjectif (par l'intelligence réfléchissante ; c'est-à-dire tombant sous la domination du concept) donne « le concept de la liberté comme faculté de l'autonomie » (la faculté de produire un être par simple concept). Le subjectif (l'intelligence) déterminé par l'objectif (la tendance) donne « la pensée de la nécessité pour le moi de ne se déterminer par la liberté que d'après le concept de l'autonomie » (à penser l'autonomie, la tendance à la spontanéité absolue, comme une norme, à penser sa liberté sous la loi de l'autonomie) (Éth, 55). De ce dernier point de vue, l'impératif catégorique est rendu parfaitement concevable et se trouve déduit comme condition de la conscience de soi originaire (Éth, 56).

57. L'activité idéale, l'intelligence réfléchissante pose le pratique (l'activité réelle du moi) comme soi-même. Or elle consiste, comme telle, dans une formation d'images. Elle pose par conséquent le pratique comme formant des images, projette en lui un acte de formation d'images ; elle lui attribue un acte d'intuition. Or, dans la mesure où le pratique commence absolument, indépendamment de toute détermination extérieure, où il « n'est pas un acte de reproduction » (un *Nachbilden*), « l'image qui résulte du pratique n'est pas une reproduction mais un modèle » (*Vorbild*). « Nous ne pouvons pas penser d'agir libre qui ne résulte d'un concept que nous avons élaboré de l'agir, nous attribuons donc de l'intelligence au pouvoir pratique » (NM, 94). Le moi se présente ainsi sous les deux aspects inséparables qui constituent la sujet-objectivité : le pratique doit être intelligent, et l'intelligence doit être pratique. La conscience de soi immédiate, l'intuition originaire du moi qui accompagne toute conscience, consiste dans la réunion de l'intelligence et du pouvoir pratique (NM, 95) : « Le moi n'est ni intelligence ni pouvoir pratique, mais les deux à la fois ; si nous voulons saisir le moi, nous devons saisir les deux ; séparés, ceux-ci ne sont rien du tout » (NM, 96).

58. « Notre existence dans le monde intelligible est la loi morale » (la pensée de l'autonomie comme norme pour l'intelligence) ; « Notre existence dans le monde sensible est l'action réelle. » Le point de rencontre entre l'intelligible et le sensible est la liberté comme faculté absolue de déterminer l'action réelle par la loi. Se penser comme libre consiste, en effet, à penser la réalité comme dépendant de la force réelle du moi placée sous la domination du simple concept, c'est-à-dire tout aussi bien à penser le concept comme le modèle d'une existence à produire par l'action (Éth, 90).

Ce n'est, par suite, qu'au moyen de la conscience de notre activité que nous nous trouvons passifs ; le moi ne se trouve originairement limité que parce que, en vertu de sa propre exigence d'absoluité, il étend ses limites et au moment où il les étend (Éth, 91). Seul l'effort infini du moi, dans son dépassement à l'infini, est ainsi condition de possibilité de l'objet : « Pas d'effort, pas d'objet » (OCPP-PP, 133).

L'objet est donc originairement *Gegenstand*, ob-jet, un opposé qui ne peut être posé comme tel par le moi qu'en raison de l'activité pratique, de l'impulsion consciente de la raison sur elle-même. Par là, s'éclaire la position de l'objet par l'acte d'intuitionner à partir de son fondement pratique et se dissipe l'illusion sur laquelle s'achevait la section consacrée à l'examen séparé du savoir théorique. Tout est issu de l'agir du moi, qui est le premier principe de toute vie, de tout acte, de tout événement. Si le non-moi exerce une action sur nous, elle ne se produit pas dans notre domaine, mais sur le sien : il agit par une résistance qui n'existerait pas, si nous n'avions d'abord exercé une action sur lui (OCPP-PP, 132). La pensée de la liberté est une pensée immédiate procédant d'une intuition intellectuelle (l'intuition du vouloir), la pensée de l'objet, une pensée médiate, qui n'est découverte qu'à travers la première. « La liberté » est ainsi « le véhicule pour la connaissance des objets » (Éth, 79).

59. Le doute ou la certitude ne procèdent pas d'une argumentation dont la justesse exigerait à son tour une nouvelle démonstration, celle-ci, à son tour, une autre, et ainsi de suite à l'infini. Ils procèdent d'un sentiment immédiat. Le sentiment de certitude, la conviction ferme et inébranlable, est toujours « un accord immédiat et complet du moi empirique avec le moi pur et originaire » (la tendance absolue à l'absolu), par quoi le moi empirique « s'élève au-dessus de tout changement temporel et se pose comme absolument immuable » (Éth, 163).

Ce n'est donc que dans la mesure où il est un être moral qu'une certitude est possible pour le moi. « Le critère de toute vérité théorique n'est ainsi pas lui-même un critère théorique. » « La faculté de connaître théorique étant impuissante à se critiquer et à se confirmer elle-même », nous avons même le devoir de nous reposer sur la seule faculté pratique (Éth, 163-164). La reconnaissance théorique (comme elle a lieu dans la Doctrine de la science) du primat de la raison pratique sur la raison théorique (qui est, à vrai dire, la reconnaissance de l'essence pratique de la raison) est elle-même un devoir. Elle ne peut être établie théoriquement, mais seulement à partir de notre conscience morale, qui est juge de toute conviction et ne reconnaît aucun juge au-dessus d'elle. Comme telle, celle-ci « ne peut jamais se tromper, puisqu'elle est la conscience immédiate de notre moi pur et originaire et que vouloir la dépasser reviendrait à vouloir se séparer de soi-même » (Éth, 167).

Par là se justifie la décision par laquelle s'inaugurait le Doute. Celui qui agit suivant une autorité agit sans être sûr de la sentence de sa conscience, c'est-à-dire nécessairement sans conscience. « Seul le vrai philosophe n'admet rien sans examen et sa réflexion est issue du doute le plus absolu concernant toutes choses » (Éth, 169). « Aucun commandement, aucune sentence, même s'ils étaient présentés comme divins, ne sont, en effet, inconditionnellement obligatoires, car ils se situent ici ou là, ils sont professés par celui-ci ou celui-là ; ils ne le sont qu'à condition d'être confirmés par notre propre conscience et pour la seule raison qu'ils sont confirmés par elle ; c'est un devoir absolu de ne pas les accepter sans une recherche personnelle mais de les examiner d'abord selon sa propre conscience, et c'est rompre absolument avec la conscience que d'interrompre cet examen. Il n'y a rien qu'on puisse alléguer à l'encontre de cette sentence catégorique et valable sans exception de la raison et on doit écarter sans détours tous les subterfuges, toutes les exceptions et toutes les modifications qu'on voudra apporter à cette sentence. » « Ce qui ne provient pas de la croyance, d'une confirmation selon notre propre conscience morale est, absolument, péché » (Éth, 170).

60. Dans un texte de jeunesse, *Sur les intentions de la mort de Jésus*, Fichte soutenait que le christianisme se distingue de toutes les religions du monde précisément en ceci qu'il n'est pas une simple religion d'entendement, mais a pour but final d'éclairer et de rectifier l'entendement au moyen du cœur (Quer-Intentions, 207), de sorte qu'il ne pouvait être propagé par des raisons d'entendement, mais incitait à chercher et à penser par soi-même et à se laisser guider dans cette recherche par le sentiment intérieur du vrai et du bien, qui est l'unique fondement de l'authentique conviction chrétienne (Quer-Intentions, 210). Cette compréhension du christianisme et la conviction personnelle qui s'y rattache constituent la principale source d'inspiration et le point d'appui de la Doctrine de la science dans son ensemble, pour autant qu'elle part de la croyance dans le primat de la raison pratique sur la raison théorique.

61. L'intérêt pour quelque chose consiste dans le sentiment immédiat (antérieur à tout raisonnement et indépendant de lui) de l'harmonie de cette chose avec la tendance du moi. « Tout intérêt est donc médiatisé par l'intérêt du moi pour lui-même, dont il n'est qu'une modification » (Éth, 138). Il faut toutefois distinguer le sentiment de cette harmonie résultant de la satisfaction de la tendance naturelle (la tendance formatrice de notre nature que le dogmatisme exposé au Livre I considérait comme unique fondement de notre existence, tant physique que spirituelle) de celui qui résulte de la tendance pure.

La tendance pure ne se présente pas, en effet, comme une affection. « Le moi n'est pas mû par elle, mais se meut lui-même en elle et s'intuitionne dans cet acte de se mouvoir. » Elle ne se manifeste pas, à l'instar de la tendance naturelle, comme « une aspiration », qui viserait « quelque chose qui serait attendu de la faveur de la nature ». Mais elle est « une exigence absolue » qui surgit dans la conscience, non pas à partir d'une limitation, mais à partir d'une intuition qui est intuition par le moi de sa faculté absolue (l'intuition intellectuelle originaire du moi). Le sentiment (en lequel consiste l'intérêt) porte ici sur l'harmonie de l'intuition du moi avec l'exigence exprimée par la tendance (Éth, 139). De cette concordance du moi avec l'exigence de la spontanéité absolue résulte un plaisir qui n'a rien à voir avec la jouissance, en ceci qu'il n'est pas un plaisir involontaire mais un plaisir « moins bruyant et plus profond » (Éth, 140), dépendant de la seule liberté du moi. La faculté (supérieure) d'un tel sentiment est la conscience morale (*das Gewissen*) (Éth, 141).

62. C'est avec conscience et d'après des concepts que le moi doit se rapprocher de l'autonomie. L'autonomie n'est donc une loi que pour autant que le moi est une intelligence et la promulgue pour lui-même (selon le principe de la réciprocité de l'objectif et du subjectif dans l'intuition intellectuelle du vouloir). « La loi ne s'étend pas plus loin que l'intelligence », qui en est le véhicule. La connaissance théorique ne peut être ainsi matériellement subordonnée à la loi (comme peut l'être la tendance naturelle) : il n'est pas nécessaire que je me refuse à connaître certaines choses parce que cette connaissance pourrait aller contre mon devoir. Mais elle doit l'être formellement : « Il faut que la connaissance de mon devoir soit la fin dernière de toute ma connaissance. »

De là résultent trois lois morales. Une loi négative : ne subordonner la raison théorique à rien et se livrer à la recherche avec une liberté absolue sans présupposer aucun but à cette recherche. Une loi positive : cultiver la faculté de connaître, apprendre, penser, chercher, aussi largement que possible. Une loi limitative : rapporter formellement toute sa réflexion à son devoir, chercher par devoir et non par un vain désir de connaître pour seulement s'occuper (Éth, 208).

63. L'idée d'une volonté pure, dans la mesure où elle vise l'indépendance absolue de l'être agissant, est « un absolu issu du monde intelligible qui n'est pensé que comme fondement de l'explication d'un être empirique » (Éth, 142). Si l'Éthique s'en tenait à cette idée (était traitée simplement du point de vue formel), elle devrait n'aboutir, eu égard à la tendance naturelle, qu'à une abstention et consister dans une doctrine de « l'abnégation constante de soi-même » et de l'anéantissement en Dieu (Éth, 141). Mais la tendance pure exige que je puisse *me* poser comme libre dans une réflexion, c'est-à-dire que je pose ma liberté comme quelque chose de *positif*, comme le fondement d'une action réelle et non d'une simple abstention (Éth, 142).

« Rapportée à l'homme empirique, la loi morale a un point de départ : la limitation déterminée dans laquelle se trouve l'individu, au moment où il se trouve lui-même pour la première fois. Elle a un but déterminé (qui ne peut cependant jamais être atteint) : la libération absolue de toute limitation. Elle a un chemin parfaitement déterminé par lequel elle nous conduit : l'ordre de la nature. Il n'y a, donc, pour tout homme déterminé, dans toute situation, que quelque chose de déterminé qui s'accorde avec le devoir, et c'est là ce qu'exige la loi morale appliquée à l'être temporel » (Éth, 160).

64. Le *Fondement du droit naturel* avait déduit la nécessité pour le moi d'admettre d'autres êtres raisonnables finis hors de lui, c'est-à-dire de se poser comme individu (FDN, 46 *sq.*). Mais l'Éthique, qui

« se situe au-dessus de toute science particulière » (puisqu'elle établit le fondement de l'objectivité pour nous et indique à l'homme sa vraie destination) et « donc au-dessus de la doctrine du droit », entreprend la démonstration de cette nécessité « à partir d'un principe plus élevé » (qui est le principe de la moralité) (Éth, 209).

Il est vrai que le moi ne peut (par la reconnaissance de ce que la loi morale exige de lui dans sa situation) s'attribuer une activité libre déterminée sans poser en même temps une autre activité libre qui ne lui revient pas. Ce principe ne suffit toutefois pas à fonder l'individualité, car cette autre activité pourrait n'être posée que par l'activité idéale comme une activité seulement possible, pour le moi lui-même ou pour d'autres êtres libres. On n'obtiendrait par là aucune détermination réelle du moi par l'influence d'un être raisonnable réel hors du moi.

La seule raison suffisante de conclure à une cause raisonnable hors de nous est que le moi (réfléchissant) ne peut se donner son autodétermination réelle (s'attribuer une action libre comme ce qui est exigé absolument de lui, et de lui seul) qu'à condition de la présupposer comme quelque chose qui existe sans son intervention et qu'il est appelé à exercer (Éth, 210). Or il ne peut « concevoir cet appel à la spontanéité sans l'attribuer à un être réel hors de lui » qui veut lui communiquer le concept de l'action exigée. C'est-à-dire à un autre être raisonnable capable de former le concept du concept de l'action exigée du moi. Il est alors possible d'établir *a priori* (à partir des conditions de l'agir libre réel) qu'un être raisonnable ne peut être un être raisonnable (satisfaire la tendance morale) à l'état d'isolement (Éth, 211).

Ainsi, non seulement l'individualisme moral n'est pas contraire au principe d'une constitution intersubjective du moi réel, mais il appelle précisément une telle constitution. La relation juridique, en tant qu'elle consiste dans une telle relation d'intersubjectivité, est donc subordonnée au principe de la moralité dont elle définit une application nécessaire.

Par cette déduction de la liberté de l'autre comme condition de l'égoïté du moi et de sa tendance morale, le contenu matériel de la loi morale se trouve déterminé comme suit : il m'est interdit d'être autonome aux dépens de la liberté des autres, mais il m'est commandé de considérer toujours cette liberté comme autonome et de ne jamais l'employer comme un moyen pour une fin qui soit la mienne.

65. Fichte présente comme une remarque importante pour l'Éthique, négligée par les philosophes, la considération selon laquelle l'aspiration du moi contient ce qui doit exister pour le moi, avant même que cela existe pour lui et ait agi effectivement sur lui, de sorte qu'elle le contiendrait même si cela ne pouvait pas exister du tout. La raison s'en trouve dans l'achèvement de la nature en elle-même comme un tout réel, organisé (Éth, 119).

Aussi n'ai-je pas faim « parce qu'il y a des aliments pour moi, mais parce que j'ai faim, quelque chose devient pour moi un aliment ». De même que « ce n'est pas l'existence de matériaux nécessaires pour sa substance qui incite le végétal à les absorber, mais sa constitution interne, qui, indépendamment de leur existence effective, exige précisément ces matériaux. Il y a ici partout harmonie, action réciproque et non simple mécanisme » (Éth, 119). Dans la mesure où le moi doit, comme condition de l'applicabilité de sa liberté (de la détermination des objets par elle), se poser comme nature, il est un système de tendances, tel que son effort et son désir, même quand il s'agit des besoins animaux, ne proviennent pas des objets, mais du moi lui-même, et que la perception parte toujours de la nature en lui.

66. Tout notre agir se produit dans la nature, n'est possible et ne devient réel pour nous qu'en elle. C'est par suite de la tendance naturelle égoïste (la nature en nous) que la nature hors de nous existe pour nous. Or la tendance naturelle ne s'adresse à moi qu'au moyen de mon corps, qui est l'instrument de toute ma causalité; considérée dans son incarnation, elle est elle-même mon corps. Elle vise donc « à la conservation, à la formation et au bien-être » du corps et, ne pouvant s'élever au-dessus d'elle-même, ne peut viser au-delà de cette perfection du corps (Éth, 206).

Dans la mesure où tout vouloir réel est empirique, où le moi ne peut agir dans le monde des objets qu'avec une force naturelle (Éth, 142), la satisfaction de la tendance à l'autonomie absolue (qui est la tendance la plus élevée du moi), c'est-à-dire « la moralité, a pour condition la conservation et le plus grand perfectionnement possible de mon corps », qui est la fin de la tendance naturelle. Mais, inversement, la moralité devant être « l'unique fin consciemment posée de mon agir », il me faut subordonner cette fin de la tendance naturelle à celle de la tendance à l'autonomie. Il en résulte trois « commandements moraux matériels ». Un commandement négatif : ne pas traiter mon corps comme une fin dernière. Un commandement positif : former le corps aussi bien que possible dans tous les cas (« mortifier les sensations et les désirs, émousser la force est absolument contraire au devoir »). Un commandement limitatif : « Toute jouissance qui ne peut être rapportée à la formation de notre corps en vue de son aptitude aux fins de la liberté est défendue et contraire à la loi. » Il faut « manger et boire à la gloire de Dieu » (Éth, 206-207).

67. Dans la mesure où la tendance pure à l'absolu doit être fondement d'une action réelle, qui ne peut avoir lieu que par l'exercice d'une force naturelle octroyée seulement par la tendance naturelle, « il faut que la matière de l'action soit, dans un même agir, appropriée en même temps à la tendance pure et à la tendance naturelle » (celle-ci ne prêtant sa force que parce qu'elle exige elle-même sa satisfaction). L'action réelle appropriée à la tendance pure, dans la mesure où elle vise comme elle l'indépendance absolue à l'égard de la nature, s'approche incessamment de cette fin dernière et « se trouve dans une série dont la continuation rendrait nécessairement le moi indépendant » (Éth, 143). Dans cette série, le moi n'a jamais sous les yeux qu'un but déterminé, qui est également exigé par la tendance naturelle, dont il peut à coup sûr s'approcher et qui sera

toujours repoussé plus loin en raison de l'état de perfectionnement atteint par le moi avec l'accomplissement ce ce premier but. Cette série des fins déterminées (pour ainsi dire partielles) et des actions qu'elles appellent constitue ce que l'on peut appeler « la destination morale de l'être moral fini », la ligne de son agir moral, dont chacune de ces actions est un point déterminé (Éth, 144).

68. Dans ses *Conférences sur la logique et la métaphysique*, Fichte présentait la négligence de cette proposition comme la raison de l'incompréhension dont avait été victime la théologie morale kantienne. « En adoptant la fin de la raison, j'adopte, en effet, en même temps la croyance en la possibilité de la réalisation de cette fin. » Dans la mesure où la fin de la raison est notre égoïté même, l'acte de poser cette fin n'est pas précédé par la pensée de sa possibilité (en conséquence de quoi seulement je me proposerais de la réaliser), mais il est « premier, originaire et nécessaire », de sorte qu'en lui est déjà incluse la possibilité de la réalisation (Quer-Idées, 274-275).

La loi morale ne commande pas immédiatement la croyance ; elle ne commande que la disposition d'esprit morale, mais celle-ci « entraîne immédiatement avec elle la croyance ». « Qui veut promouvoir le bien doit aussi croire qu'il le peut ; qui travaille à son amélioration morale croit à sa possibilité. » Cette croyance en la possibilité de la réalisation de la loi morale est, en outre, la vraie croyance (« agir moralement est l'unique vraie profession de foi »), et « elle se rencontre d'elle-même avec l'aspiration à réaliser le royaume de Dieu » (Quer-Idées, 275). C'est dans cette certitude de la possibilité de la libération de notre être que la moralité et la religion sont une (Quer-Appel, 51).

69. Dans l'*Appel au public contre l'accusation d'athéisme*, Fichte voyait dans la formule par laquelle Paul prête à la création le vœu d'être libérée de l'esclavage de la corruption et de la vanité une expression particulière de « cette aspiration vers quelque chose de meilleur et d'impérissable qui est présente dans l'âme de tout homme sans pouvoir en être extirpée » et qui réalise en lui l'unité du penser et du vouloir en entravant le libre cours de la spéculation (Quer-Appel, 46).

70. Cf. Jean, XVIII, 36. Le « monde » évoque ici l'ensemble de ce que le Nouveau Testament appelle les principautés et les puissances opposées à Dieu (cf. Romains, VIII, 38). L'Éthique fichtéenne, comme Éthique concrète, ne saurait par ailleurs consister dans une négation mystique du monde sensible qui est pour elle le domaine en lequel s'accomplit nécessairement la tâche infinie de l'émancipation morale. S'il ne faut pas être « du monde », il convient cependant d'être « dans le monde ».

71. À la question de savoir pourquoi l'homme exige de persister, n'arrête pas ses pensées au présent, mais étend son avenir au-delà de la fin de sa vie, *Les Idées sur Dieu et l'immortalité* répondaient qu'« il n'existe aucun temps hormis celui en lequel nous posons la réalisation de nos vœux ». Or « l'homme moral a des vœux qui vont au-delà de tout temps possible » (Quer-Idées, 283), de sorte que

« ce qu'il fait ne doit pas durer seulement pour son temps, mais doit avoir des conséquences pour toute l'éternité » (Quer-Idées, 284). Ce qui persiste, ce à quoi l'on doit rattacher l'identité de la conscience, n'est ainsi que l'agir du moi, par suite de quoi il pose incessamment un monde comme sphère de ces devoirs. « L'homme moralement bon sera toujours contraint par sa propre imperfection de faire retour sur soi et trouvera qu'il n'est pas encore ce qu'il doit être; il meurt toujours en sachant qu'il n'est pas allé aussi loin qu'il aurait dû. Le commandement de la loi morale, c'est-à-dire le commandement de devenir saint (Éphésiens, I, 4), le sollicite constamment et, ne pouvant se trouver saint, il lui faut en conséquence toujours persister » (Quer-Idées, 285). Puisqu'il ne lui importe pas de *voir* le fruit de son travail, il ne veut pas persister pour lui-même (pour son autoglorification) mais souhaite la persistance comme l'objet auquel il travaille. La croyance en sa persistance constitue donc une partie intégrante de lui-même.

72. Comme telle (comme non-moi), la nature est dépourvue de toute force active; elle ne possède que du repos, de l'être. C'est seulement dans la mesure où, par l'action réelle, on agit sur elle au moyen d'une force qu'elle résistera pour demeurer ce qu'elle est, et c'est alors seulement par rapport à l'activité qui lui est opposée que celle-ci, qui n'était auparavant qu'inertie, devient activité. Le concept d'une force de la nature est ici le concept synthétique d'une « force d'inertie » (Éth, 191-192). En l'homme, cette force d'inertie définit l'élément positif par lequel s'explique le mal, c'est-à-dire le fait que l'homme n'en vienne pas à prendre conscience de sa destination supérieure.

73. La fin dernière de l'homme moral est « de se soucier de toute l'espèce humaine ». Dans la mesure où le moi ne peut être lui-même libre et indépendant qu'à condition de poser d'autres êtres raisonnables (d'autres moi(s)), il lui faut « réaliser un accord absolu avec lui-même en dehors de lui, chez tous ceux qui sont là pour lui », et donc « vivre et demeurer en société » (Éth, 224). Il lui faut chercher à réaliser, et, pour une part, agir comme si était déjà réalisée la proposition kantienne selon laquelle la maxime de son action doit toujours valoir comme principe d'une législation universelle; c'est-à-dire réaliser effectivement l'accord dont cette proposition n'est que l'idée (Éth, 223).

À cette fin, chacun doit s'engager dans le jeu d'une action réciproque de tous sur tous en vue d'acquérir des convictions pratiques communes. Cette « communauté éthique se nomme une Église, et ce sur quoi tous sont d'accord, son symbole ». Il en résulte que « chacun doit être membre de l'Église » et que le symbole, formé dans le libre agir réciproque, se transformera continûment au fur et à mesure de l'accroissement des convictions communes (Éth, 225).

Il faut en outre, afin de rendre possible ce libre jeu des influences réciproques en vue de la conviction commune, réaliser « un accord sur la manière dont on doit permettre à chacun d'influencer les autres ». « La convention indiquant comment les hommes doivent pouvoir s'influencer mutuellement, c'est-à-dire la convention relative à *leurs droits* communs dans le monde sensible, se nomme le *contrat social*, et la communauté qui fait l'objet de ce contrat, l'État. » « C'est un devoir de se réunir avec d'autres pour former un État », de « se soumettre inconditionnellement aux lois de son État », et de ne pas entreprendre de le renverser à moins d'être « fermement convaincu que la communauté veut ce renversement » (Éth, 227).

74. De même que le moi trouve dans la liberté des autres êtres raisonnables la condition de sa propre liberté et satisfait sa tendance à l'autonomie par l'action réciproque réelle avec eux, l'État libre trouve dans l'émancipation des peuples extérieurs la condition de sa propre autonomie, et sa propre autonomie intérieure est condition de l'émancipation de ces peuples. C'est à partir de ce principe d'une détermination réciproque des peuples en vue de la constitution d'une humanité une qu'il faut interpréter la fermeture juridique et commerciale de l'État (son autonomie intérieure) dans *l'État commercial fermé*, qui peut être considéré comme l'ultime texte de réponse à l'accusation (théologico-politique) d'athéisme.

75. La fin dernière de l'homme en tant qu'il est considéré comme individu (c'est-à-dire en tant qu'il agit dans la société) est l'accord universel des hommes, qui ne peut se faire que sur ce qui est raisonnable, puisque c'est là « l'unique chose qui leur soit commune » (Éth, 240). Tant que cet accord n'est pas atteint, il est nécessaire que se forme un public savant formellement (mais non matériellement) libre à l'égard de toute autorité, indépendant des « chaînes du symbole de l'Église et des concepts juridiques sanctionnés par l'État », confiant dans la seule réflexion personnelle, afin de faire progresser et d'élargir la conviction commune par la libre action réciproque des esprits (Éth, 236). Ce progrès continu, cette manière de partir du symbole pour aller à l'infini, en déterminant davantage la seule conviction commune rationnelle qui consiste dans la simple reconnaissance de l'existence d'un suprasensible (Éth, 232), est ce qui caractérise « l'esprit du protestantisme » par opposition à « l'esprit du papisme », qui s'efforce « d'imposer silence à la raison » (même si cet esprit prend la forme d'un asservissement à la détermination luthérienne ou calviniste du symbole) (Éth, 233). Supposer l'accord universel des hommes revient donc à supposer la suppression de la distinction du public non savant et du public savant, c'est-à-dire la suppression de l'Église et de l'État (Éth, 240).

En faisant de cet accord universel (l'amour des hommes en Dieu) la destination assignée aux hommes par la loi morale, c'est-à-dire par le suprasensible, par le divin, en eux, Fichte répond aux théologiens protestants qui l'avaient accusé d'athéisme en leur rappelant que la persécution des savants est un manquement à l'esprit même du protestantisme.

76. Dans la mesure où « la tendance à l'autonomie vise à l'autonomie de la raison en général » et « ne peut être présentée que *dans* les individus A, B, C, etc., et *par* eux, il m'est nécessairement indifférent que ce soit moi, A ou B ou C, qui la présente, car c'est toujours la raison en général qui est présentée », attendu que ces der-

niers appartiennent comme moi « au règne un et indivisé de la raison » (Éth, 221).

Cette conclusion prend son sens rapportée à la théorie de la prédestination par laquelle s'éclaire la doctrine de la liberté dont tout dépend en Éthique. Le moi n'a « ni le pouvoir ni le droit d'être et de devenir tout, car il y a hors de lui d'autres êtres libres », par l'action libre desquels il est non seulement formellement, mais aussi matériellement limité ; de telle sorte que l'interdiction de transgresser ces limites de son individualité (que sont les actions libres des autres) se manifeste à lui immédiatement (Éth, 216). Les actions libres des autres doivent donc se trouver originairement dans le moi « comme des points qui limitent son individualité », c'est-à-dire « être prédestinées de toute éternité et non seulement déterminées dans le temps » (Éth, 216). Sans cette prédétermination, l'action réciproque des êtres raisonnables (et donc l'existence d'êtres raisonnables en général) est inexplicable (Éth, 217).

Cette prédestination ne supprime toutefois pas la liberté humaine, car la détermination *a priori* de toutes les influences des êtres libres ne signifie aucune succession nécessaire des événements (mais désigne « une simultanéité et aucune suite temporelle ») : « Ce dont, par l'influence, je ferai l'expérience est déterminé, mais non *par qui* je la ferai » (les autres hors de moi restent libres) ; de même l'influence que j'ai, moi, sur eux était déterminée, mais « que ce soit moi, cet individu originairement déterminé, qui devait exercer cette influence, cela n'était pas déterminé » (je reste libre). Aussi, si un autre avait exercé cette influence avant moi (et fait ainsi progresser la liberté), je ne l'aurais pas fait, et si je ne l'avais pas exercée, c'est peut-être qu'un autre l'aurait fait après moi (Éth, 217). « La suite du temps et le contenu du temps ne sont pas prédestinés », car « le temps n'est rien d'éternel ni de pur, mais simplement une forme de l'intuition des êtres finis » : ni le moment où quelque chose arrivera ni les auteurs de l'action ne sont prédestinés (Éth, 218).

77. « La vie en soi et pour soi n'a pas la moindre valeur. » Toutefois, comme être moral, « je dois vouloir vivre, non pour la vie, mais par égard pour une action en vue de laquelle j'ai besoin de la vie ». La vie est ainsi par rapport à l'être spirituel de l'homme ce qu'est l'être en général à l'égard de la chose, « non pas une propriété, une détermination, mais seulement la condition de toutes ses déterminations » (Éth, 252).

78. Quoi que je veuille réaliser dans le monde sensible, ce n'est jamais la fin dernière commandée par la moralité, car « cette fin dernière est située à l'infini » (Éth, 143). Ce que je réalise dans ce monde n'est donc qu'un moyen pour se rapprocher de l'infini, qui ne peut être atteint en aucun temps.

Dès que le moi réfléchit sur son effort infini, cet effort devient fini, et dès que l'esprit devient conscient de sa finitude, il se dépasse à nouveau vers l'infini. La réalisation de l'Idée de l'Infini est une contradiction. Et, cependant, l'Idée d'une telle infinité à réaliser se présente à nous et est comprise au plus profond de notre être. En vertu de l'exigence de notre être, nous devons surmonter cette contradiction; même si (contrairement à ce que pensent les mystiques) « nous ne pouvons penser la solution de cette contradiction comme possible, même si nous prévoyons qu'en aucun moment de notre existence, prolongée dans l'éternité, nous ne pourrons penser cette solution comme possible. Mais c'est justement là le sceau de notre destination pour l'éternité » (OCPP-PP, 138-139).

79. Le véritable lieu de la croyance religieuse consiste dans « la pensée et l'exigence nécessaires d'une loi, d'une disposition, d'un ordre intelligibles, d'après lesquels la vraie moralité, la pureté intérieure, a nécessairement des conséquences ». Toute croyance en Dieu n'est que la croyance en un tel ordre intelligible, d'où naît un système ou un monde moral et intelligible (Quer-Lettre, 189).

La bonne volonté est la seule chose qui soit en notre pouvoir et qui doit être pour nous le dernier terme, la fin dernière; elle constitue le premier élément du concept du suprasensible. Que quelque chose d'autre doive se produire indépendamment de notre efficacité et en dehors de notre vouloir, sans que cette fin soit un motif pour la volonté (qui ne doit avoir d'autre fin qu'elle-même, c'est-à-dire sa propre droiture), c'est là le second élément du suprasensible qui, lui, ne dépend pas de nous et est exigé par nous dans la mesure où nous réfléchissons sur notre vouloir et ne voulons pas le trouver sans fin ni conséquence. Ce qui fournit la médiation du premier au second élément et réalise ainsi l'unité du concept du suprasensible, c'est l'idée de Dieu, c'est-à-dire d'un ordre moral d'après lequel, en vertu d'une force hors de nous, s'ensuit toujours un effet de la bonne volonté (Quer-Lettre, 181-187).

Cet ordre ne consiste pas dans « un être-à-côté-l'un-de-l'autre » ni dans « un être-l'un-après-l'autre » déjà achevés (*ordo ordinatus*), mais dans un « ordre actif » (*ordo ordinans*) (Quer-Lettre, 176), de sorte que le Dieu identifié à cet ordre moral n'est nullement le Dieu des philosophes, qui est de part en part concept, mais le Dieu « vivant, puissant et actif » de la religion (Quer-Lettre, 175).

80. Le Dieu suprasensible, l'ordre moral intelligible et actif du monde, est pour la Doctrine de la science le seul qui est, en lequel nous tous, pour autant que nous sommes des esprits raisonnables, nous vivons et nous mouvons (Actes, XVII, 28) (Quer-Appel, 65). Cette affirmation de l'actualité du royaume céleste semble rattacher Fichte à la tradition joachimiste (cf. notre introduction). L'intention de Fichte n'est cependant pas de substituer l'Évangile éternel (celui de la raison) à l'Évangile historique. Faisant écho aux écrits religieux de jeunesse et approfondissant le propos de l'*Initiation à la vie bienheureuse*, la dernière section de *La Doctrine de l'État* insistera sur le fait que la Doctrine de la science consiste uniquement dans la reconnaissance par l'entendement commun de la réalité du royaume céleste seulement instituée par Jésus-Christ, en tant qu'il est le premier phénomène du concept de ce royaume.

81. Jean, XII, 25.

82. Seul celui qui est moralement intentionné croit fermement que Dieu accomplira, et peut accomplir, les fins de la raison. La caractéristique principale de l'homme religieux est en conséquence

une totale soumission à la volonté de Dieu. La prière du juste est : « Seigneur, que ta volonté soit faite » (Matthieu, XXVI, 39). La volonté morale veut nécessairement la volonté infinie, c'est-à-dire la satisfaction de ses vœux (qui ne dépend pas d'elle) seulement dans la mesure où ils sont moraux.

83. En conclusion du premier exposé oral de ce qui allait devenir le *Fondement de la Doctrine de la science*, dans le *Discours sur la dignité de l'homme*, Fichte se demandait déjà s'il ne fallait pas « trembler devant la majesté qui est dans l'image humaine et devant la divinité qui habite, peut-être dans la pénombre secrète mais non moins certainement, le temple qui porte son empreinte » (Quer-Dignité, 266).

84. Il ne faut pas comprendre que Dieu, la volonté infinie ou éternelle, est cause de la réalisation de la fin de la raison, car je ne puis par la loi de la causalité sortir de l'expérience. Il faut dire que « la possibilité de la fin de la raison est elle-même le divin ». Si l'on concluait selon le principe de causalité, l'on obtiendrait « quelque chose de séparé de ce qui est produit » (une cause ou un auteur du monde situé hors du monde) et non cette identité de l'acte et du produit qui définit la volonté infinie (Quer-Idées, 277).

Dans l'idée d'un gouvernement moral du monde par la volonté infinie, c'est-à-dire d'un gouvernement du destin des êtres raisonnables pour leur béatification (pour leur libération par la pure moralité), on ne pense que « des actes, des événements, quelque chose qui s'écoule, aucun être, aucune persistance immobile : un créer, un conserver, un régner, d'aucune façon un créateur, un conservateur, un souverain » (Quer-Rappels, 164).

Dans la mesure où le monde est « le substrat et la sphère des devoirs » (définit l'ordre dans lequel chacun doit pratiquer ses devoirs), il devient quelque chose de divin, est arrangé pour la réalisation des fins de la raison et devient une « création de Dieu ». C'est uniquement dans la mesure où je suis disposé dans la série des êtres moraux par la divinité que le monde est une création de Dieu, c'est-à-dire n'est pas un ordre physique, mais moral, « non pas un royaume terrestre, mais un royaume céleste ». Kant, « qui s'occupait seulement de renverser les thèses dogmatiques », n'a pas remarqué que « notre monde sensible était transformé par notre croyance morale ». Par là, « ce que disaient les dogmatiques » concernant la disposition finale du monde « a de bonnes raisons d'être dit », et l'histoire de la philosophie tout entière acquiert « un aspect supportable » (Quer-Idées, 279).

85. L'impossibilité d'attribuer la personnalité et la conscience à Dieu se fonde sur la négation de sa concevabilité. La conscience n'étant concevable que parce que son concept comporte nécessairement des limites (parce qu'elle a pour condition la passivité du sentiment), elle ne peut valoir pour Dieu, qui est activité sans limites, volonté infinie. Dans la mesure où il est pure vie spirituelle, pure activité, Dieu est l'Inconcevable, et c'est être fidèle au commandement mosaïque (Exode, XX, 4-5) que de s'interdire d'en forger aucun concept (Quer-RJ, 100-101).

Ce refus d'attribuer la personnalité à Dieu était une des raisons de l'accusation d'athéisme portée à l'encontre de la Doctrine de la science.

86. La caractéristique fondamentale de l'homme religieux est en conséquence « une totale soumission à la volonté de Dieu ». « La prière du juste est : « Seigneur, que ta volonté soit faite » » (Quer-Idées 278).

87. Philippiens, III, 20.

88. Romains, VI, 3-4.

BIBLIOGRAPHIE

Éditions allemandes des œuvres de Fichte

J. G. Fichte, *Gesamtausgabe der Bayerischen Akademie der Wissenschaften*, Herausg. von R. Lauth und H. Jacob ; en trois séries de volumes (Œuvres : I ; Nachlass : II ; Correspondance : III) ; Stuttgart, à partir de 1962.

Johann Gottlieb Fichte's sämmtliche Werke, herausgegeben von I. Fichte, Berlin, 1845, 8 volumes ; réédition : Walter de Gruyter, Berlin.

Nachgelassene Werke, herausgegeben von I. Fichte, Bonn, 1834-35, 3 volumes.

Nachgelassene Schriften, herausgegeben von H. Jacob, Berlin, 1937.

Fichtes Briefwechsel, kritische Gesammtausgabe gesammelt und herausgegeben von H. Schulz, Leipzig, 1925, 2 volumes.

On trouvera de nombreuses éditions critiques importantes des œuvres de Fichte dans la *Philosophische Bibliothek* (Felix Meiner Verlag, Hambourg), notamment des *W.L. Nova Methodo*, *1801*, et *1804*.

Traductions françaises

Considérations sur la Révolution française, traduction par J. Barni, réédition Paris, Payot, 1974.

Initiation à la vie bienheureuse, traduction par M. Rouché, Paris, Aubier-Montaigne, 1944.

Discours à la nation allemande, traduction par A. Renaut, Paris, Imprimerie nationale, 1993.

La Théorie de la science (exposé de 1804), traduction par D. JULIA, Paris, Aubier-Montaigne, 1967.

Conférences sur la destination du savant, traduction par J.-L. VIEILLARD-BARON, Paris, Vrin, 1969 (réédition corrigée : 1980).

Les Principes de la doctrine de la science (1794-1795), *Précis de ce qui est propre à la doctrine de la science au point de vue de la faculté théorique*, *Première et seconde introduction à la doctrine de la science*, traduction par A. PHILONENKO, in *Œuvres choisies de philosophie première*, Paris, Vrin, 1972.

Sur la dignité de l'homme, *Aphorismes sur l'éducation*, *Au sujet de l'homme sans nom*, *Discours à ses étudiants*, traduction par P. Ph. Druet, in *Fichte*, Paris, Seghers, 1977.

L'État commercial fermé, traduction par D. SCHULTHESS, Lausanne, L'Âge d'homme, 1980.

Sur Machiavel écrivain, *Dialogues patriotiques*, *Sur le concept de la doctrine de la science*, *Compte rendu du projet de paix perpétuelle de Kant*, traductions par L. FERRY et A. RENAUT, in *Machiavel*, Paris, Payot, 1981.

Sur le concept de la doctrine de la science, *Sur l'esprit et la lettre dans la philosophie*, *De la faculté linguistique et de l'origine du langage*, traductions par L. FERRY et A. RENAUT, in *Essais philosophiques choisis*, Paris, Vrin, 1984.

Philosophies de l'Université, traduction par L. FERRY et A. RENAUT, Paris, Payot, 1979.

Fondement du droit naturel selon les principes de la doctrine de la science, traduction par A. RENAUT, Paris, PUF, 1984.

Le Système de l'éthique selon les principes de la doctrine de la science, traduction par P. NAULIN, Paris, PUF, 1986.

Rapport clair comme le jour, *Recension de l'Enésidème*, *Sur la stimulation et l'accroissement du pur intérêt pour la vérité*, *La Silhouette générale de la doctrine de la science*, traduction par A. VALENSIN, P.-P. DRUET, Paris, Vrin-Reprise, 1986.

Doctrine de la science (exposé de 1801-1802), *Sur le fondement de notre croyance en une divine Providence*, *Sonnet*, traduction par A. PHILONENKO, Paris, Vrin, 1987.

Essai d'une Critique de toute révélation, traduction par J.-C. GODDARD, Paris, Vrin, 1988.

La Doctrine de la science Nova Methodo, traduction par I. RADRIZZANI, Lausanne, L'Âge d'homme, 1989.

Opuscules de politique et de morale (1795-1811) : *La recension des « Droits naturels » dans le Journal de Niethammer*, *L'Ascétique comme supplément à la morale*, *La République des*

Allemands au début du XXIIe siècle sous son cinquième gouverneur d'empire, Cinq conférences sur la destination du savant (1811), traduction par J.-C. MERLE, Centre de philosophie politique et juridique, Université de Caen, 1989.

Le Caractère de l'époque actuelle, traduction par I. RADRIZZANI, Paris, Vrin, 1990.

La Querelle de l'athéisme (1799-1800) *: Appel au public contre l'accusation d'athéisme, Réponse juridique à l'accusation d'athéisme, Rappels, Réponses, Questions, Lettre privée; suivie de divers textes sur la religion* (1786-1796) *: Sur les intentions de la mort de Jésus, L'annonce faite à Marie, Quelques aphorismes sur la religion et le déisme, Prédication sur Luc, XXII, 14-15, Fragment d'un sermon, Sur l'amour de la vérité, De la dignité de l'homme, Idées sur Dieu et l'immortalité*, traduction par J.-C. GODDARD, Paris, Vrin, 1994.

La Philosophie maçonnique, traduction par I. RADRIZZANI et F. TOBGUI, Vrin, 1995.

Ouvrages et articles généraux sur Fichte

On trouvera, dans le n° 19 des *Cahiers de philosophie* consacré à la publication des actes du colloque international du bicentenaire de la Doctrine de la science (Poitiers, octobre 1994), une bibliographie thématique plus étendue des principaux commentaires de l'œuvre de Fichte.

B. BOURGEOIS, *L'Idéalisme de Fichte*, Paris, 1968.

P.-P. DRUET, *Fichte*, Namur, 1977.

J.-C. GODDARD, « Christianisme et philosophie dans la première philosophie de Fichte », *Archives de philosophie*, 55, 1992.

J.-C. GODDARD, « La signification christologique de la philosophie selon Fichte », revue *Philosophie*, 38, 1993.

J.-C. GODDARD, « Le Christ et l'histoire dans la *Staatslehre* de 1813 », *Revue de métaphysique et de morale*, 1995.

M. GUEROULT, *L'Évolution et la structure de la doctrine de la science chez Fichte*, Paris, 1930; réédition, Hildesheim, Zürich, New York, 1982.

M. GUEROULT, *Études sur Fichte*, réédition, Hildesheim, Zürich, New York.

J. HYPPOLITE, « L'idée de la doctrine de la science et le sens de son évolution chez Fichte », in *Hommage à Gueroult*, Paris, 1964.

W. JANKE, *Fichte. Sein und Reflexion — Grundlagen der kritischen Vernunft*, Berlin, 1970.

R. LAUTH, « Le Problème de l'inter-personnalité chez J. G. Fichte », *Archives de philosophie*, 35, 1962.

R. LAUTH, « L'idée totale de la philosophie d'après Fichte », *Archives de philosophie*, 28, 1965.

R. LAUTH, *Die Konstitution der Zeit im Bewusstsein*, Hamburg, 1981.

R. LAUTH, *Die transzendentale Naturlehre Fichtes nach den Prinzipien der Wissenschaftslehre*, Hamburg, 1984.

P. NAULIN, « Philosophie et communication chez Fichte », *Revue internationale de philosophie*, 1969.

L. PAREYSON, *Fichte — Il sistema della libertà*, Torino, 1976.

A. PHILONENKO, *L'Œuvre de Fichte*, Paris, 1984.

A. PHILONENKO, *La Liberté humaine dans la philosophie de Fichte*, Paris, seconde édition revue et augmentée, 1980.

A. PHILONENKO, *Théorie et praxis dans la pensée morale et politique de Kant et de Fichte en 1793*, Paris, 1968.

I. RADRIZZANI, *Vers la fondation de l'intersubjectivité chez Fichte*, Paris, 1993.

A. RENAUT, *Le Système du droit. Philosophie et droit dans la pensée de Fichte*, Paris, 1986.

W. SCHRADER, *Empirisches und absolutes Ich — Zur Geschichte des Begriffs Leben in der Philosophie J.G. Fichtes*, Stuttgart, 1972.

Préfaces et articles sur La Destination de l'homme :

M. GUEROULT, « Préface à *La Destination de l'homme* », in *Études sur Fichte*, Paris, Aubier; réédition Hildesheim, Zürich, New York.

J. HYPPOLITE, « Préface à *La Destination de l'homme* » de Fichte, in *Figures de la pensée philosophique. Écrits* (1931-1968), I, Paris, 1971.

W. JANKE, « Das Empirische Bild des Ich — zu Fichtes Bestimmung des Menschen », in *Philosophische Perspektiven*, 1, Frankfurt/M, 1969.

R. LAUTH, « Einleitung an die *Bestimmung des Menschen* », in J.G. Fichte, *Die Bestimmung des Menschen*, Hamburg, Meiner, 1979.

J.-F. MARQUET, « Fichte et le problème de la Bestimmung », in *Cahiers de Philosophie, Fichte-Colloque de Poitiers*, n° 19, 1995.

A. PHILONENKO, « La position systématique dans *la Destination de l'homme* », in *Cahiers philosophiques*, n° 37, 1988.

CHRONOLOGIE

1762 (19 mai) : naissance, à Rammenau, de Johann-Gottlieb Fichte, fils de Christian Fichte, bonnetier.

1774-1784 : études au collège de Pforta, puis à l'université d'Iéna, grâce au soutien du baron de Miltitz, qui, frappé par la précocité intellectuelle de Fichte, le prit sous sa protection et assura son entretien. Influence de Lessing, de la théologie des Lumières et de Spinoza.

1784 : refus de se présenter à l'examen final de théologie de l'université d'Iéna; début du préceptorat.

1790 : lecture de la *Critique de la raison pure* et de la *Critique de la raison pratique* de Kant; conversion au criticisme et à la philosophie de la liberté.

1792 : parution, à Königsberg, grâce à l'appui de Kant, de l'*Essai d'une Critique de toute révélation.* L'ouvrage, d'abord pris pour la quatrième *Critique* de Kant, vaut à Fichte une reconnaissance unanime dans le monde des lettres allemand.

1793 : parution, sous l'anonymat, des *Contributions destinées à rectifier le jugement du public sur la Révolution française*, en lesquelles Fichte prend parti en faveur de la Révolution. Mariage avec Jeanne Rahn.

1794 : nomination à l'université d'Iéna, grâce à l'appui enthousiaste de Goethe. Parution de l'*Assise de l'ensemble de la doctrine de la science* (*Grundlage der gesammten Wissenschaftslehre*).

1795 : parution de l'article polémique *Sur l'esprit et la lettre en philosophie* en réponse aux *Lettres sur l'éducation esthétique de l'humanité* de Schiller, pourtant conquis par la Doctrine de la science. Publication du premier commentaire de la Doctrine de la science, l'ouvrage de Schelling

Du moi comme principe de la philosophie ou l'inconditionné dans le savoir humain.

1796 : parution du *Fondement du droit naturel.*

1797 : conversion de Reinhold et des romantiques Frédéric Schlegel et Novalis à la philosophie fichtéenne.

1798 : parution du *Système de l'éthique.* Déclenchement de la querelle de l'athéisme à la suite de la publication d'un article sur *Le fondement de notre croyance en un gouvernement du monde*, par lequel Fichte répondait aux insinuations compromettantes d'un article de Forberg sur *Le Développement du concept de la religion.* Interdiction des deux articles par les autorités politiques de la Saxe.

1798-1799 : défense de Fichte dans l'*Appel au public contre l'accusation d'athéisme* et la *Réponse juridique à l'accusation d'athéisme. Lettre à Fichte* de Jacobi et réplique de Fichte dans *Rappels, Réponses, Questions.* Rescrit du duc de Saxe par lequel Fichte se voit retirer sa chaire à l'université d'Iéna. Installation à Berlin.

1800 : Fichte devient Grand-Orateur à la Loge maçonnique de la Royale-York, d'où il démissionne à la suite d'un conflit avec Fessler. Exposition de sa doctrine maçonnique dans les *Lettres à Constant.* Publication de l'*État commercial fermé* contre le libéralisme économique et le mercantilisme et de *La Destination de l'homme* contre l'*Idéalisme magique* de Novalis et les *Discours sur la religion* de Schleiermacher.

1801 : rupture avec Reinhold; parution de la *Réplique à la Lettre du professeur Reinhold.* Réponse aux satires de Nicolaï et de Jean-Paul par la publication du *Rapport clair comme le jour au grand public sur la véritable nature de la philosophie.* Fichte propose un *Nouvel exposé de la doctrine de la science*, en réponse au *Système de l'idéalisme transcendantal* et à l'*Exposition de mon système* de Schelling.

1804 : Fichte professe dans sa propre maison une nouvelle version de la *Doctrine de la science.* Objections de Schelling dans son *Bruno.* Nomination à l'université d'Erlangen, Berlin n'ayant pas d'université. Polémique contre Schelling et le naturalisme mystique du romantisme dans les leçons sur les *Traits caractéristiques du temps présent*, où Fichte expose sa philosophie de l'histoire.

1806 : Publication de l'*Initiation à la vie bienheureuse*, où il expose sa philosophie de la religion.

1807 : Publication des *Discours à la nation allemande*, son dernier grand livre, où il répond à l'invasion et à l'oppression napoléoniennes par un projet d'éducation.

1810-1813 : Fichte travaille sans cesse à reformuler la Doctrine de la science, dont il produit plusieurs versions restées inédites (notamment en 1812 et 1813) ; il écrit en outre un *System der Sittenlehre* (1812), une *Rechtslehre* (1812) et une *Staatslehre* (1813) qui seront publiés, après sa mort, par son fils, Immanuel Hermann Fichte.

1814 : mort de Fichte, dans l'indifférence générale, lors d'une épidémie de typhus.

TABLE

LA PHILOSOPHIE DANS LA GF

KANT
Anthropologie (665)
Critique de la raison pure (257)
Essai sur les maladies de la tête.
Observations sur le sentiment du Beau et du Sublime (571)
Métaphysique des mœurs (2 vol., 715 et 716)
Opuscules sur l'histoire (522)
Théorie et Pratique (689)
Vers la paix perpétuelle. Qu'est-ce que les Lumières ? Que signifie s'orienter dans la pensée ? (573)

KIERKEGAARD
La Reprise (512)

LA BOÉTIE
Discours de la servitude volontaire (394)

LAMARCK
Philosophie zoologique (707)

LA ROCHEFOUCAULD
Maximes et réflexions diverses (288)

LEIBNIZ
Essais de Théodicée (209)
Nouveaux Essais sur l'entendement humain (582)
Principes de la nature et de la grâce.
Monadologie et autres textes (863)
Système nouveau de la nature et de la communication des substances (774)

LOCKE
Lettre sur la tolérance et autres textes (686)
Traité du gouvernement civil (408)

LUCRÈCE
De la nature (30)
De la nature (bilingue) (993)

MACHIAVEL
L'Art de la guerre (615)
Le Prince (317)

MALEBRANCHE
Traité de morale (837)

MALTHUS
Essai sur le principe de population (2 vol., 708 et 722)

MARC AURÈLE
Pensées pour moi-même suivies du Manuel d'Épictète (16)

MARX
Manuscrits de 1844 (784)

MONTAIGNE
Essais (3 vol., 210, 211 et 212)

MONTESQUIEU
Considérations sur les causes de la grandeur des Romains et de leur décadence (186)
De l'esprit des lois (2 vol., 325 et 326)
Lettres persanes (19)

MORE
L'Utopie (460)

NIETZSCHE
Ainsi parlait Zarathoustra (881)
L'Antéchrist (753)
Le Crépuscule des idoles. Le Cas Wagner (421)
Ecce Homo. Nietzsche contre Wagner (572)
Le Gai Savoir (718)
Généalogie de la morale (754)
Le Livre du philosophe (660)
Seconde Considération intempestive (483)

PASCAL
Pensées (266)
De l'esprit géométrique. Écrits sur la grâce et autres textes (436)

PASTEUR
Écrits scientifiques et médicaux (825)

PENSEURS GRECS AVANT SOCRATE (31)

PLATON
Apologie de Socrate. Criton (848)
Le Banquet. Phèdre (4)
Euthydème (492)
Gorgias (465)
Ion (529)
Lachès. Euthyphron (652)
Lettres (466)
Ménon (491)
Parménide (688)
Phédon (489)
Phèdre (488)
Platon par lui-même (785)
Premiers dialogues : Second Alcibiade. Hippias mineur. Euthyphron. Lachès. Charmide. Lysis. Hippias majeur. Ion (129)
Protagoras (761)
Protagoras. Euthydème. Gorgias. Ménexène. Ménon. Cratyle (146)
La République (90)
Sophiste (687)
Sophiste. Politique. Philèbe. Timée.

GF Flammarion

98/02/63317-III-1998 – Impr. MAURY Eurolivres, 45300 Manchecourt.
N° d'édition FG086902. – Octobre 1995. – Printed in France.